C·H·Beck

PAPERBACK

Wie kaum eine andere Weltreligion prägt der Islam alle Lebensbereiche der Gläubigen. Trotzdem ist er kein einheitliches Gebilde. Im Laufe seiner über 1400-jährigen Geschichte haben sich verschiedene Glaubensrichtungen und regional unterschiedliche islamische Kulturen herausgebildet. Dieses Lexikon erklärt in mehr als 250 Artikeln knapp und anschaulich alle zentralen Begriffe der islamischen Religionsgeschichte von den Anfängen bis heute. Es beschreibt die wichtigsten muslimischen Gruppen in der westlichen Welt und orientiert über das Verhältnis der Muslime zu Musik und Theater, Familie und Sexualität, Ernährung und Kleidung. Von den Nomaden Zentralasiens bis zu türkischen Rappern in Deutschland, von den aktuellen Problemen islamischen Familienrechts bis zum Salafismus: Der Benutzer findet präzise und zuverlässige Information.

Ralf Elger ist Professor für Islamwissenschaft an der Universität Halle-Wittenberg. Zahlreiche Veröffentlichungen zum modernen Orient und zur islamischen Literaturgeschichte.

Kleines Islam-Lexikon

Geschichte · Alltag · Kultur

Herausgegeben von
Ralf Elger
unter Mitarbeit von
Friederike Stolleis

C.H.Beck

1. Auflage. 2001
2. Auflage. 2001
3., durchgesehene Auflage. 2001
4., aktualisierte und erweiterte Auflage. 2006
5., aktualisierte und erweiterte Auflage. 2008

Originalausgabe

6., neu bearbeitete Auflage. 2018

Umschlaggestaltung: Geviert – Grafik und Typografie, Andrea Hollerieth
Umschlagabbildung: Die Kaaba in Mekka, © shutterstock
Satz: C.H.Beck.Media.Solutions, Nördlingen
Druck und Bindung: Druckerei C.H.Beck, Nördlingen
Printed in Germany
ISBN 978 3 406 70595 3

www.chbeck.de

Inhalt

Vorwort zur Neuausgabe
Seite 7

Artikel A–Z
Seite 9

Hinweise zu Transkription
und Aussprache
Seite 245

Die Autorinnen und Autoren
Seite 247

Vorwort zur Neuausgabe

An Informationen über den Islam herrscht in der deutschen Öffentlichkeit kein Mangel. Massenmedien berichten so gut wie täglich über politische Entwicklungen in islamischen Ländern und Muslime im Westen. Immer neue Bücher erscheinen, welche islamische Geschichte und Gegenwart behandeln. Manche Autoren schreiben in islamkritischer Absicht, andere wollen «Vorurteile über den Islam ausräumen» und seine positiven Seiten hervorheben. Das Internet fügt eine unüberschaubare Menge an Äußerungen hinzu. Angesichts dessen erschien es für dieses neu bearbeitete Lexikon nicht sinnvoll zu versuchen, mit dem ständigen Strom an aktuellen Informationen mitzuschwimmen. Stattdessen konzentriert es sich auf islamkundliche Grundbegriffe und stellt wichtige islamische Persönlichkeiten vor. Islamkunde, so wie sie dieses Lexikon versteht, ist nicht allein Religionskunde. Auch Kultur und Gesellschaft in muslimischen Ländern werden behandelt. Viele Artikel betreffen anthropologische Themen, die in allen menschlichen Gesellschaften eine Rolle spielen und hier im Lichte des Islams betrachtet werden.

A

ʿAbduh, Muḥammad (1849–1905), Journalist, Religions- und Rechtsgelehrter sowie Großmufti (→ Mufti) von Ägypten, Ideengeber und Symbolfigur des → Reformislam. ʿA. entstammte einer unterägypt. Bauernfamilie. Nach dem Besuch einer Koran- sowie einer weiterführenden Religionsschule kam er 1866 nach Kairo an die Azhar. Hier durchlebte er eine «mystische Phase», bevor ihn 1872 der Kontakt mit Jamāl ad-Dīn al-→ Afghānī die traditionellen Lehrinhalte in einem neuen, reformist. Licht sehen ließ. Al-Afghānī war es auch, der ihn an die europäische Literatur in arab. Übersetzung heranführte. Angeregt durch seinen Lehrer und die Lektüre westlicher Bücher schärfte sich ʿA.s Blick für die aktuellen polit. und gesellschaftlichen Probleme Ägyptens. 1876 entschloss er sich, Journalist zu werden, allerdings nicht ohne seine Studien an der Azhar mit dem Titel eines *ʿālim* (arab. → «Gelehrte») abgeschlossen zu haben. Neben seiner journalist. Tätigkeit erteilte er Privatunterricht und arbeitete als Lehrer an der neugegründeten Hochschule *dār al-ʿulūm* (arab. «Haus der Wissenschaften»). Kurz nach dem Regierungsantritt Taufīqs (reg. 1879–1892) wurde ʿA. entlassen und in sein Heimatdorf geschickt. Doch schon 1880 konnte er nach Kairo zurückkehren, wo man ihn zum Herausgeber der offiziellen Regierungszeitung *al-Waqāʾiʿ al-Miṣrīya* («Die ägypt. Vorkommnisse») ernannte. Unter seiner Federführung entwickelte sich dieses Journal zu einem Sprachrohr reformist. Ideen, das die Befreiung der Muslime von europäischer Hegemonie und die gleichzeitige Erneuerung des Islams aus eigener Kraft propagierte. Da ʿA. während des nationalist. Aufstandes gegen die Regierung unter Führung von ʿUrābī Pasha 1882 für die Oppositionellen Partei ergriff, musste er Ende desselben Jahres Ägypten verlassen. Über Beirut kam er 1884 nach Paris. Hier traf er wieder auf al-Afghānī und gab mit ihm zusammen die reformist. Zeitschrift *al-ʿUrwa al-wuthqā* («Das stärkste Band») heraus. Nach Zwischenaufenthalten in Tunis und Beirut gelangte er 1889 schließlich wieder nach Kairo. Rasch fand er eine Anstellung als → Kadi. Eine große Ehre und

Auszeichnung für ʿA. war seine Ernennung zum ägypt. Großmufti im Jahre 1899. Dieses Amt hatte er bis zu seinem Tode 1905 inne. Während dieser Zeit schrieb er eine Reihe von theolog., jurist. und philolog. Werken und begann, einen umfangreichen Korankommentar zu verfassen, der von seinem Schüler Rashīd → Riḍā in dessen Zeitschrift *al-Manār* («Der Leuchtturm») veröffentlicht wurde. Gerade diese späten Werke stießen bei vielen Gelehrten auf vehemente Ablehnung und riefen einen Sturm der Entrüstung hervor. ʿA.s Gedanken werden bis heute von vielen reformist. Intellektuellen rezipiert. Viele teilen seine Forderungen nach einer Reform der muslim. Religion durch die Rückkehr zum ursprünglichen Islam, nach Anerkennung der Rechte der Bevölkerung gegenüber ihren (oftmals autoritären) Regierungen und nach einer Befreiung der islam. Länder von dem erdrückenden europäischen Einfluss. Westliches Gedankengut und grundlegende muslim. Vorstellungen müssen – so ʿA. – verinnerlicht und zu einer Synthese verarbeitet werden. Letzten Endes war er ein Gelehrter, der seine Argumente theolog. untermauerte und sich dabei auf Ibn Taimīya (gest. 1328), Ibn Qayyim al-Jawzīya (gest. 1350) und al-Ghazzālī (gest. 1111) berief. ʿA.s Meinung nach sollte die Reinigung des verderbten Islams durch eine graduelle Reform im Sinne einer Transformation der inneren moral.-religiösen Einstellung und der Neugestaltung des Erziehungswesens und nicht durch eine gewaltsame polit. Umwälzung vollzogen werden. (→ Reformislam, → Fundamentalismus, → Revolution) *Co*

Lit.: Adams, C. C.: *Islam and Modernism in Egypt. A Study of the Modern Reform Movement Inaugurated by Muhammad Abduh*, 1933. – Enayat, H.: *Modern Islamic Political Thought*, 1982. – Kedourie, E.: *Afghani and Abduh. An Essay on Religious Unbelief and Political Activism in Modern Islam*, 1966. – Büssow, J.: «Re-imagining Islam in the period of the first modern globalization: Muhammad ʿAbduh and his Theology of unity», *A global Middle East* (2015), 273–320.

Abraham (arab. Ibrāhīm oder *al-khalīl*, «der Vertraute»), Stammvater Israels und Prophet, die nach → Moses am zweithäufigsten im → Koran erwähnte alttestamentliche Gestalt: Er erscheint als Prophet (Suren 57:26, 37:83 ff.) und als «erster Muslim», auf den sich → Muḥammad bei seiner Polemik gegen die Juden beruft, weil A. nach islam. Verständnis als der «erste Monotheist» gilt; der Islam wird daher im Koran auch als «Glaubensgemeinschaft A.s» (Suren 3:67, 16:123) bezeichnet. A. diente Muḥammad als Beispiel für die Abkehr vom Polytheismus und den Exodus (→ Hijra-Motiv). Nach islam. Überlieferung errichtete A. die → Kaaba in Mekka; das (beabsichtigte) Opfer seines Sohnes Ismael (arab. Ismāʿīl) ist Vorbild für das Opferfest (arab. *ʿīd al-aḍḥā*) während der → Pilgerfahrt. Das Grab A.s wird bis heute in Hebron (arab. *al-khalīl*) verehrt. *Schö*

Lit.: Firestone, R.: *Journeys in Holy Lands. The Evolution of the Abraham-Ishmael Legends in Islamic Exegesis*, 1990. – Busse, H.: Art. «Abraham», *The Encyclopaedia of Islam, THREE.*

Adam, Stellvertreter Gottes auf Erden und erster Prophet. Der Koran berichtet von A.s Erschaffung und der Vertreibung aus dem Paradies. Im islam. Verständnis ergibt sich daraus keine Erbsünde (Sure 6:164). Die islam. Überlieferung (→ Hadith) kennt viele Legenden über A., und in der → Mystik spielt er eine große Rolle; in der Prophetologie wurde → Muḥammad mit A. gleichgesetzt. *Schö*

Lit.: Schöck, C.: *Adam im Islam. Ein Beitrag zur Ideengeschichte der Sunna*, 1993. – Tottoli, R.: *Biblical prophets in the Qurʾān and Muslim literature*, 2002.

Adonis. Syrisch-libanesischer Lyriker und Intellektueller, mit bürgerlichem Namen ʿAlī Aḥmad Saʿīd Isbar. Seit seiner Jugend fasziniert vom Mythos des Auferstehungsgottes Adonis, wählte er diesen als Pseudonym. Aufgewachsen in einer traditionellen alawitischen Familie aus der Stadt Qassabin in Nordsyrien, besuchte er ab 1944 eine französische Missionsschule in der Stadt Tartus und nahm 1950 an der Universität Damaskus das Studium auf. Wegen seiner Mitgliedschaft in der Partei «Parti Populaire Syrien» (PPS) musste er elf Monate im Gefängnis verbringen, da diese Partei für die Ermordung des damals sehr populären syrischen Armeeoffiziers ʿAdnān al-Mālikī verantwortlich gemacht wurde. In den Libanon ausgewandert, nahm Adonis im Jahr 1963 die libanesische Staatsbürgerschaft an. 1973 promovierte er an der Université Saint-Joseph in Beirut und lehrte dann an der libanesischen Universität in Beirut. 1985 wanderte er nach Frankreich aus. Seitdem lebt er abwechselnd in Paris und Beirut. Er erhielt Lehraufträge in Paris sowie an den Universitäten in Genf, Cambridge und Princeton und weilte 2001/02 als Gastmitglied am Wissenschaftskolleg in Berlin.

Bereits im Alter von 17 Jahren trat er mit einem Lobgedicht auf den Präsidenten des unabhängigen Syrien Shukrī al-Quwatlī hervor. 1950 erschien sein erster Gedichtband «Die Erde sprach» mit epischen Gedichten im Geiste der PPS-Ideologie. In Beirut schrieb er wie viele seiner Zeitgenossen surrealistische Poesie. Seit den 60er Jahren des letzten Jahrhunderts trat Adonis durch Prosagedichte und Freier-Vers-Dichtung hervor. Formal und inhaltlich wendet sich seine Dichtung von klassisch-arabischer Poesie ab und zeigt sich von abendländischer Dichtung inspiriert. Seine Gedichte verwenden mythische Gestalten und mystische Symbole. In seinen Prosaschriften kritisiert Adonis das arabische Kulturerbe und beschreibt den Islam als Hindernis für Modernisierung und Säkularisierung der Gesellschaft. Wegen seiner kritischen Haltung zum «Arabischen Frühling» und seiner Verteidigung des Assad-Regimes wird Adonis von etlichen arabischen Intellektuellen scharf kritisiert. Aus manchen seiner Äußerungen lässt sich eine Rechtfertigung der Gräueltaten des Assad-Regimes ablesen. Die USA und der Westen streben seiner Meinung nach eine Zerstörung Syriens an. *AS*

Lit.: Adonis: *Ein Grab für New York: Gedichte 1965–1971*, übersetzt und herausgegeben von Stefan Weidner, 2004. – Weidner, S.: *... und sehnen uns nach einem neuen Gott ... Poesie und Religion im Werk von Adonis*, 2005.

Afghānī, Jamāl ad-Dīn al- (1838/39–1897), Schriftsteller, Redner und polit. Aktivist, der trotz der wenigen Werke, die er verfasste, ein vielbewunderter Vorreiter des → Reformislam und des → Panislamismus des 20. Jh. war. Der wohl in Iran geborene und mit großer Wahrscheinlichkeit schiit. erzogene A. erhielt seine erste Ausbildung an Schulen in Asadabad, Qazvin und Teheran. Anschließend begab er sich zu Studienzwecken zu den schiit. Schreinen im osman. Irak. Über Indien führte sein Weg dann in den 1860er Jahren nach Mekka, nach Persien und nach Afghanistan, von wo er jedoch 1868 aufgrund seiner polit. Aktivitäten ausgewiesen wurde. Ein Jahr später gelangte A. über Kairo nach Istanbul. Innerhalb kurzer Zeit fand er Zugang zu hohen Hofzirkeln und Reformerkreisen. Doch auch hier zwang man ihn, das Land zu verlassen, da er an der neugegründeten Universität Vorlesungen gehalten hatte, in denen er die Offenbarungslehren der rationalen Philosophie gleichstellte. Von 1871 bis 1879 hielt sich A. in Kairo auf. Er beteiligte sich aktiv an der Gründung von reformist. Zeitschriften und Geheimgesellschaften. Wichtig für die Entwicklung des Reformismus war seine Begegnung mit Muḥammad → ʿAbduh, ʿAbd Allāh an-Nadīm (1843–1896), Saʿd Zaghlūl (1858–1927) und Yaʿqūb Ṣanūʿ (1839–1912), den damals führenden ägypt. Intellektuellen. Schließlich wurde er wegen seines antibrit. polit. Engagements zur unerwünschten Person und musste Kairo den Rücken kehren. 1879 zog er nach Hyderabad in Indien. Als 1881/82 in Ägypten die ʿUrābī-Revolte ausbrach, residierte A. gerade in Paris, wo er zusammen mit Muḥammad ʿAbduh die panislam. Zeitschrift *al-ʿUrwa al-wuthqā* («Das stärkste Band») herausgab. Über Großbritannien und Persien verschlug es ihn in der Folgezeit nach Russland. Vergeblich versuchte er die russische Führung zum Krieg gegen die Briten zu überreden. 1890/91 kehrte er in den Iran zurück, um dort öffentlich gegen die wirtschaftlichen Zugeständnisse des Schahs an die Europäer zu agieren. Wieder wies man ihn aus, diesmal in den Irak. Doch auch dort sollte A. nicht lange bleiben: Nach einem Zwischenstopp in Großbritannien fand er sich auf Geheiß des osmanischen Sultans Abdülhamid (reg. 1876–1909) wieder in Istanbul ein. Als A.s Schüler Mīrzā Reza im Mai 1896 den persischen Herrscher Nāṣir ad-Dīn Shāh (reg. 1848–1896) ermordete, bezichtigten viele Zeitgenossen A. der geistigen Urheberschaft dieses Attentates. Nur kurze Zeit darauf starb er (1897). A.s Wirken war beeinflusst von panislam. und antikolonialist. Vorstellungen: Nur ein Zusammenschluss aller muslim. Länder könne den übermächtigen europäischen Einfluss in der islam. Welt zurückdrängen und die dort vorherrschende Dekadenz, Lethargie und Resignation beseitigen, wobei A. sich durchaus für einen gewalttätigen Umsturz der bestehenden islam. Regime aussprach. (→ Fundamentalismus, → Revolution) *Co*

Lit.: Keddie, N. R.: *Sayyid Jamal al-Din «al-Afghani»*, 1972. – Ders.: *An Islamic Response to Imperialism. Political and Religious Writings of Sayyid Jamal al-Din «al-Afghani»*, 1983. – Kedourie, E.: *Afghani and ʿAbduh. An Essay on Religious Unbelief and Political Activism in Modern Islam,* 1966.

Ahl-i Ḥaqq (pers., «Besitzer der Wahrheit»), Geheimreligion ohne kanon. Heilige Schrift, deren Anhänger hauptsächlich in Iran (Luristan, Kermanshah, Azerbaidschan) und in Irakisch-Kurdistan (Kirkuk, Sulaimaniye) zu finden sind. Lehren werden mündlich, häufig als Gedichte, an die Eingeweihten weitergegeben. Die Rezitatoren verfügen oftmals über verschriftlichte Sammlungen dieser Gedichte. Ihr Glaube an sieben aufeinander folgende Inkarnationen Gottes basiert offenbar auf dem geistigen Erbe der frühen extremen Schia. Bezüge lassen sich auch zum Zoroastrismus herstellen. Die Reinigung der Seele erfolgt durch Seelenwanderung. Nach sieben Zyklen göttlicher Manifestation soll der eschatolog. Retter in der Heimat der A. Ḥ. erscheinen. Eine dieser Inkarnationen, die von den vier Erzengeln begleitet werden, ist → ʿAlī ibn Abī Ṭālib. Von größerer Bedeutung als ʿAlī ist jedoch der Religionsstifter Sultan Suhāk (lebte wahrscheinlich im 15. Jh.). Ein weiblicher Geist ist Ramzbar, der als jungfräuliche Mutter der göttlichen Inkarnation verehrt wird. Die A. Ḥ. verteilen sich auf verschiedene ethnische, tribale und religiöse Untergruppen. Obwohl es an einer einheitlichen Organisation fehlt, sind die von Sultan Suhāk, dem eigentlichen Religionsstifter, eingeführten Institutionen und Riten für alle Angehörigen des Glaubens gültig. *Pi-Ha*

Lit.: Halm, H.: Art. «Ahl-e ḥaqq», *Encyclopaedia Iranica*, Bd. 1, 1982, 635–637. – Schmucker, W.: «Sekten und Sondergruppen», in Ende, W./Steinbach, U. (Hg.): *Der Islam in der Gegenwart*, [5]2005, 723–725. – Bruinessen, M. van: Art. «Ahl-i Ḥaqq», *The Encyclopaedia of Islam, THREE.*

Aḥmadīya (Muslim Jamaat), sunnit. millenarist. Bewegung, gegründet 1889 im heutigen Pakistan von Mīrzā Ghulām Aḥmad (1835–1908). Eine göttliche Offenbarung eröffnete ihm nach eigenem Bekunden, dass er der Reformer seiner Zeit, der christliche Messias und der islam. → Mahdi, in einer Person sei. Die strittige Frage von Ghulām Aḥmads Prophetentum führte 1914 zur Spaltung der A. Trotz der Zurückweisung dieses Anspruchs durch Aḥmad selbst bestand eine Minderheit auf seinem Prophetentum. Ihre Haltung führte dazu, dass die pakistan. Regierung 1974 Gesetze zur Ausgrenzung der A. erließ, die zur Verfolgung beider Gruppen führten. Zudem wurde die A. auch von der Liga der islam. Welt aus der islam. Glaubensgemeinschaft ausgeschlossen. Seit 1984 ist es den Aḥmadīs in Pakistan unter Strafandrohung untersagt, sich selbst als Muslime zu bezeichnen und die islam. Gebote zu befolgen. Die Mehrheit der A.-Bewegung beruft sich auf dieselben kanon. Quellen wie die übrigen Muslime und erkennt die vier «rechtgeleiteten Kalifen» ebenso an wie die Gründer der vier sunnit.

→ Rechtsschulen, von denen sie den hanafit. Ritus bevorzugen. Ziel der A. ist die Verbreitung eines reformierten Islams mit friedlichen Mitteln. Die Zahl ihrer Anhänger beläuft sich auf etwa 1 Mio., die Hälfte von ihnen lebt auf dem Indischen Subkontinent. Weitere bedeutende Gemeinden finden sich in Indonesien sowie in West- und Ostafrika. Die erste Moschee in Deutschland wurde 1923 von der A. in Berlin errichtet, 1949 entstand die erste islam. Missionsstation für Westdeutschland. Den Status als Körperschaft öffentlichen Rechts erhielt die Gemeinschaft 2013 in Hessen, 2014 in Hamburg. Heute betreuen die Aḥmadīs ca. 35 000 Anhänger in der Bundesrepublik. Zentrale Einrichtung der A.-Muslim-Bewegung ist die Nūr-Moschee in Frankfurt. *Pi-Ha*

Lit.: Ahmed, M.: «Ahmadiya. Geschichte und Lehre», in Ders. u. a. (Hg.): *Die Religionen der Menschheit*, Bd. 25: *Der Islam 3: Islamische Kultur, zeitgenössische Strömungen, Volksfrömmigkeit*, 1990, 415–422. – Schmucker, W.: «Sekten und Sondergruppen», in Ende, W./Steinbach, U.: *Der Islam in der Gegenwart*, 52 005, 730–732. – Spuler-Stegemann, U.: *Muslime in Deutschland. Nebeneinander oder Miteinander*, 1998. – Wunn, I. und A. Herwig: «Die Ahmadiyya», in Wunn, I. (Hg.): *Muslimische Gruppierungen in Deutschland – ein Handbuch*, 2007, 151–165. – Lathan, A.: «Reform, Glauben und Entwicklung – die Herausforderungen für die Ahmadiyya-Gemeinde», in Reetz, D. (Hg.): *Islam in Europa – religiöses Leben heute – ein Portrait ausgewählter islamischer Gruppen und Institutionen*, 2010, 79–108.

Aischa (gest. 678), Tochter des ersten Kalifen Abū Bakr und dritte Frau → Muḥammads. Als seine Lieblingsfrau wird A. besonders von den → Sunniten verehrt, die ihre Rolle als Gegenspielerin Fāṭimas betonen. Nach Muḥammads Tod griff sie aktiv in die Politik ein und bekämpfte den vierten Kalifen → ʿAlī, unterlag aber in der sog. «Kamelschlacht» (656). Bis zu ihrem Tod lebte sie in Medina. *Sch*

ʿ**Alawiten,** auch Nuṣairīya, synkretistische Religion mit Anlehnung an die Schia sowie vorislamischen iran. und christlichen Elementen. Weite Verbreitung in Westsyrien und im Südosten der Türkei (→ Aleviten). Gegründet wurde dieser Zweig der extremen → Schiiten Mitte des 9. Jh. im Irak durch Muḥammad ibn Nuṣair an-Namīrī (daher auch Nuṣairīs), der – gegen dessen Widerspruch – die göttliche Natur des zehnten schiit. → Imams ʿAlī al-Hādī verkündete und sich selbst zum Propheten erklärte. Die Entstehung der Religion der A. bleibt unklar. Die Doktrin der ʿA. ist eine mythische Lehre von der Entstehung der Welt, in der dem Vetter und Schwiegersohn des Propheten, dem ersten Imam der Schiiten, → ʿAlī ibn Abī Ṭālib, göttlicher Charakter verliehen wird. ʿA. glauben, dass die Gottheit sich in der Geschichte zyklisch als Trinität manifestiert. Diese Trinität inkarniert sich in der Form historischer oder mythischer Personen. Danach wurde die muslimische Ära durch den Zyklus von Muḥammad eröffnet: ʿAlī als «Essenz» – Muḥammad als «Name/Schleier» – Salmān der Perser als «Tor», durch welches der/die Gläubige das Mysterium der Gottheit erfährt. Zu den Messen der ʿA., deren Riten sich um die muhammedanische Trinität drehen, haben nur eingeweihte Männer Zugang. Frauen dürfen an religiösen Ritualen nicht teilnehmen, da sie als sündig gelten. Die Bestandteile des Glaubens der ʿA. werden nur den Eingeweihten vermittelt. Jedem Erwachsenen wird der Zugang zu den Eingeweihten ermöglicht, falls er Geheimhaltung schwört. Religiöse Pflichten beschränken sich auf allgemeine moralische Vorschriften. Die Gläubigen pilgern zu den Gräbern von alawitischen Heiligen. Verschiedene Feste unterschiedlicher Herkunft werden von den ʿA. begangen, darunter das pers. Neujahr, das christl. Weihnachten oder das islam. Fastenbrechen. In Syrien herrschen seit 1966 alawit. Offiziere bzw. mit Bashshār al-Asad der Sohn eines Offiziers. Während ein Teil der ʿA. in Syrien an seinem Glauben und den Ritualen festhält, geht ein anderer Teil im zwölferschiitischen Islam auf. Letztere Tendenz zeigte sich bereits während der französischen Mandatszeit (1922–1946), in der ein eigenes Territorium für die ʿA. ausgewiesen wurde. Einzelne zwölferschiitische Rechtsgelehrte fördern die Annäherung der ʿA. an die Schia bis heute. *Pi-Ha*

Lit.: Halm, H.: Art. «Nuṣairiyya», *The Encyclopaedia of Islam, Second Edition.* – Kadi, W.: Art. «ʿAlawī», *Encyclopaedia Iranica,* Bd. 1, 1983, 804–806. – Bar-Asher, M. M.: Art. «ʿAlawīs, classical doctrine»,*The Encyclopaedia of Islam, THREE.* – Mervin, S.: Art. «ʿAlawīs, contemporary developments», *The Encyclopaedia of Islam, THREE.*

Aleviten (osman. *ʿalevī*, «ʿAlī-Verehrer»), früher als Fremdbezeichnung auch *kızılbaş* (türk. «Rotkopf») genannt. Die A. leben v. a. in Zentralanatolien (Kayseri, Sivas, Divriği), seit der Landflucht in den 1950er Jahren aber auch in den großen Städten. Sie machen

15–30% der türk. Bevölkerung aus. Ein Drittel ist kurdischsprachig. Die A. sind ursprünglich im 14./15. Jh. in Ostanatolien innerhalb der mystischen → Bruderschaft der Ṣafawīya entstanden. Als diese im 16. Jh. zur persischen Dynastie der Safawiden aufstieg, verloren die türk. Anhänger den Kontakt und entwickelten sich zu einer eigenständigen, esoter. und endogamen Glaubensgemeinschaft. Aufgrund schwerer Verfolgungen hielten die A. jahrhundertelang ihre Religion geheim. Sie haben kein einheitliches religiöses Dogma, verehren → ʿAlī und lehnen die → Fünf Säulen des Islams ab. Das bedeutendste Ritual ist die Versammlung der Gläubigen (türk. *āyin-i cem*), bei der Frauen teilnehmen und Alkohol getrunken wird. Seit 1950 begann die traditionelle Ordnung der A. zu zerfallen, so dass bis Ende der 1980er Jahre die religiösen und sozialen Strukturen weitgehend verloren waren. Seit den 1990er Jahren ist eine Revitalisierung der alevit. Gemeinschaft festzustellen. *Ba*

Lit.: Kehl-Bodrogi, K.: *Die Kızılbaş/Aleviten. Untersuchungen über eine esoterische Glaubensgemeinschaft in Anatolien*, 1988. – Vorhoff, K.: *Zwischen Glaube, Nation und neuer Gemeinschaft. Alevitische Identität in der Türkei der Gegenwart*, 1995. – Dies.: «Let's Reclaim our History and Culture!». Imagining Alevi Community in Contemporary Turkey, *Die Welt des Islam* 38 (1998), 220–252.

ʿ**Alī** (gest. 661), Vetter und Schwiegersohn → Muḥammads, mit dessen Tochter → Fāṭima er verheiratet war. A. war einer der ersten Anhänger → Muḥammads und später der vierte der sog. «rechtgeleiteten» Kalifen. Nach der Ermordung des dritten Kalifen ʿUthmān 656 wurde ʿA. zum Kalifen bestimmt, obwohl die Sippe ʿUthmāns (die → Dynastie der Umayyaden) ihm die Unterstützung von dessen Mörder vorwarf und den Gegenkalifen Muʿāwiya etablierte. Zum Konflikt mit Muʿāwiya kam es 657 bei Siffīn (am Euphrat), aus dem zwar kein Sieger hervorging, ʿA.s Anhängerschaft sich aber entzweite und Muʿāwiyas Position gestärkt wurde. Die Auseinandersetzung zwischen beiden Kalifen fand durch die Ermordung ʿA.s in Kufa ihr Ende. ʿA.s Mausoleum in Nadschaf ist eines der wichtigsten islam. Heiligtümer, sowohl für die → Schiiten – die «Parteigänger ʿA.s» (arab. *shīʿat ʿA.*) – als auch für die → Sunniten. Für die Schiiten gilt ʿA. als Stammvater der Imame; als «Begleiter Gottes» (arab. *walī allāh*) wurde seine Erwähnung ins schiit. → Glaubensbekenntnis aufgenommen. An der Person ʿA.s orientieren sich neben den Schiiten noch andere islam. Bewegungen, etwa die → ʿAlawiten, die sich durch eine gottähnliche Verehrung ʿA.s und die Leugnung seines Todes auszeichnen. *Schö*

Lit.: Halm, H.: *Die Schia*, 1988. – Bernheimer, T.: *The ʿAlids. The First Family of Islam*, 2013.

Alkohol. Muslimen ist nach allgemeiner Rechtsauffassung (→ Recht) der Genuss alkohol. Getränke unter Androhung einer → Körperstrafe verboten. Diese Auffassung stützt sich auf Sure 5:90 f. des Korans, welche *khamr* (arab. «Wein») verbietet, ein Getränk, dessen Eigenschaften in Sure 16:69 gepriesen und das in Sure 27:44 f. als Belohnung im Paradies ausgesetzt wird. Die Auslegung dessen, was als «Wein» im Sinne eines berauschenden Getränks gilt, hat in der Geschichte durchaus gewechselt. *Mü*

Allāh (arab. «der → Gott») → Gottesnamen

Almosen. An Bedürftige A. zu geben, gilt Muslimen allgemein als wohltätiges Handeln. Eine bestimmte Form des A. ist darüber hinaus rechtlich vorgeschrieben, die *zakāt*, eine der → Fünf Säulen (Grundpflichten) des Islams. Sie besteht in der jährlichen Abgabe eines bestimmten Teils, bei Edelmetallen z. B. eines Vierzigstels, des Vermögens. Oft wird die *zakāt* freiwillig geleistet, in manchen islam. Staaten aber auch als Steuer eingezogen. *El*

Amān (arab. «Schutz, Sicherheit»), spezieller Schutzstatus für Nichtmuslime, die sich nur zeitweise im → *dār al-islām* (Gebiet unter islam. Herrschaft) aufhalten. Der A. knüpft an den aus altarab. Gewohnheitsrecht bekannten, *jiwār* («Schutzrecht») genannten Status an, der Nicht-Stammesangehörigen auf Lebenszeit verliehen werden konnte. Grundlage des A.-Rechts ist Sure 6:9: «Und wenn einer von den Heiden dich um Schutz angeht, dann gewähre ihm Schutz, damit er das Wort Gottes hören kann.» Jeder Muslim, ob Mann oder Frau, selbst ein Sklave, konnte A. gewähren. Ganzen Gruppen oder Städten diesen Status zu verleihen, war → Imamen vorbehalten. A. konnte sowohl in Kriegs- als auch in Friedenszeiten gegeben werden. Der Schutzstatus war immer zeitlich begrenzt, der *mustaʾmin* (arab. «der den Schutz in Anspruch nimmt») mochte nach Ablauf der Zeit als schutzbefohlener → Schriftbesitzer weiter im islam. Bereich leben, konvertieren oder sich an einen anderen sicheren Ort begeben. Ein *musta'min* genoss gewisse Persönlichkeits- und Eigentumsrechte und unterlag der Gerichtsbarkeit seiner Religionsgemeinschaft. Diplomat. Missionen genossen A., soweit sie als solche erkennbar waren. Aus A. entwickelten sich die *imtiyāzāt* (arab. «Konzessionen») für ausländ. Handelskolonien und Kaufleute im Osman. Reich. In der Moderne hat A. seine frühere Bedeutung verloren, da die traditionelle Teilung der Welt in *dār al-islām* und *dār al-ḥarb* («das Haus des Krieges», von den Muslimen zu erobern) weitgehend keinen Bestand mehr hat. Moderne Formen des A. finden sich aber noch z.B. in Oman, wo Ausländer durch einen einheim. Gewährsmann Aufenthaltsrechte erlangen können. *Sz*

Amulett. A. zur Abwehr des → Bösen Blicks und glückbringende Talismane sind im islam. Kulturkreis weit verbreitet. Häufig sind die stilisierte Hand der Prophetentochter → Fāṭima, kleine Koranexemplare oder blaue Perlen zu sehen. Bei den → Schiiten findet sich das Bild → ʿAlīs als Schmuck und Schutz. *Bo*

Lit.: Kriss, R./Kriss-Heinrich, H.: *Volksglaube im Bereich des Islam.* 2 Bde., 1960/62. – Schienerl, P. W.: *Dämonenfurcht und böser Blick. Studien zum Amulettwesen*, 1992.

Ankaraner Schule. Mehrere Nachwuchswissenschaftler der Universität Ankara schlossen sich Mitte der 1990er Jahre zur Ankaraner Schule (Ankara Okulu) zusammen, um ihre Forschungsarbeiten auf dem Gebiet der Koranexegese gemeinsam voranzutreiben und zu veröffentlichen. Sie folgten damit einigen Professoren an der theologischen Fakultät in Ankara, die 1949 nach dem Vorbild der Theologie und Religionswissenschaft an westlichen Universitäten gegründet worden war, darunter Mehmet Said Hatipoğlu und Hüseyin Atay. Die Fakultät in Ankara blieb bis in die 1980er Jahre hinein die einzige universitäre Ausbildungsstätte für Theologen in der Türkischen Republik und bildete somit einen Prototyp der modernen Hochschultheologie, wie sie heute an zahlreichen türkischen Universitäten besteht. Zentrale Figuren der A. S. waren um das Jahr 1998 Ömer Özsoy und Mehmet Paçacı. Paçacı hat in Schottland studiert und sich dort mit christlicher Theologie und

Philosophiegeschichte befasst. Heute ist er Türkischer Botschafter im Vatikan, nach Stationen als Religionsattaché an der türkischen Botschaft in Washington und Leiter der Auslandsabteilung der türkischen Religionsbehörde (Diyanet İşleri Başkanlığı). Özsoy verbrachte bereits im Anschluss an seine Promotion zwei Jahre in Heidelberg (1991–1993), kam 2004 als Humboldtstipendiat nach Göttingen und bekleidet seit 2006 bis heute den zunächst von der türkischen Religionsbehörde finanzierten Stiftungslehrstuhl für islamische Theologie an der Goethe-Universität Frankfurt/Main. Gemeinsam gaben Özsoy und Paçacı die Zeitschrift *İslamiyāt* heraus, die von 1998 bis 2007 vierteljährlich erschien und in der Türkei auch über Fachkreise hinaus Beachtung fand. Daneben erscheint seit 1995 die Reihe Ankara Okulu Yayınları, die inzwischen über 200 Bände umfasst. Nach der A. S. gilt wie für die Bibelexegese auch für die Koranauslegung, dass der Exeget sich seiner Subjektivität und seiner historischen Bedingtheit bewusst sein muss. Paçacı etwa veröffentlichte 1996 einen Aufsatz mit dem Titel *Kur'an ve ben ne kadar tarihseliz? (Der Koran und ich – wie geschichtlich sind wir?*), in dem er die Frage der Zeitgebundenheit des Exegeten im Lichte der Hermeneutik Gadamers erörtert. In der Frage der Historizität der koranischen Offenbarung wiederum lehnt die A. S. sich eng an die Gedanken Fazlur Rahmans an. Dieser entwickelte eine Methodik der zeitgenössischen Koranexegese, die «double-movement-» oder «Zwei-Bewegungs-Theorie», nach der die Gebote des Korans nicht wortwörtlich, sondern in ihrem historischen Zusammenhang zu verstehen seien. Aus den konkreten Handlungsgeboten des koranischen Wortlauts seien die im damaligen historischen Kontext an die zeitgenössischen Adressaten gerichteten ethischen Prinzipien dieser Gebote zu extrahieren. Die offenbarten Gebote müssten im nächsten Schritt wiederum in diesen Prinzipien entsprechende, zeitgemäße Handlungsmaximen übertragen werden. So behalte der Koran seine überzeitliche Aktualität und entfalte über die wortwörtliche Bedeutung hinaus immer wieder neu seine Botschaft. Zwar gibt es weiterhin modernistisch oder reformistisch orientierte Koranexegeten an türkischen Universitäten wie etwa den sehr produktiven Mustafa Öztürk. Die A. S. jedoch hat sich in den Jahren 2007/2008 aufgrund innerer Differenzen, unterschiedlicher Karrierewege und anderer Ursachen wieder aufgelöst. *KE*

Lit.: *Alter Text – Neuer Kontext. Koranhermeneutik in der Türkei heute. Ausgewählte Texte*, übersetzt und kommentiert von Felix Körner SJ, 2015.

Apostasie, allgemein der Abfall von einer Religion, in der islam. Welt im 20. Jh. v. a. von Reformisten wie Abū al-Aʿlā al-→ Maudūdī und Sayyid Quṭb theoret. verarbeitet. Ihrer Meinung nach haben sich die meisten muslim. Gesellschaften aufgrund des Einflusses und der Dominanz des Westens so weit von den idealen islam. Verhältnissen der Frühzeit entfernt, dass sie sich nun im Zustand des «Unglaubens» (arab. *kufr*), «Polytheismus» (arab. *shirk*) oder des Rückfalls in die vorislam. «Zeit der Unwissenheit und Ignoranz» (arab. *jāhilīya*) befänden. Alle Muslime, die weiterhin in dieser Situation verharrten, müsse man so behandeln, als ob sie vom Islam abgefallen seien. Noch bestehe allerdings die Möglichkeit der Wiedergutmachung durch individuelle Läuterung und das persönliche Engagement im Rahmen der reformist. Bewegung. (→ Reformislam)

Co

Arabische Literatur. Bereits im 5. Jh. trat die → arab. Sprache als voll ausgebildete Literatursprache in Erscheinung. Die eng mit der beduin. Lebenswelt verbundene vorislam. Dichtung erhielt aufgrund ihrer Funktion als kollektives Gedächtnis der Araber und wertvolle Referenz in Fragen der Koranauslegung schon in der Frühzeit des Islams eine normierende Funktion und begründete so poet. Konventionen, an die selbst heutige Dichter zuweilen noch anknüpfen. Dazu gehört v. a. Formales. Die Gedichte behalten Metrum und Reim des ersten Verses über ihre ganze Länge – zuweilen mehr als 100 Verse – bei (man spricht von «Monometrik» bzw. «Monoreim»). Syntakt. und wichtigste gedankliche Einheit ist der Einzelvers («Molekularität»). Im Allgemeinen galten deshalb der Literaturkritik nicht ganze Gedichte, sondern jeweils nur einzelne «schöne» Verse als besonders gelungen. Auch ist aus diesem Grunde die Position des Einzelverses innerhalb der Versabfolge eines Gedichts, im Gegensatz zur Position des Wortes im Vers, recht variabel. Nicht selten sind Gedichte deshalb in mehreren Varianten überliefert. In vielen Fällen haben sich von einem einstigen Gedicht sogar nur einzelne Verse oder Versgruppen erhalten, weil die Tradenten nur diese für überlieferungswürdig befanden. Trotz der weitreichenden Selbständigkeit des Einzelverses haben sich aber auch – wenngleich zuweilen recht lose – Gattungsnormen für Aufbau und Inhalt des Gedichtganzen herausgebildet. Ein derart bestimmtes sehr verbreitetes Genre ist die schon aus vorislam. Zeit stammende Kaside (arab. *qaṣīda*). Der Typisierung des Gelehrten Ibn Qutaiba (gest. 889) zufolge besteht dieses polythemat. Langgedicht aus drei Teilen: 1. Liebeserinnerung mit Klage über den Verlust der Geliebten (Einleitung); 2. Aufbruch mit anschließender Reisebeschreibung, früher oft ein Wüstenritt; 3. der Hauptteil, in dem der Dichter einen Herrscher, Stamm oder sich selbst rühmt oder Gegner schmäht. Die im Laufe der Zeit klassisch gewordenen inhaltlichen und formalen Gattungskonventionen wurden freilich immer wieder neu gedeutet und das Genre so dem sich wandelnden Geschmack und veränderten Bedürfnissen angepasst. So kommt es, dass die Kaside auch heute noch von Dichtern und Hörern weithin sehr geschätzt wird. Ähnliches gilt für kürzere Gedichtformen wie etwa das Weingedicht oder das Ghasel (arab. *ghazal*, «Liebesgedicht»). – War der vorislam. Beduinendichter v.a. Dichter seines Stammes und der Wüste (erkennbar z.B. in den unter dem Namen *Muʿallaqāt* vereinten Kasiden des Imruʾ al-Qais, Zuhair, Labīd u.a., sowie in zahlreichen Gedichten der *Ḥamāsa*-Sammlung), so hat die Poesie der Folgezeit vielfach einen urbanen und höfischen Hintergrund (z.B. al-Mutanabbī, 915–965). Auch für die → Mystik wurde sie sehr bedeutend (z.B. Ibn al-Fāriḍ, gest. 1235; Ibn al-ʿArabī, 1165–1240), hier jedoch meist mit kürzeren Gattungen. Eine starke Rhetorisierung erfuhr die Poesie durch die *muḥdath*- (arab. «modernen») Dichter des 8./9. Jh. (Bashshār ibn Burd, 714–783; Abū Nuwās, gest. 814/15; Abū Tammām, gest. 845; Ibn al-Muʿtazz, 861–908). Charakterist. für deren *badīʿ*- (arab. «innovativen») Stil, ein Produkt der Verlagerung der ehemals beduin. Dichtung in die urbanen Zentren und an die neuen Herrscherhöfe, ist die Verwendung von vielfältigen, z.T. hochelaborierten Wort- und Sinnfiguren, von Zitat und Parodie. Sie bereiten die konzeptuelle Komplexität und Dichte eines später beliebten Concetto-Stils vor. – Bis zum 19. Jh. galt das Dichten, wie die Wissenschaften u.a. Künste, als erlern- und lehrbare, weil bestimmten Regeln unterworfene Fertigkeit. Davon zeugen zahlreiche Prosodie- und Rhetorik-Handbücher, deren bekanntestes von al-Jurjānī (gest. um 1080) stammt. Es kam nicht so sehr darauf an, etwas wirklich Neues zu schaffen, als vielmehr darauf, unter virtuoser und geistreicher Ausnutzung der kanonisierten Möglichkeiten Bekanntes überraschend neu erscheinen zu lassen. – Der Prosa wurde eine an die Poesie heranreichende Literarizität bis zum 19. Jh. – vom → Koran einmal abgesehen – allenfalls in stark rhetorisierten Formen wie dem hohen Kanzleistil der Hofsekretäre (arab. *inshāʾ*) oder der artifiziellen Reimprosa der Makame (arab. *maqāma*), einer Art anekdot. Picaro-Erzählung (al-Hamadhānī, 968–1008; al-Ḥarīrī, 1054–1122) zugebilligt. Ansonsten genoss sie nur dann Wertschätzung, wenn sie dem Ideal geistreich-humorvollen Zerstreuens, erbaulich-nützlichen Unterhaltens oder kultivierten Bildens und Lehrens genügte. Davon zeugt das sehr umfangreiche Schrifttum der «feinen Bildung» (arab. *adab*). Ein früher Vertreter war al-Jāḥiẓ (ca. 776–868/69), z. B. mit seinem Buch «Die Geizhälse». In späterer Zeit nimmt das *adab*-Schrifttum immer mehr enzyklopäd. Charakter an, so im *Kitāb al-Aghānī* («Buch der Lieder») von Abū al-Faraj al-Iṣfahānī (897–967) oder im *Ṭauq al-ḥamāma* («Halsband der Taube») von Ibn Ḥazm (994–1064). – Die seit alters mündlich tradierten Heldenepen, Darbietungen professioneller Geschichtenerzähler und Mimen oder auch das Schattenspiel waren als Literatur des «niederen Volkes» aus dem Kanon der «hohen» Literatur der gebildeten Elite ausgeschlossen. – Mit vielen jahrhundertealten dichter. Traditionen brach die a. L. erst in der zweiten Hälfte des 19. Jh. Dafür wurde besonders die von einem erstarkenden Bildungsbürgertum getragene Abkehr vom manierist. Ideal sprachlicher Gesuchtheit sowie die Auffassung vom Gedicht als einem natürlichen, lebendigen Organismus ausschlaggebend. Mit der Entwicklung hin zu mehr «Natürlichkeit» und mehr subjektivem Empfinden ging auch eine Aufwertung der einfacheren Prosa einher. Seither hat sich die a. L. zahlreiche neue Formen angeeignet, in der Dichtung besonders den Freien Vers (Badr Shākir as-Sayyāb, 1926–1964; Nāzik al-Malāʾika, geb. 1923; ʿAbd al-Wahhāb al-Bayyātī, geb. 1926), in der Prosa die Kurzgeschichte und den Roman. Auch das Drama/Theater konnte sich etablieren. Sozialhistor. lässt sich die Entwicklung der modernen a. L. als Geschichte einer durch die technischen Möglichkeiten des → Buchdrucks, die Entwicklungen im Verlagswesen und die Verbesserung der Bildungssituation bedingten Verbreiterung der Leserschichten verstehen. Ästhet.-stilist. ist es v. a. in der Prosa und Dramatik die Geschichte einer Angleichung an dominante globale Modelle. Anders als in der

Poesie knüpfte man hier kaum an eigene epische und dramat. Traditionen an, da diese zur «niederen» Literatur gerechnet wurden. – Für die Entwicklung der Prosa und des Theaters lassen sich seit Ende des 19. Jh. grob folgende Strömungen beobachten: Eine belehrend-moralisierende Literatur, die dem Gemeinwohl Nutzen bringen sollte, wurde v. a. im 19. Jh., aber auch noch bis zum Ersten Weltkrieg verfasst. Hauptvertreter sind Jurjī Zaydān (1861–1914) und Salīm al-Bustānī (1848–1884). Für eine empfindsam-romantizist. Richtung (ca. 1900–1925) stehen Jubrān Khalīl Jubrān (1883–1931) und Muṣṭafā Luṭfī al-Manfalūṭī (1867–1924). Patriot.-sozialreformer. (1910–1930) waren die sog. «Neue Schule» in Ägypten, darunter Muḥammad Taymūr (1891/92–1921) und sein Bruder Maḥmūd (1894–1973), sowie in deren Folge Autoren wie Ṭāhā Ḥusayn (1889–1973) und Tawfīq al-Ḥakīm (1898/1902–1987). Seit den 1930ern entstand eine gesellschaftsanalyt.-chronist. Literatur (Nagīb → Maḥfūẓ; Yūsuf Idrīs, 1927–1991; Tawfīq Yūsuf ʿAwwād, 1911–1989). In den 1960er Jahren und besonders nach 1967 (Juni-Krieg, Niederlage des Nasserismus) begannen viele Autoren, sehr ideologie- und selbstkritisch zu schreiben (Laylā Baʿalbakkī, geb. 1934; al-Ṭayyib Ṣāliḥ, 1929–2009; Ṣunʿallāh Ibrāhīm, geb. 1937). Gleichzeitig entstand eine «Neue Sensitivität» (E. al-Kharrāṭ), der es um eine Neubegründung der Ästhetik und des Verhältnisses von Literatur zu Wahrheit und Wirklichkeit ging und die deshalb oft stark experimentelle Züge trug. Seither deckt die arab. Prosa das gesamte Spektrum postmodernen Schreibens ab, häufig auch mit spieler. Rückgriffen auf das alte Erbe, einschließlich der einst nicht zur «hohen» Literatur gerechneten volkstümlichen Heldenepen und → *Tausendundeine Nacht* (Yaḥyā aṭ-Ṭāhir ʿAbdallāh, 1938–1981; Jamāl al-Ghīṭānī, 1945–2015; Emīl Ḥabībī, 1921–1996; Zakariyyā Tāmir, geb. 1931). – Die Poesie durchlief ähnliche Phasen. Ende des 19. Jh. entstand ein «Neoklassizismus» (Aḥmad Shawqī, 1868–1932), die 1920/30er Jahre waren von der «Romantik» gekennzeichnet (Jubrān, die «Dīwān»-Schule, die «Apollo»-Gruppe), während sich nach dem Zweiten Weltkrieg eine «sozialrealist.» littérature engagée entwickelte. Seit den 1960er Jahren ist wie in der Prosa eine Loslösung vom Realismus festzustellen. Insgesamt bietet die Poesie heute ein vielfältiges Bild: Kasiden im «klassischen» Stil stehen neben patriot. und sozial oder polit. engagierten kürzeren, häufig auch vertonten Strophengedichten

(Amal Dunqul, 1940–1982; Maḥmūd Darwīsh, 1942–2008) sowie, auf der anderen Seite des Spektrums, den zuweilen «hermet.» wirkenden Schöpfungen der Vertreter eines poet. Ästhetizismus (→ Adonis, geb. 1930). Liebeslyrik in volksnaher einfacher Sprache (Nizār Qabbānī, 1923–1999) steht neben Philosophischem und Mystischem, hochsprachliche neben Dialekt-Dichtung. In der Umgangssprache verfasste Literatur findet dank der «demokratisierenden» Züge des Internets und der anti-autoritären Bestrebungen der jüngsten Zeit (Arab. Frühling) mittlerweile immer mehr Anhänger und weitere Verbreitung. – Kontrovers diskutiert wird die Frage, ob die von Arabern verfasste, selbst aber nicht arabophone Literatur, insbesondere die französischsprachige Literatur des Maghreb (Kateb Yacine, 1929–1989; Mohammed Dib, 1920–2003; Albert Memmi, geb. 1920; Tahar Ben Jelloun, geb. 1929; Assia Djebar, 1936–2015) oder die in der Sprache des Gastlandes verfassten Werke der zahlreichen Diaspora-/Exil-Autoren (Amin Maalouf, geb. 1949; Rafik Schami, geb. 1946) zur a. L. gezählt werden sollen. – Sehr viele Werke sowohl der klassischen als auch der modernen a. L. liegen inzwischen in guter deutscher Übersetzung vor. Zur internationalen Bekanntheit der a. L. trug insbes. die Verleihung des Nobel-Preises für Literatur an den Ägypter Nagīb → Maḥfūẓ (1988) bei. Seit 2008 ist der sog. «Arabische Booker» (International Prize for Arabic Fiction, abgek. IPAF) bemüht, der a. L. einen Platz im globalisierten Literaturbetrieb zu schaffen und zu erhalten. *Gu*

Lit.: Gätje, H. (Hg.): *Grundriß der arabischen Philologie*, Bd. 2: Literaturwissenschaft, 1987. – Guth, S.: «Novel, Arabic», *The Encyclopaedia of Islam, Three.* – Heinrichs, W. u. a. (Hg.): *Orientalisches Mittelalter*, 1990. – Irwin, R. (Hg.): *Night and Horses and the Desert. An Anthology of Classical Arabic Literature*, 2000. – Keil, R. (Hg.): *Hanīne. Prosa aus dem Maghreb*, 1989. – *The Cambridge History of Arabic Literature*, Bde. 1–3 (1983, 1990, 1992). – Weidner, S. (Hg./Übers.): *Die Farbe der Ferne. Moderne arabische Dichtung*, 2000. – Website des IPAF: ‹www.arabicfiction.org›.

Arabische Schrift, zunächst Träger der → arab. Sprache, später auch anderer Literatursprachen (u. a. Persisch, Osmanisch) des islam. Raumes. Es handelt sich um eine linksläufige Konsonantenschrift mit 28 Buchstaben in der arab. Sprache, die für andere Sprachen z. T. erweitert und modifiziert wurde. Die a. S. gehört zum aramäischen Typus der nordsemit. Schriften. In der ältesten datierten arab. Inschrift von 512 liegen die Basisgrapheme bereits vor.

Später erfolgten eine diakrit. Differenzierung, kalligraph. Weiterentwicklung und Systematisierung des Duktus (→ Kalligraphie). Schriftdiskussionen (Übernahme der Lateinschrift oder Modifizierung des arab. Alphabets) waren Bestandteil der Modernisierungskonzepte der islam. Welt im 19. und frühen 20. Jh. 1928 wurde in der Türkei das arab. durch das latein. Alphabet ersetzt. In den mittel- und zentralasiat. Sowjetrepubliken wurde die a. S. in den 1920er Jahren durch die Lateinschrift, 1940 vom kyrill. Alphabet abgelöst. Die a. S. bleibt vorherrschend für die Sprachen des nordafrikan., nah- und mittelöstlichen Raumes (Arabisch, Persisch, Kurdisch im Irak und in Iran, Urdu, einige Berbersprachen Nordafrikas) und in Teilen Zentralasiens (Dari, Paschtu, Uigurisch). *Ha-Hi*

Lit.:. Gründler, B.: *The Development of the Arabic Scripts: From the Nabatean Era to the First Islamic Century*, 1993. – Baldauf, I.: *Schriftreform und Schriftwechsel bei den muslimischen Russland- und Sowjettürken (1850–1937)*, *1993*. – Endress, G.: Die arabische Schrift, in Fischer, W. (Hg.): *Grundriß der arabischen Philologie*, 1982, 165–183. – Frings, A.: *Sowjetische Schriftpolitik zwischen 1917 und 1941*, 2007. – Lewis, G.: *The Turkish Language Reform*, 1999.

Arabische Sprache. Das Arabische (A.) zählt aufgrund seiner weiten Verbreitung und globalen Bedeutung zu den großen Weltsprachen. Die frühe Sprachgeschichte ist nach wie vor in entscheidenden Zügen unklar. Innerhalb der semit. Sprachen (die meist mit dem Altägyptischen, den kuschit. Sprachen und dem Libysch-Berberischen zu einer früher «semit.-hamit.», heute gemeinhin «afroasiat.» genannten Sprachfamilie zusammengefasst werden) wird das A. inzwischen meist zusammen mit dem «Altsüd-» A. und einem «nordwestsemit.» Zweig (v. a. Aramäisch und Kanaanäisch, einschließlich Phönizisch und Hebräisch) der Gruppe der «zentralsemit.» Sprachen zugeordnet. Diesen stellt man das Ostsemitische (v. a. Akkadisch), das sog. «Moderne Südarabisch» und die «äthiosemit.» Gruppe gegenüber, mit welcher das A. aufgrund räumlicher Nähe wichtige Charakteristika teilt. Sprachdenkmäler von Vorstufen des sog. «klassischen» A. (s. u.) finden sich in Zentral- und Nordarabien (Thamudisch, Lihyanitisch, Safaitisch, ca. 5. Jh. v. u. Z. – ca. 4. Jh. u. Z.). Die heute als «A.» bezeichnete Sprache basiert auf nord-arab. Idiomen, die seit dem 4. Jh. u. Z. belegt sind, sowie auf der Sprache der vorislam. Poesie (→ Arab. Literatur) und des

→ Korans. Dieses A. wurde mit der Expansion der Araber und des Islams im 7. Jh. weit über die Arab. Halbinsel hinausgetragen und seit dem 8. Jh. von Grammatikern und Lexikographen umfassend normiert, es wurde zum «klassischen» A. Der Status als Sprache der Eroberer, das Prestige als Offenbarungssprache, die hohe Anpassungsfähigkeit und die seit dem 9. Jh. dank reger Übersetzungstätigkeit erfolgte Integration der Wissenschaftssprache der Antike etablierten das klassische A. auf Jahrhunderte hinaus als Träger einer regionenübergreifenden islam. (aber z. T. auch christl. und jüd.) Kultur. Als Sprache des Kultus, der religiösen Gelehrsamkeit, der Wissenschaft, Literatur, Verwaltung usw. beeinflusste es auch die Sprachen anderer islamisierter Völker, insbesondere das Persische und Türkische (Iran. Sprachen, → Türkische Sprachen). – Geschrieben wird das A. von rechts nach links (→ Arab. Schrift). Auffällig im Lautbestand sind eine Reihe von Kehllauten (ḥ, kh, ʿ, gh, q) sowie die sog. emphat., dumpfen Konsonanten (ḍ, ṣ, ṭ, ẓ). Das A. gehört zum Typus der wurzelflektierenden Sprachen. Der Formenbestand ist charakterisiert durch meist 3-konsonantige Wortwurzeln, die eine Grundbedeutung tragen und von denen durch Vokalverteilung u. a. Wortbildungsmittel Nomina und Verben generiert werden. So gibt es z. B. zur Wurzel *k-t-b* («schreiben») die Nomina *kitāb* («Buch»), *maktab* («Ort, wo man schreibt; Büro, Schreibtisch»), *kātib* («schreibend; Schreiber, Schriftsteller») und Verben wie *kataba* («schreiben»), *takātaba* («einander schreiben»), *aktaba* («diktieren»), *istaktaba* («zu schreiben bitten»). – Seit dem 19. Jh. wurde das klassische A., nachdem es zuvor in einigen Bereichen an Bedeutung verloren hatte, von auf einen kulturellen Aufschwung (*nahḍa*) bedachten Intellektuellen bewusst gefördert und passte sich in der Folge in Wortschatz und Ausdrucksweise den Erfordernissen der neuen Zeit an. Das so entstandene Neuhocharabische ist wie das klassische A. in erster Linie allgemeinverbindliche Schriftsprache. Daneben existieren mehrere Regionalsprachen und deren jeweilige lokale Dialekte (vergleichbar etwa den Verhältnissen in der Schweiz mit Hoch-/Schriftdeutsch, Schweizerdeutsch und z. B. Zürich-Deutsch). In den arab. Ländern erlernt man das Hoch-/Schrift-A. erst in der Schule. Es wird außer im religiösen Kultus nur im formellen Rahmen (Reden, Vorträge, Nachrichtensendungen etc.) oder zum Zweck innerarab. Verständigung gesprochen, falls die von den Sprechern benutzten Idiome zu stark divergieren und eine Kommunikation unmöglich ist. Muttersprache und damit auch Sprache der alltäglichen Lebenswelt, des Denkens und Fühlens ist (sofern nicht Berber- oder eine andere nicht-arab. Sprache) die Variante einer der arab. Regionalsprachen (Hauptsprachregionen: Nordafrika, Ägypten, Levante, Irak, Zentralarabien). Diese Umgangssprachen unterscheiden sich in Lautbestand, Wortschatz, Formen- und Satzbildung ganz erheblich v.a. vom Hoch-A., je nach Distanz aber auch untereinander. Wegen seiner Verbreitung durch viele Filme wird überregional am besten das Ägyptisch-A. verstanden. Die meisten A.-Sprecher betrachten die Umgangssprache als regelloses und falsches A. und definieren so ihre Muttersprache lediglich negativ. Versuche, die *ʿāmmīya* (arab. «die Volkstümliche») aufzuwerten, wurden vor dem «Arab. Frühling» regelmäßig eines die arab. Einheit verratenden Separatismus oder auch einer Abkehr vom Islam bezichtigt, obgleich sie sich in der Regel längst auch einen literar. Platz als Sprache des Theaters, des Films und einer umfangreichen Mundartdichtung erobert hatte. Seit den antiautoritären Erhebungen des «Arab. Frühlings» und mit zunehmendem Einfluss des Internets ist die einst so gut wie unerschütterbare Vorrangstellung des Hocharabischen jedoch gehörig ins Wanken geraten, so dass die Umgangssprachen nunmehr v.a. in den Sozialen Medien, immer mehr jedoch auch auf dem Literaturmarkt präsent sind. Im Maghreb, wo zu Kolonialzeiten die Rolle einer Bildungs-, Wissenschafts- und Literatursprache weitgehend vom Französischen okkupiert war und das A. auf diesen Gebieten in den Jahren nach der Unabhängigkeit wieder an Terrain zurückgewonnen hatte, wird die Position der Hoch- und Umgangssprachen gegenüber dem Französischen und einheimischen Berberidiomen nun allenthalben neu verhandelt. Außerhalb der arab. Welt galt die Erlernung der Sprache des Korans (deshalb meist in Koranschulen) seit jeher als Zeichen von Frömmigkeit und brachte hohes Prestige. In einem Europa, das zunehmend muslim. Flüchtlinge in seine Gesellschaften einzugliedern hat, wird der Besuch von Arabisch-Kursen jedoch nicht selten als Indiz für mangelnde Integrationswilligkeit, wenn nicht gar Bereitschaft zu religiösem Extremismus gedeutet. *Gu*

Lit.: Guth, S.: *Die Hauptsprachen der Islamischen Welt*, 2012, 41–133. – Kogan, L.: *Genealogical Classification of Semitic*, 2015. – Weninger, S. (Hg.): *Semitic languages: an international handbook*, 2011. – Fischer, W.: *Grammatik des klas-*

sischen Arabisch, 1972. – Fischer, W./Jastrow, O. (Hg.): *Handbuch der arabischen Dialekte*, 1980.

Architektur. Mit den großen → Moscheen der Heiligtümer in Jerusalem, → Mekka, → Medina und den Moscheen in den Hauptstädten fand der Islam seinen Ausdruck, der ihn von den übrigen Glaubensgemeinschaften unterschied. Dieser Prozess setzte bereits zu Ende des 7. Jh. ein und dauerte bis zum Ende einer eigenständigen islam. A. im 20. Jh. Die islam. A. galt stets als Repräsentationsmittel des Auftraggebers, der damit seine Macht und sein Ansehen, teilweise auch seine Frömmigkeit darstellen wollte. Als Stifter traten in erster Linie die Herrscher und deren Familien, Frauen mit dem gesamten Hofstaat, aber auch vermögende Privatpersonen auf. Die größten und aufwendigsten Bauten sind meist den Herrschern und ihrer nächsten Umgebung zuzuschreiben, die auch Einfluss auf die formale Gestaltung genommen haben. In der Frühzeit war die A. stark von der antiken und spätantiken Formensprache geprägt, die teilweise bewusst rezipiert wurde. Die Verbreitung bestimmter Formen und Erfindungen erfolgte nach dem Vorbild der Hauptstädte und des Hofes, z. B. in abbasid. Zeit (8.–13. Jh.) in Bagdad und Samarra/Irak. Mit der Ausbreitung dieser Formen wurden Techniken und Baumaterial übernommen, wie z. B. Backstein anstelle von Stein (in Nordafrika). Die Übernahmen von Bauformen und Grundrissen sind als bewusste Zitate zu verstehen, die oft aus polit. Motiven erfolgten. Trotz der daraus resultierenden Gemeinsamkeiten in den unterschiedlichen Ländern des islam. Reiches lassen sich regionale Traditionen beobachten, die die Entwicklung der A. bestimmten, wie z. B. in Nordafrika oder Iran. Als große Bauaufträge müssen Moscheen und Medresen gelten, die oft mit Gräbern verbunden wurden, Grabanlagen und Palastbauten sowie Krankenhäuser, Bäder und Khānqāhs (Klöster für Derwische). Die Stadt als Ort muslim. Lebens und islam. Kultur erfuhr demgemäß ein spezifisches Gepräge, das sie bald von den Städten spätantiker Tradition unterschied. Große Aufmerksamkeit wurde der allgemeinen Versorgung geschenkt: Wasserleitungen, Kanalisation, auch Staudämmen und Brücken. Vorschriften regelten die Baumaßnahmen. Die Namen der Architekten sind erst in späterer Zeit, d. h. im Mittelalter, gesichert überliefert, sowohl durch literar. Überlieferung als auch durch Inschriften. Einer der größten Architekten seit der Antike war Sinān (um 1490–1588), der im Dienst des Sultans Süleymān II. der osman. Herrschaft architekton. Ausdruck verlieh und sie unsterblich machte (Edirne, Istanbul). In der modernen Zeit ist eine eigenständige islam. A. nicht ohne Weiteres erkennbar, weil die Bauten meist einer internationalen Formensprache ohne individuelle Prägung verpflichtet sind. Vereinzelt bemühen sich Architekten um die Umsetzung traditioneller Formen in die Moderne, die teilweise als geglückt gelten können. *Fi*

Lit.: Hillenbrand, R.: *Islamic Architecture*, 1994. – Holod, R.: *Modern Turkish Architecture*, 1984. – Kuran. A.: *Sinan, the Grand Old Master of Ottoman Architecture*, 1987.

ʿĀshūrāʾ (arab., von hebr. âsôr), der 10. des ersten Monats im islam. → Kalender, Muḥarram. Als Fastentag wurde ʿĀ. den Muslimen ursprünglich in Anlehnung an den jüd. Yom Kippur empfohlen. Seit der Einführung des Fastenmonats Ramadan im zweiten Jahr nach der → Hijra ist das Fasten am ʿĀ.-Tag freiwillig. Den → Schiiten gilt der gesamte Muḥarram, besonders aber dessen 10. Tag, als Trauerzeit. In Trauerfeiern gedenken sie des Märtyrertodes von → Ḥusain im Jahre 680 bei Kerbela. Die von Pilgern in Kerbela abgehaltenen Trauerfeiern fanden bereits wenige Jahre nach Ḥusains Tod statt. In den folgenden Jahrhunderten wurden sie v. a. in den Häusern der schiit. → Imame und ihrer Anhänger zelebriert. Seit dem 10. Jh. entstanden besondere Gebäude (arab., pers. *takīya*, *Ḥusainīya*) für die Trauerfeiern. Im 16. Jh. entwickelte sich in Iran das dramat. Genre des Passionsspiels (*taʿzīya*), das während des 19. Jh. einen Höhepunkt erlebte. Von Iran aus gelangte der Brauch der ʿĀ.-Feierlichkeiten auf den Indischen Subkontinent und in andere, unter dem Einfluss der iran. Kultur stehende Regionen der Welt. Der Ablauf der Trauerfeierlichkeiten ist genau festgelegt. Zu ihren Bestandteilen gehören a) die Versammlungen der Gläubigen im Hof einer Moschee, einer Ḥusainīya oder an einem anderen Ort während der ersten zehn Tage des Muḥarram; auf diesen Zusammenkünften wird von Predigern die Leidensgeschichte des Prophetenenkels in Form von Elegien rezitiert; b) die Prozessionszüge mit Brustschlägern, Ketten- und Säbelgeißlern, die ihren Höhepunkt am ʿĀ.-Tag in der symbol. Beerdigung Ḥusains finden; c) das Passionsspiel, d. h. die dramat. Nachstellung der Ereignisse von Kerbela. Im Anschluss an die Prozessionen verköstigen wohlhabende Gemeindemitglieder die Bedürftigen in ihren Häusern. Diese Geste gilt als verdienstvoller Akt der Frömmigkeit. Im Vorfeld und während der iran. Revolution 1979 bedienten sich Demonstranten der ʿĀ.-Symbolik, und die Muḥarram-Feierlichkeiten gerieten zu Demonstrationen gegen das Schah-Regime. *Pi-Ha*

Lit.: Ayoub, M.: Art. «ʿĀshūrāʾ», *Encyclopaedia Iranica*, Bd. 2, 1987, 874–876. – Halm, H.: *Der schiitische Islam. Von der Religion zur Revolution*, 1994. – Kippenberg, H. G.: «Jeder Tag ʿAshura, jedes Grab Kerbala. Zur Ritualisierung der Straßenkämpfe in Iran», in *Religion und Politik in Iran. Mardom-Nameh. Jahrbuch zur Geschichte und Gesellschaft des Mittleren Orients*, 1981, 217–256.

Atatürk (türk.: «Vater der Türken», 1881–1938). Mustafa Kemal, der seit 1934 den Familiennamen A. trug, wurde als Sohn eines kleinen Beamten in Saloniki geboren. Nach dem Besuch der Militärakademie (1904) in Istanbul übernahm er Posten in Damaskus und Saloniki, wo er sich dem «Komitee für Einheit und Fortschritt» (Jungtürken) anschloss, zu dem er indes später auf Distanz ging. Zu Ruhm gelangte er im Ersten Weltkrieg durch seine erfolgreiche Verteidigung der Dardanellenfestungen gegen die Alliierten. Nach der Niederlage des Osman. Reiches wurde er von Sultan Mehmed VI. Vahdettin mit der Wiederherstellung der zusammengebrochenen staatlichen Ordnung in Ostanatolien beauftragt. Tatsächlich begann er jedoch mit dem Aufbau einer Widerstandsbewegung mit dem Ziel, Alliierte, Armenier und Griechen, die Teile Anatoliens besetzt hatten, zu vertreiben. Im Unabhängigkeitskrieg (1919–1922) avancierte Mustafa Kemal zum unangefochtenen Führer dieser Bewegung. Seit April 1920 war er Präsident der «Großen Türk. Nationalversammlung», die sich in Ankara als Gegenregierung etabliert hatte. Mit der Gründung der Türk. Republik (1923) wurde der polit. Visionär zu deren erstem Staatspräsidenten gewählt. Die stark auf seine charismat. Persönlichkeit zugeschnittene, autoritäre Führung und das Monopol der von ihm gegründeten Republikan. Volkspartei sicherten A. bis zu seinem Tode eine einzigartige Machtposition. Die geradezu religiös anmutende Verehrung A.s, die in islam. Kreisen seit jeher Anstoß erregte, ist in den letzten Jahren zurückgegangen; gleichzeitig hat eine Diskussion über seine histor. Leistungen eingesetzt. *Str*

Lit.: Mango, A.: *Atatürk*, 1999. – Kreiser, K.: *Atatürk: Eine Biographie*, 2008. – Tröndle, D.: *Mustafa Kemal Atatürk. Mythos und Mensch*, 2011.

Auferstehung. Der Gedanke der A. als Rückkehr des Menschen zu Gott ist eines der zentralen Elemente des islam. Glaubens und bildet das Komplement zur göttlichen → Schöpfung (Sure 36:77–83). In der → Mystik gelten Tod und Zeit im Grab als «kleinere A.». Der Tod bedeutet das Ende des irdischen Daseins (Sure 23:100), nicht aber das Ende der Persönlichkeit. Der Verstorbene besitzt vielmehr weiter eine Wahrnehmung und ist (durch Träume) in der Lage, mit den Lebenden zu kommunizieren. Unmittelbar nach der Beisetzung findet der Mensch sich in einer Zwischenwelt (*barzakh*). Hier wird er durch zwei → Engel über die Grundlagen des Glaubens examiniert. Entsprechend erfährt er schon im Grab einen Vorgeschmack von → Hölle bzw. Paradies. Nachdem am Jüngsten Tag alle Schöpfung vernichtet worden ist, werden die Toten durch einen Posaunenstoß auferweckt und zum → Jüngsten Gericht versammelt (Sure 39:68). Die meisten Theologen verstanden die A. als körperlich, andere beharrten auf der metaphor. Auslegung. Die Mystik setzt die A. als gezwungene Rückkehr zu Gott einer freiwilligen Hinwendung im Leben entgegen. *Ha*

Lit.: Eklund, Ragnar: *Life Between Death and Resurrection According to Islam.* 1941.

Ayatollah (arab. *āyat allāh*, «Zeichen Gottes»). Ehrentitel, der durch allgemeinen Gebrauch in der Öffentlichkeit den bedeutendsten schiit. Rechtsgelehrten verliehen wird. Die Auszeichnung mit dem Titel A. bedeutet, dass sein Träger ein so hohes Maß an Frömmigkeit und Gelehrsamkeit zeigt, dass darin Gottes Absichten in Seiner Schöpfung zum Ausdruck kommen. Der Titel ist in Iran seit den späten 1940er Jahren üblich und wird fast allen einflussreichen schiit. Rechtsgelehrten verliehen. Der bekannteste unter ihnen war A. Ruhollah → Khomeini. *Pi-Ha*

B

Bad (arab. *ḥammām*). Das aus der Antike stammende und der Bautradition der römischen Thermen folgende öffentliche B. wurde im Mittelalter zu einer typisch islam. Einrichtung. Der Ruhm einer Stadt maß sich u. a. an der Zahl und Größe ihrer Badehäuser. Die islam. Lehre von der rituellen Reinheit (arab. *ṭahāra*) ist von großer Bedeutung für den Besuch des B., denn nur in diesem Zustand darf ein Muslim die Moschee betreten, beten und im Koran lesen (Sure 5:9). Wer sich im Zustand der *janāba* (arab. «große rituelle → Unreinheit») befindet, kann die Reinheit nur durch die → Waschung des ganzen Körpers einschließlich der Haare wiedererlangen. Gleichzeitig ist das B. ein beliebter Treffpunkt zur Pflege sozialer Kontakte. Es gibt spezielle Männer- und Frauenbäder; andere Bäder sind tage- oder stundenweise für Frauen reserviert. Seit der Übernahme des europäischen Badezimmers in den modernen Wohnungsbau gehen die Besucherzahlen zurück. In manchen Ländern wird das öffentliche B. durch Tourismus und Rückbesinnung auf die eigenen Traditionen zunehmend wiederbelebt. *Sto*

Lit.: Grotzfeld, H.: *Das Bad im arabisch-islamischen Mittelalter. Eine kulturgeschichtliche Studie*, 1970.

Bahāʾī. Die B.-Religion oder das Bahāʾītum ist eine im 19. Jh. von dem iran. Notabeln Mīrzā Ḥusain ʿAlī Nūrī, genannt Bahāʾ Allāh (1817–1892), gestiftete Universalreligion. Zwei innerschiit. Bewegungen gingen der B.-Religion voraus, die Shaikhīya und das Bābitum (→ Schiiten). Die Shaikhīs erwarteten 1844 die Rückkehr des Zwölften Imams. Zuerst zum direkten Mittler oder Tor (arab. *bāb*) des Mahdi und dann zum erwarteten Imam selbst erklärte sich Sayyid ʿAlī Muḥammad Shirāzī. Die von ihm geführte sozialrevolutionäre Bewegung wurde seitens der in Iran herrschenden Qājārendynastie brutal bekämpft, der Bāb 1850 hingerichtet. Nach einem versuchten Anschlag auf den Schah wurde auch Mīrzā Ḥusain ʿAlī Nūrī zuerst ins Gefängnis geworfen, um anschließend in das Osman. Reich verbannt zu werden. In Bagdad offenbarte er einigen seiner Getreuen, er sei die vom Bāb verheißene messian. Persönlichkeit, die spirituelle Wiederkehr des Bāb. Dieser Anspruch wurde ihm allerdings von seinem jüngeren Halbbruder Ṣubḥ-i Azal streitig gemacht, was zu einer Spaltung der Gemeinschaft führte. Nach Aufenthalten in Bagdad, Istanbul und Edirne wurden Bahāʾ Allāh, der inzwischen offen für seine Religion warb, und sein Gefolge 1868 nach Akka in Palästina geschickt; sein Bruder und dessen Anhänger gingen ins Exil nach Zypern. In Akka schrieb Bahāʾ Allāh das *Kitāb al-Aqdas* («Das Allerheiligste Buch», inzwischen auch in deutscher Sprache erschienen) nieder, das den → Koran und die Heilige Schrift des Bāb, *Bayān*, ablösen sollte. Auf der Grundlage des *Kitāb al-Aqdas* begannen sich die Bahāʾīs in Iran zu organisieren und die in diesem Buch offenbarten Gesetze zu befolgen. Bereits 1874 setzte eine period. wiederkehrende Verfolgung der Angehörigen der neuen Religion durch die Regierung und große Teile des schiit. Klerus ein. Dennoch verbreitete sich die B.-Religion in den letzten Dekaden des 19. Jh. nicht nur unter iran. → Schiiten, sondern auch unter Zoroastriern und Juden. Weltweit fand die neue Religion in dieser Zeit Zulauf im Irak, der Türkei, Großsyrien, Ägypten, Sudan, auf dem Kaukasus, in Zentralasien, Indien und Burma. Nach dem Tod seines Vaters im Jahre 1892 übernahm Bahāʾ Allāhs Sohn ʿAbbās Efendi ʿAbd al-Bahāʾ (1844–1921) die Führung der Religion, die in vielen weiteren Gegenden der Welt neue Gläubige fand. In Iran selbst mussten die Bahāʾīs bis zum Ende der Qājārenherrschaft weitere Pogrome erdulden. Auch während der Regierung der beiden Pahlavi-Schahs (1926–1979) kam es immer wieder zu staatlicher und klerikaler Verfolgung. Seit der iran. Revolution und der Etablierung der Islam. Republik hat sich die Situation der Bahāʾīs in Iran deutlich verschlechtert. Etwa 200 der bekanntesten Bahāʾīs des Landes wurden hingerichtet, viele weitere inhaftiert. Derzeit leben etwa 300 000 Bahāʾīs in Iran. Zwar werden aufgrund internationalen Drucks Bahāʾīs inzwischen als StaatsbürgerInnen anerkannt und behandelt, doch werden ihnen alle mit der Religionsfreiheit zusammenhängenden Rechte verwehrt. Da die Bahāʾī-Religion sich auf einen Stifter beruft, der auf den islamischen Propheten Muḥammad folgte, wird sie von der überwiegenden Mehrheit der Muslime nicht nur in Iran abgelehnt. Außerdem werden die Bahāʾīs in Iran beschuldigt, Angehörige einer Verschwörung zu sein, die die Zerstörung Irans und des zwölferschiitischen Islams zum Ziel habe. Die zentralen Wallfahrtsorte der Bahāʾīs liegen im heutigen Israel, wo sich in Akka das Grab Bahāʾ Allāhs und in Haifa dasjenige des Bāb befinden. In Haifa steht auf den Hängen des Berg Karmel auch das «Universale Haus der Gerechtigkeit», von wo aus ein Gremium aus neun gewählten Bahāʾīs die Weltgemeinde leitet. In den «Häusern der Andacht», von denen es eines auf jedem Kontinent gibt (das europäische «Haus der Andacht» wurde 1964 in Hofheim-Langenhain bei Frankfurt eingeweiht), soll das Wort Gottes ohne menschlichen Kommentar wirken. Dort wird aus den Heiligen Schriften aller Religionen vorgetragen. Das Konzept der progressiven Offenbarung in der B.-Religion besagt, dass aufeinander folgende göttliche Manifestationen den Menschen im Laufe der Jahrtausende immer anspruchsvollere religiöse Lehren eröffnet haben. Dieses Konzept erlaubt die Anerkennung aller früher entstandenen Religionen. Folgerichtig besteht eine der Kernaussagen der B.-Lehre in der letztendlichen Einheit aller Propheten und Religionsgründer der Welt. Weltweit gibt es zwischen fünf bis sechs Mio. Bahāʾīs, die VertreterInnen in 182 (2016) nationale «Geistige Räte» entsenden. In Deutschland hat die B.-Religion derzeit etwa 6000 Mitglieder und ca. 100 «Geistige Räte». *Pi-Ha*

Lit.: Esslemont, J. E.: *Baha'u'llah und das neue Zeitalter*, 1976. – Hutter, M.: *Die Bahá'i. Geschichte und Lehre einer nachislam. Weltreligion*, 1994. – Schäfer, U.: *Der Bahá'i in der modernen Welt. Strukturen eines neuen Glaubens*, 1981. Dehghani, S.: *Martyrium und Messianismus: die Geburtsstunde des Baha'itums*, 2011. – Elsdörfer, U. (Hg.): *Globale Religionen: ein Lesebuch zum interreligiösen Gespräch: Bahá'i, Christentum, Islam*, 2008.– Hutter, M.: *Handbuch Bahāʾī: Geschichte – Theologie – Gesellschaftsbezug*, 2009. – Art. «Bahaism» (verschiedene AutorInnen), *Encyclopaedia Iranica online*.

Bankwesen. Da die Ökonomien der Staaten in der islam. Welt eng in die Weltwirtschaft eingebunden sind, ist ihr B. weitgehend von westlichen Modellen bestimmt. Eine wichtige Rolle spielen daher auch Ableger westlicher Banken. Seit den 1960er Jahren versuchen sog. islam. Banken eine Alternative zu diesem herkömmlichen Bankensystem zu schaffen und die Ge- und Verbote des islam. → Rechts einzuhalten. Um das islam. Zinsverbot (→ Zinsen) einzuhalten, verlegen sich islam. Banken auf solche Finanzprodukte, die ihre Kunden auf andere Weise an Gewinnen beteiligen (*ḥalāl* Finanzprodukte). Die Bedeutung dieser islam. Banken hat in den letzten

Jahren zwar stetig zugenommen, sie besiedeln aber weltweit gesehen immer noch einen Nischensektor. Einige Banken in Westeuropa, auch in Deutschland, bieten Finanzprodukte an, die den Regeln des islam. Wirtschaftens folgen. Das B. des Iran, des Sudan und Pakistans ist offiziell vollständig islamisiert. *Di*

Lit.: Hassan, K./Lewis, M.: *Handbook of Islamic Banking*, 2007. – Nienhaus, V.: *Islamische Ökonomik in der Praxis: Zinslose Finanzwirtschaft*, in Ende, W./ Steinbach, U.: *Der Islam in der Gegenwart*, 2005, 163–198. – Muschol S.: *Islamic Banking: rechtstheoretische Grundlagen, Vertragsparameter und Risikoanalyse*, 2016.

Barmherzigkeit, wohlwollend-huldvolle Haltung Gottes zur Kreatur, die auf Befreiung aus einem Zustand des Leidens, der Bedürftigkeit und «Erbärmlichkeit» abzielt. Im Arabischen kommt dem deutschen Wort B. der Begriff *raḥma* am nächsten. In von islam. Tradition geprägten Texten und Lebenswelten ist dieser ständig präsent, da viele häufig verwendete Gruß- u. a. Formeln, darunter die → Basmala, die Wurzel *r-ḥ-m* enthalten. Im Anschluss an den → Koran und dessen Betonung der göttlichen *raḥma* deuten sowohl islam. → Theologie als auch → Mystik und Volksfrömmigkeit das gesamte Universum und heilsgeschichtliche Ereignisse wie insbesondere die Sendung von Propheten an die Menschheit und die Offenbarung heiliger Schriften, v. a. des Korans, als untrügliche Beweise für Gottes *raḥma*. Zeitgenöss. muslim. Denker integrieren auch die Erkenntnisse der modernen Naturwissenschaften als auf Gottes *raḥma* verweisende «Wunder der Natur» in dieses Bild. Für spirituell orientierte Interpreten und Gläubige wird *raḥma* gern zum «obersten göttlichen Handlungsprinzip» (A. Falaturi) und wunderbaren Hauptcharakteristikum der Beziehung Gottes zum Menschen, ähnlich der Liebe Gottes zum Menschen im Christentum. Dabei nimmt der koran. einfach «Wohlwollen», «Gunst», «Güte» bezeichnende, eine «Erbärmlichkeit» des Objekts der *raḥma* noch nicht voraussetzende Begriff eine der «B.» sehr nahekommende, «Hilfe» und «Mitleid» einschließende Bedeutung an. Die Gewährung von *raḥma* im Diesseits ist Appell an die Begünstigten, also an die gesamte Menschheit, sich Gott ganz «hinzugeben» (arab. → Islam). Wer dies tut, kann auch am Jüngsten Tag auf Gottes *raḥma*, welche sich dann im Vergeben von Sünden erweisen wird, hoffen. Deshalb wird *raḥma* oft mit → Gnade identifiziert. *Gu*

Lit.: Gimaret, D.: Art. «Raḥma», *The Encyclopaedia of Islam, second edition.*

Basar (pers. «Markt»; arab. *sūq*), traditioneller Marktbereich oriental. Städte. In der Regel befindet sich im Zentrum des B. die große Freitagsmoschee (→ Moschee), um die herum sich die Handels- und Kleingewerbeeinrichtungen in einer hierarch. Ordnung gruppieren. Lärmende und schmutzige Gewerbe sind in den Randzonen angesiedelt, während prestigeträchtigere Läden, wie z. B. Buchhändler und Kerzenzieher, in der Nähe der Moschee liegen. Typisch sind die Branchensortierung des B., d. h. die Handelsgeschäfte einer Branche liegen in unmittelbarer Nachbarschaft zueinander, sowie die Trennung von Wohn- und Wirtschaftsbereich. Viele Basare des Vorderen Orients sind «gedeckte», überkuppelte Basare, während diese Form der Überdachung auf dem Indischen Subkontinent unüblich ist. Sehr schöne Beispiele für traditionelle gedeckte Basare sind in den Altstädten von Istanbul, Damaskus und Marrakesch zu finden. Der sehr gut erhaltene und aufwändig restaurierte Basar von Aleppo wurde im syrischen Bürgerkrieg seit 2011 weitgehend zerstört. Der traditionelle B. hat im Zuge der ökonom. Umbrüche seit dem 19. Jh. und der Herausbildung moderner Neustädte seine Bedeutung stark verändert. Während in den Neustädten moderne Wirtschaftszentren entstanden, werden im B. die einfachen Bedürfnisse des täglichen Bedarfs v. a. der unteren Schichten gedeckt, zudem ist er ein Publikumsmagnet für Touristen. In den letzten Jahren hat vielfach ein Umdenken im Hinblick auf die historische Bausubstanz eingesetzt: Während immer mehr Menschen die Wohnungen der historischen Basarbezirke verlassen, um in modernere und besser ausgestattete Quartiere zu ziehen, sind vielfältige Erhaltungs- und Restaurierungsprojekte in Gang gekommen, um traditionelle Stadtbezirke vor dem Verfall zu retten. Der Basar ist Projektionsfläche für das kulturelle Erbe der Nation und nimmt damit eine wichtige identitätsstiftende Funktion ein. *Di*

Lit.: Gharipour, M.: *The Bazar in the Islamic city: Design, Culture and History*, 2012. – Wirth, E.: *Die orientalische Stadt im islamischen Vorderasien und Nordafrika*, Band 1, 2000.

Basmala, Bezeichnung für die feststehende arab. Wendung *bismi allāh ar-raḥmān ar-raḥīm*, übersetzt meist als «Im Namen des barmherzigen und gnädigen Gottes» oder «… Gottes des Allerbarmers». Die B. leitet (außer der 9.) alle → Suren des → Korans ein. Nach dem koran. Vorbild wurde sie – als Segensspenderin – an den Anfang von Schriftstücken und Druckerzeugnissen jeder Art gesetzt sowie traditionsgemäß beim Beginnen jeglicher Tätigkeit gesprochen, z. B. vor dem Essen oder beim Betreten eines Gebäudes. Im Zuge der Säkularisierung wurde ihr Gebrauch stark eingeschränkt. Heutzutage verwenden viele Gläubige sie deshalb häufig ostentativ. *Gu*

Beduinen (arab. *badū*), traditionelle Bezeichnung für Nomaden der Arab. Halbinsel und angrenzender Gebiete u. a. im Sinai, in Palästina und Khuzistan, enger gefasst nur für die Dromedar-Nomaden Nordarabiens. Merkmale der B. sind die tribale Struktur (→ Stamm), die sprachliche und ethnische Charakterisierung als Araber und in der Vergangenheit die häufigen krieger. Auseinandersetzungen. Teil des Selbstverständnisses ist auch die Abgrenzung von der sesshaften Bevölkerung und die Selbstwahrnehmung als Elite mit einem aristokrat. Ethos. Die im Sprachgebrauch oft auftauchende Gleichsetzung von Beduinen mit Nomaden des Vorderen Orients im Allgemeinen ist nicht zutreffend, da z. B. die → Berbernomaden Nordafrikas wie die Tuareg zwar in ihrer Lebensweise den Beduinen der Arab. Halbinsel nahekommen, sich aber sprachlich und ethnisch von ihnen unterscheiden. Zwischen einzelnen Nomadengruppen gibt es zahlreiche Unterschiede in der Art der Vieh- und Weidewirtschaft (Kamele, Schafe, Ziegen) und im Grad des → Nomadismus (Vollnomaden oder Teilsesshaftigkeit). In jüngerer Zeit veränderte sich das Leben der B. rapide durch moderne Einflüsse wie Staatsbildungen, Tourismus sowie die Ölförderung in Saudi-Arabien und den Golfstaaten. *Wer*

Lit.: Oppenheim, M. v.: *Die Beduinen*, 4 Bde., 1939–1968. – Baumgarten, J.: *Die Ammarin. Beduinen in Jordanien zwischen Stamm und Staat*, 2011.

Begräbnis. Zu einem islam. B. gehören die Waschung des Leichnams, seine Hüllung in Leichentücher, das Totengebet und die Grablegung auf dem → Friedhof. In den Einzelheiten der Rituale weichen die → Rechtsschulen voneinander ab. In islam. Ländern wird der Verstorbene im Leichentuch ohne Sarg beigesetzt, was auf den meisten Friedhöfen in Deutschland nicht möglich ist. *Sto*

Berber (arab. *barbarī*, pl. *barābir/barābira*, Eigenbezeichnung u. a. amazigh oder amahagh), Bezeichnung griechischen Ursprungs für vornehmlich in Nordafrika ansässige Bevölkerungsgruppen ungeklärter histor. Herkunft, deren Siedlungsgebiete sich von der Oase Siwa in Ägypten über die Atlantikküste bis zum Nigerbogen erstrecken. Auch die Tuareg (arab. *ṭawāriq*) der südlichen Sahara gehören zu den B. Die B. sprechen lokale Varianten einer meist als *tamazight* oder *tamahaqq* bezeichneten Sprache, sind im arab. Sprachraum jedoch häufig zweisprachig oder vollkommen arabisiert. Ihre Islamisierung begann mit der arab. Eroberung des Maghreb während der zweiten Hälfte des 7. Jh. Zu Beginn des 8. Jh. trugen Soldaten berber. Abstammung entscheidend zum Erfolg der muslim. Eroberungsarmeen in Nordafrika und auf der Iber. Halbinsel bei. Die ungleiche Behandlung durch arab. Muslime förderte Abspaltungen vom sunnit. Islam. Während die zeitweise in Nordafrika vorherrschende schiit. Glaubensrichtung unter B. völlig eliminiert war, konnte sich der kharijit. Islam in einigen Randgebieten des Maghreb bis heute behaupten. Größere polit. Einheiten, wie die → Dynastien der Almorawiden (11.–12. Jh.) und der Almohaden (12.–13. Jh.), bildeten B. in ihrer Geschichte nur selten. In der Zeit der kolonialen Durchdringung des Maghreb leisteten v. a. B. lang anhaltenden Widerstand. Während Frankreich in Marokko und Algerien – in beiden Staaten stellen sie bis heute einen hohen Bevölkerungsanteil – im Zuge einer Politik des «Teilens und Herrschens» die ethnischen Unterschiede zwischen den Bevölkerungsgruppen betonte, stellten die Unabhängigkeitsbewegungen das einigende Band des Islams in den Vordergrund. Nach der Wiedererlangung staatlicher Unabhängigkeit wurde die kulturelle und sprachliche Eigenständigkeit der B. in Marokko und Algerien als Bedrohung der nationalen Einheit erachtet und unterdrückt. Erst seit den 1990er Jahren sind in beiden Maghrebstaaten gewisse Lockerungen ihrer restriktiven Politik gegenüber kulturellen Bewegungen der B. zu beobachten. Im Norden des westafrikan. Mali (Afrika) kam es seit der Unabhängigkeit immer wieder zu bewaffneten Konflikten zwischen der zentralstaatlichen Macht und den Tuareg-B. *Ko*

Lit.: Brett, M./Fentress, E.: *The Berbers,* 1996. – Neumann, W.: *Die Berber. Vielfalt und Einheit einer alten nordafrikanischen Kultur*, 1983. – Pfeifer, K.: *«Wir sind keine Araber!» Amazighische Identitätskonstruktion in Marokko*, 2015.

Beschneidung. Der im antiken Orient weit verbreitete Brauch wird im Islam wie im Judentum auf → Abraham zurückgeführt. Obwohl nicht bindende religiöse Pflicht, ist die B. von männlichen Gläubigen in den Augen der meisten Muslime unverzichtbar. Männliche Kinder werden – oft in festlichem Rahmen – je nach Region verschieden am siebten Tag nach der → Geburt oder auch im Alter zwischen fünf und sieben Jahren beschnitten. Von erwachsenen männlichen Konvertiten zum Islam wird im Allgemeinen erwartet, dass sie sich beschneiden lassen. In der heutigen Diskussion werden hygien. Vorteile (Gebärmutterkrebs tritt bei Ehefrauen beschnittener Männer seltener auf) hervorgehoben; kritisch äußerten sich u. a. die Theaterautorin Fatima Gallaire (La Fête Virile, 1991) und der tunes. Regisseur Farid Boughedir (Halfaouine, 1992). → Klitorisamputation, meist von Frauen im privaten Kreis vollzogen, ist mit männlicher B. nicht vergleichbar. *Bo*

Lit.: Chebel, M.: *Histoire de la circoncision des origines à nos jours*, 1992. – Manok, A.: *Die medizinisch nicht indizierte Beschneidung des männlichen Kindes. Rechtslage vor und nach Inkrafttreten des § 1631 d BGB unter besonderer Berücksichtigung der Grundrechte*, 2015.

Bibel. Das Arabische hat kein Wort für die jüdische bzw. christliche B.; im Begriff *ahl al-kitāb* (→ Schriftbesitzer) erscheint sie einfach als «Schrift». Teile der B. sind im → Koran erwähnt: die → Thora, die Psalmen (arab. *az-zabūr)* und die Evangelien (arab. *al-injīl*). Im Koran finden sich viele biblische Stoffe wieder – die → Schöpfung, Kain und Abel, die Sintflut, Jakob in Ägypten, Johannes der Täufer, die Kindheitsgeschichte → Jesu –, die oft nicht genau mit den jüd.-christlichen Versionen übereinstimmen. Der → Koran beansprucht aber, die richtige Darstellung zu liefern: «Dieser Koran berichtet den Kindern Israels das meiste von dem, worüber sie uneins sind» (Sure 27:76). *Schö*

Lit.: Adang, C.: *Muslim Writers on Judaism and the Hebrew Bible*, 1996. – Jomier, J.: Bibel und Koran, 1962. – Gnilka, J.: *Bibel und Koran. Was sie verbindet, was sie trennt*, 2005. – Lazarus-Yafeh, H.: *Intertwined Worlds. Medieval Islam and Bible Criticism*, 1992. – Speyer, H.: *Die biblischen Erzählungen im Qoran*, 1931 (mehrfach nachgedruckt).

Bidʿa (arab. «Neuerung»), insbesondere als verboten geltende Neuerungen im islam. → Recht. *Mü*

Bilderverbot. Mit dem unbedingten Bekenntnis der Einheit → Gottes ist nach islam. Verständnis die Abbildbarkeit Gottes und die von Lebewesen unvereinbar. Gott allein ist Schöpfer, ein Künstler darf diesen Schöpfungsakt nicht wiederholen, eine Vorstellung, die vermutlich aus dem Judentum übernommen wurde. Findet sich im Koran noch kein B., so formiert sich dieses zu Beginn des 8. Jh. durch Überlieferungen, die auf die Schöpferrolle Gottes verweisen. Gemäß einer Überlieferung wurde ein Bildersturm durch den Kalifen Yazīd II. im Jahre 722 initiiert. Bereits früh wurde das B. relativiert, so dass auf Münzen das Bild der Kalifen erscheinen konnte und Malerei und Plastik in den Dienst des Hofes gestellt wurden. Die moderne Bildkommunikation erfährt keine Einschränkung, so dass sich das B. heute strikt auf die Abbildbarkeit Gottes und auf Kultgebäude bezieht. (→ Kalligraphie, → Ornamentik) *Fi*

Lit.: Creswell, K. A. C.: «The Lawfulness of Painting in Early Islam», *Ars Islamica* 11–12 (1946), 159–166. – Paret, R.: «Textbelege zum islamischen Bilderverbot», in *Festschrift H. Schrade*, 1960, 36–48. – Ders.: «Das islamische Bilderverbot und die Schia», in *Festschrift W. Caskel*, 1968, 224–232. – Welker, M. u. a. (Hg.): *Images of the divine and cultural orientations : jewish, christian, and islamic voices*, 2015.

Bildungswesen. Inhalte islam. Erziehung sind u. a. der Koran, der in frühem Lebensalter auswendig gelernt wird, die überlieferten Aussprüche und Taten des Propheten (→ Sunna), → Recht, → Theologie sowie die → arab. Sprache, in der alle Grundtexte des Islams abgefasst sind. Das traditionelle islam. Erziehungswesen lag bis zum 19. Jh. nahezu ausschließlich in den Händen islam. → Gelehrter. Koranschulen bildeten die Grundlage religiös-islam. Allgemeinbildung der Kinder, während höhere Bildung an Medresen oder Moschee-Universitäten wie der Azhar in Kairo, der Zaitūna in Tunis oder der Qarawīyīn in Fes vermittelt wurde. Unter dem Eindruck europäischer Fremdherrschaft und Überlegenheit kritisierten die Vertreter der → Salafīya-Bewegung die Erstarrung der islam. Lehre und sahen in einer Reform des B. den Schlüssel zum Wiedererstarken muslim. Gesellschaften. Sie unterhielten unabhängige Reformschulen, die islam. Bildungsideale mit modernen Unterrichtsmethoden und -inhalten zu verbinden wussten. Nach Wiedererlangung staatlicher Unabhängigkeit rückten traditionelle Erziehungskonzepte in den Hintergrund. Aufgrund enormer Anstrengungen im B., welche die staatliche Entwicklung fördern sollten, verfügen heute alle muslim. Staaten über ein B., das sich stark an westlichen Vorbildern orientiert. Islam. Religionsunterricht ist in allen muslim. Staaten an staatlichen Schulen ein Pflichtfach. Traditionelle Institutionen bestehen zwar weiter, sind aber nicht mehr die Basis des allgemeinen Schulsystems. Nicht nur Absolventen reformierter islam. Universitäten finden schwer eine angemessene Beschäftigung, auch Studienabgängern moderner Universitäten bietet der nationale Arbeitsmarkt nur geringe berufliche Perspektiven. Islamisten (→ Fundamentalisten) kritisieren die direkte Kontrolle des Staates hinsichtlich der vermittelten Lehrinhalte und bemühen sich, ein ihren Idealen entsprechendes B. zu etablieren. Unter dem Eindruck dieser Kritik wird in den meisten muslim. Staaten gegenwärtig islam. Erziehungsidealen wieder ein breiterer Raum im Erziehungswesen eingeräumt. *Ko*

Lit.: Tibawi, A. L.: *Islamic Education. Its Traditions and Modernization into the Arab National System*, 1979. – Qadi, W. u. a. (Hg.): *Islam and education: myths and truths*, 2007.

Bioethik. Das Gros bioethischer Fragen fällt in den Bereich der Humanmedizin und handelt von Themen wie künstlicher Befruchtung, Sterbehilfe und lebensverlängernden Maßnahmen, Geschlechtsumwandlung oder Vaterschaftstest. Die Auseinandersetzung mit solchen Fragen bildet eines der wenigen Felder, auf denen heute die Scharia durch neue Normen und in länderübergreifender Weise weiterentwickelt wird. Die Protagonisten muslimischer Bioethikdebatten sind neben Medizinern vor allem islamische Gelehrte. Das liegt zum Teil am konservativ-religiösen Zeitgeist der letzten Jahrzehnte, zum anderen daran, dass die staatliche Gesetzgebung in vielen Ländern lückenhaft ist, nur zögerlich auf neue Entwicklungen reagiert und insgesamt über wenig Vertrauen in der Öffentlichkeit verfügt. Einen besonders wichtigen Beitrag zur Meinungsbildung leisten transnationale islamische Gremien wie die Islamische Fiqh Akademie (majmaʿ al-fiqh al-islāmī) der Muslimischen Weltliga in Mekka und die gleichnamige Akademie der Organisation der Islamischen Konferenz mit Sitz in Dschidda (Saudi-Arabien). Im schiitischen Kontext geben herausragende Einzelgelehrte den Ton in bioethischen Debatten an. Abgesehen von wenigen regionalen Besonderheiten wie der hohen Zahl durch

Verwandtenehen begünstigter Erbkrankheiten im Nahen Osten und den stets zu berücksichtigenden sozialen Faktoren wie Armut, die z. B. Organhandel fördern kann, gleichen sich die technischen und medizinischen Probleme der Bio- und Medizinethik im Wesentlichen weltweit. Das spezifisch islamische Element in der islamischen Bioethik besteht in dem Versuch, die Bewertung und Regelung moderner medizinischer Möglichkeiten aus Wortlaut und Werten islamischer Texte und Traditionen zu entwickeln. Nur in wenigen Fällen gelingt aber eine direkte Herleitung aus → Koran, → Hadith und der jahrhundertealten islamischen Rechtsliteratur. Ein Beispiel ist die Prophetenüberlieferung, nach der Muḥammad gesagt habe: «Das Zerbrechen der Knochen bei einem Toten ist genauso wie bei einem Lebenden.» Dieser Hadith wurde in Zusammenhang mit Organtransplantation diskutiert, allerdings unterschiedlich gewertet, und die im Text angelegte Position der unbedingten Unversehrtheit des Leichnams hat sich nicht durchgesetzt. Selbst bei direktem Textbezug kommt es also auf die Interpretation an. Wesentlich häufiger argumentiert man mit den «Zielen» der Scharia (*maqāṣid*), erörtert die Folgen und Konsequenzen fraglicher Techniken und wägt Nutzen und Schaden gegeneinander ab. Dabei sind die ideologische Position und Gesellschaftssicht eines Autors oder Gremiums wichtiger für das Ergebnis als der Bestand konkreter Textstellen. Ein Beispiel ist die wiederholt aufgekommene Diskussion um Hymenrekonstruktion, d. h. die künstliche Wiederherstellung oder Vortäuschung eines intakten Jungfernhäutchens, zu der es keine direkt relevanten Aussagen in der islamischen Überlieferung gibt. Je nach Weltsicht soll diese Praxis bis auf wenige Ausnahmen verboten werden, um die Ausbreitung von vor- und außerehelichem Sex zu verhindern; oder sie soll weitgehend freigegeben werden, um die Institution der Ehe gegen die Folgen unvermeidlicher Fehltritte zu schützen, oder auch um der gesellschaftlichen Fixierung auf weibliche Unschuld etwas entgegenzusetzen. Eine gesellschaftspolitische Note haben auch Diskussionen zur Pränataldiagnostik und Gentherapie. So geht es z. B. bei Gentests darum, die neuen Möglichkeiten behutsam in das Gefüge bekannter Normen zu Familie und Verwandtschaft einzubeziehen. Grundlegende Veränderungen, etwa hin zu vorwiegend genetischen Konzeptionen von Abstammung, lassen sich im sunnitischen Islam kaum verzeichnen. *BB*

Lit.: Shabana, A.: «Bioethics in Islamic Thought», *Religion Compass* 8, no. 11 (2014). – Atighetchi, D.: *Islamic Bioethics. Problems and Perspectives,* 2007. – Eich, T. (Übers.): *Moderne Medizin und Islamische Ethik: Biowissenschaften in der muslimischen Rechtstradition,* 2008. – Brockopp, J. E. und Eich, T.: *Muslim Medical Ethics: From Theory to Practice,* 2008.

Blasphemie, Gotteslästerung, im weiteren Sinne auch jede öffentliche Schmähung religiöser Grundwerte, im islam. Kontext insbesondere auch die «Entehrung» des Propheten → Muḥammad, seiner Familie oder seiner getreuen Weggefährten, der → Engel und gelegentlich auch hoher Würdenträger. Ob eine Äußerung als B. empfunden wird oder nicht, ist stark abhängig von den polit. und gesellschaftlichen Rahmenbedingungen, unter denen sie getan wird. Für eine Bestrafung von B. auf → Scharia-rechtlicher Grundlage wurde häufig der Tatbestand des Abfalls vom Glauben festgestellt (→ Apostasie; vgl. auch → Bilderverbot). In säkularen Staaten bieten heute meist Religionsgesetze oder Bestimmungen bezüglich Erregung öffentlichen Ärgernisses eine jurist. Handhabe gegen B. In neuerer Zeit erregten die B.-Anschuldigungen gegen Nagīb → Maḥfūẓ, Salman → Rushdie oder auch Naṣr Ḥāmid Abū Zaid international großes Aufsehen. Als Vergeltung für vorsätzliche Verhöhnung des Propheten und dadurch Beleidigung aller muslim. Gläubigen in der westl. Öffentlichkeit legitimierten auch die Attentäter von Paris und Kopenhagen (Jan. bzw. Feb. 2015) ihre Anschläge. *Gu*

Lit.: Baatz, U. (u. a.): *Bilderstreit 2006 – Pressefreiheit? Blasphemie? Globale Politik?,* 2007. – Sinram, J.: *Pressefreiheit oder Fremdenfeindlichkeit? Der Streit um die Mohammed-Karikaturen und die dänische Einwanderungspolitik,* 2015. – Vogel, G.: *Blasphemie. Die Affäre Rushdie in religionswissenschaftlicher Sicht,* 1998.

Blutrache. Die unter den altarab. Stämmen übliche B. wurde im islam. → Recht stark eingeschränkt und einem ordentlichen Gerichtsverfahren unterworfen. Dabei ist für die Tötung eines Menschen, aber auch für verschiedene Verletzungen, ein bestimmtes Blutgeld ausgesetzt, welches von der Haftungsgruppe des Täters zu bezahlen ist. Als Haftungsgruppe definiert das islam. Recht etwa die Dorfgemeinschaft, die Bewohner des Stadtviertels oder die Angehörigen der Berufsgruppe des Täters. Die Angehörigen des Opfers dürfen nur dann die Vergeltungsstrafe, den Tod des Täters, verlangen, wenn gegen ihn genügend Verdachtsmomente vorliegen. In diesem Fall entfällt das Blutgeld. *Mü*

Böser Blick. Der B. B. gilt im islam. wie im mediterranen Kulturkreis als potentiell zerstörer. Ausdruck von Neid auf alles, was wert und teuer ist. Besonders Kinder und Vieh – heute auch Fahrzeuge – bedürfen aufgrund der ihm zugeschriebenen schädigenden Wirkung des Schutzes durch die Anrufung Gottes, durch → Amulette oder abwehrende Handbewegungen. *Bo*

Lit.: Hauschild, T.: *Der Böse Blick. Ideengeschichtliche und sozialpsychologische Untersuchungen*, 1982.

Bruderschaften, Gruppierungen von → Scheichs und Adepten der islam. → Mystik, dem Sufismus, meist benannt nach ihrem Gründer, z. B. die Qādirīya-B. nach ʿAbd al-Qādir al-Kīlānī (auch al-Jīlānī, gest. 1166). Die Mitglieder sind durch eine ununterbrochene Initiationskette mit dem Gründer verbunden. Äußere Kennzeichen sind unter anderen die Form des → *dhikr* und des Ordenskleides. Erste B. entstanden im 12. und 13. Jh. im Vorderen Orient und verbreiteten sich schnell über die gesamte islam. Welt. Zahlreiche Zweig-B. entwickelten sich dadurch, dass ein Scheich einer bestehenden B. neue sufische Praxisformen einführte, die dann von seinen Schülern und Enkelschülern dauerhaft befolgt wurden. Im 20. Jh. wurde zwar in manchen Ländern ein Niedergang beobachtet, doch existieren weiterhin Hunderte verschiedener B. Teilweise sind sie lokal begrenzt, aber zum Teil auch international verbreitet mit Tausenden von Mitgliedern (z. B. Shādhilīya, Tijānīya). Einige B. bestehen aus losen, untereinander kaum verbundenen Gruppen, die sich gelegentlich in einer Moschee oder einem Privathaus zum *dhikr* treffen, andere sind gut organisiert, besitzen eine zentrale Führung, Versammlungszentren und bestimmen das Alltagsleben ihrer Mitglieder in hohem Maße. Dachorganisationen mehrerer B. existieren z. B. in Ägypten. In einigen Ländern (Senegal, Sudan) bilden B. polit. Parteien. Gelegentlich sind Teile von B. an militär. Konflikten beteiligt. Z. B. führte im 20. Jh. die nordafrikan. Sanūsīya den antikolonialen Widerstand; ihr Führer Idrīs as-Sanūsī wurde im Jahre 1951 König von Libyen. In Deutschland sind mehrere B. vertreten, die meist von Scheichs aus islam. Ländern geleitet werden. Besonders bekannt ist der Naqshbandī-Führer Nazim al-Qubrusi mit Wohnsitz im türk. Zypern. Unter seinen Adepten befinden sich auch viele deutsche Konvertiten. *El*

Lit.: Schleßmann, L.: *Sufismus in Deutschland : Deutsche auf dem Weg des mystischen Islam*, 2003. – Norris, H. T.: *Popular Sufism in Eastern Europe : Sufi brotherhoods and the dialogue with Christianity and ‹heterodoxy›*, 2006. – Karamustafa, A. T.: *God's unruly friends : dervish groups in the Islamic middle period 1200–1550*, 2006.

Buchdruck. Obwohl schon im 15. Jh. durch Handelskontakte im Nahen Osten bekannt, wurde der B. sehr viel später eingeführt. Die wichtigsten Gründe hierfür waren der Widerstand der Berufsschreiber, die um ihre Arbeit fürchteten, Vorbehalte der religiösen Gelehrten und polit. Bedenken der Herrschenden vor einem schwer kontrollierbaren Medium. Das Drucken mit arab. Lettern (→ Arab. Schrift) blieb ausdrücklich verboten, während in hebräischen und armen. Lettern gedruckt werden konnte. Auch ästhet. Gründe spielten eine Rolle, was die Bevorzugung der Lithographie im 19. Jh. in Indien und Persien erklärt, durch die die Handschrift besser nachgebildet wird. Teilweise wurde Arabisch sogar mit hebräischen oder syrischen Lettern gedruckt. Die ersten arab., persischen und türkischen Drucke sind in Europa entstanden und dienten der religiösen Unterweisung der oriental. Christen. Als erstes vollständig in arab. Schrift gedrucktes Buch gilt ein melkit. Gebetbuch, das 1514 in Italien produziert wurde. Es folgten philosoph. und grammat. Traktate sowie literar. Werke. Im Nahen Osten wurden durch Christen zwischen 1706 und 1711 in Aleppo in Syrien die ersten Bücher in arab. Schrift gedruckt. Zu den Pionieren zählt Ibrahim Müteferriqa, der 1727 vom osman. Sultan eine Genehmigung für die Einrichtung einer Druckerei in Istanbul erhielt; eine → Fatwa legitimierte das Drucken mit arab. Lettern, ausgenommen islam. Werke. Gerade 17 Titel erschienen bis 1741 in kleinen Auflagen zwischen 500 und 1000 Stück, darunter Wörterbücher und histor. Schriften. Im Verlauf des napoleon. Feldzugs 1798 wurden in Kairo Proklamationen u. a. Schriften gedruckt. Der Vizekönig von Ägypten, Muḥammad ʿAlī, ließ 1821 eine Druckerei im Kairoer Stadtteil Būlāq einrichten. Bis 1842 wurden dort etwa 250 Titel produziert, darunter Lehrbücher für die Armee und die Schulen, amtliche Verlautbarungen und Übersetzungen. Bei den Druckschriften wurde die äußere Erscheinungsform der Handschriften imitiert. Zu einer Ausweitung der Druckaktivitäten kam es erst in der 2. Hälfte des 19. Jh. Ende des 19. Jh. existierten im Libanon über 20, in Kairo und Istanbul jeweils fast 100 Druckereien, die mehrere 1000 Titel produzierten. 1857 legte das erste osman. Druckgesetz Zensurbestimmungen fest. Während die ersten Bücher pragmat. Zwecken ihrer Auftraggeber dienten, wurden in der Folgezeit Werke des eigenen kulturellen und literar. Erbes und Übersetzungen von französ. und englischer Literatur bzw. Fachbüchern gedruckt. Auch gefördert durch das sich entwickelnde Pressewesen bahnten sich dadurch wesentliche kulturelle Veränderungen an.

Im 20. Jh. entwickelten sich Beirut und Kairo zu großen Verlagszentren. Die weitere Entwicklung wurde jedoch stark behindert durch ungeklärtes Urheberrecht, Zensur, komplizierte Export- u. Importbestimmungen und Probleme des Buchvertriebs. Größere Übersetzungsvorhaben ließen sich fast nur durch staatliche Initiativen realisieren. Doch die Verlagswelt modernisiert sich und der «International Prize for Arabic Fiction (IPAF)» hat auch in der arabischen Welt zum Phänomen des Bestsellers geführt. *Wi*

Lit.: Ayalon, A., *The Arabic Print Revolution. Cultural Production and Mass Readership*, 2016. – Hanebutt-Benz, E.; Glass, D.; Roper, G. (Hg.): *Middle Eastern Languages and the Print Revolution*, 2002. – Jacquemond, R., *Conscience of the Nation. Writers, Power and Society in Modern Egypt*, 2007.

Buchmalerei. Die B. besitzt zwei Gattungen, die Koran- bzw. Buchillumination und die illustrierende Miniaturmalerei. Zur ältesten Tradition gehört die Koranillumination, die mit der Abschrift des → Korans bereits im 7.–8. Jh. einsetzt. Abgesehen von Markierungen nach dem fünften und zehnten Vers werden die Überschriften mit Zierbändern, Ranken oder stilisierten Lebensbaummotiven dekoriert. Bereits in umayyad. Zeit (7.–8. Jh.) konnten die Frontispize des Korans vollseitig mit Architekturen dekoriert werden, später nutzte man diese Seiten für kostbar gestaltete Ornamentkompositionen, häufig mit Blattgold und Silber bereichert. Zuweilen werden auch die Schlussblätter des Korans dekoriert. Seit dem 14. Jh. wurden auch andere Bücher kostbar illuminiert. Die Miniaturmalerei entwickelte sich v. a. in Irak im 12.–13. Jh. zu einer eigenen Kunstgattung, die vermutlich in der Übersetzung griechischer Bücher ins Arabische ihren Ursprung fand. In erster Linie wurden naturwissenschaftliche Werke übertragen und mit Illustrationen versehen, etwa Bücher zur Botanik, Astronomie, Geographie und Heilkunde. Im 12.–13. Jh. entwickelte sich parallel eine Miniaturmalerei, die Erzählungen illustriert, mit Zentren in Bagdad, wohl auch Basra und Mosul. Aus dieser Zeit ist uns der Maler der *Maqāmāt* des Ḥarīrī (→ Arab. Literatur) bekannt, Yaḥyā ibn Maḥmūd al-Wāsiṭī, der das Manuskript 1237 geschrieben, illustriert, signiert und mit Datum versehen hat. Etwa in derselben Zeit lässt sich die Miniaturmalerei in Iran nachweisen, deren erste Werke uns jedoch kaum überliefert und allenfalls durch Keramikmalerei zu erahnen sind. Zu den Hauptthemen der persischen Miniaturmalerei gehört die Illustration des Königsbuches, des *Shāhnāme* des Firdausī (um 980, → Persische Literatur). Unter der mongol. Herrschaft der Īlkhāniden (→ Dynastien) und deren Nachfolgern (13.–14. Jh.) setzte eine vom Hof geförderte B. ein mit dem Zentrum in Tabriz, die v. a. die Weltgeschichte illustrieren sollte. Bezeichnend für diese Malerei ist das Zusammenfließen unterschiedlicher Stile und Vorlagen aus der byzantin. und chines. Welt sowie aus der Tradition der «Bagdader Schule». Eine vom Hof geförderte Entwicklung der B. lässt sich im persisch-irak. Raum unter verschiedenen Dynastien beobachten, die in der timurid. Malerei des 15. Jh. und in der safawid. Malerei des 17.–18. Jh. in Iran ihren Höhepunkt findet. Aus der Zeit des 15.–17. Jh. ist durch ein Traktat über die Malerei eine Großzahl von Meisternamen überliefert. – Eine Maltradition, deren Einfluss noch in der Malerei der Capella Palatina in Palermo zu beobachten ist, existiert ebenso im syrisch-ägypt. Raum. Fragmente, die bei Grabungen in Fustat/Kairo gefunden wurden, zeigen, dass es eine vielfältige Malerei in Ägypten gegeben hat. Unter den Mamluken erstarrte im 14. Jh. das höfische Malschema und fand ein Ende. Eine Malschule ist auch im Westen, d. h. Andalusien, im 11. Jh. nachzuweisen, mit Illustrationen naturwissenschaftlicher Bücher. Ein Manuskript der Liebesgeschichte von Bayad und Riyad (möglicherweise aus dem 13. Jh.) beweist, dass auch Romane illustriert wurden. Eine eigene Schule entstand unter den Osmanen in Istanbul im 16. Jh., deren Vertreter lebhaft Szenen des Hofes und der Hofetikette wie auch die Eroberungen der osman. Sultane illustrierten. In Indien förderten die Mogulherrscher im 16.–17. Jh. die Miniaturmalerei, die auf der persischen Tradition aufbaute und durch europäische Einflüsse erweitert wurde. In der Moderne ist die B. zugunsten der Tafelmalerei als schöpfer. Vorgang aufgegeben worden. (→ Malerei) *Fi*

Lit.: Canby, S.: *Persian Painting*, 1993, Nachdr. 1997. – Ettinghausen, R.: *Arabische Malerei*, 1962. – Gray, B.: *Persische Malerei*, 1961. – Lings, M.: *The Qur'anic Art of Calligraphy and Illumination*, 1976. – Rogers, J.: *Mughal Miniatures*, 1993.

C

Christentum. Die Christen (arab. *an-naṣārā*) genießen als → Schriftbesitzer die Protektion der islam. Gemeinde. Im → Koran erscheint das C. in einem günstigeren Licht als das → Judentum, obwohl es nicht an vorwurfsvollen Passagen mangelt (Sure 5:72, 9:29 ff.). Kritisiert werden das christliche Mönchtum (Sure 57:27) und v. a. die christliche Trinitätsvorstellung und die Gottessohnschaft → Jesu, die als unvereinbar mit einem strikten Monotheismus gelten. Christliches Gedankengut ist im Koran nachweisbar (→ Bibel). Die islam. Haltung gegenüber den Christen war lange von Pragmatik und Toleranz gekennzeichnet; die Auseinandersetzung wurde auf der theolog. Ebene geführt, wobei es die Muslime meist bei einer Zurschaustellung der eigenen Überlegenheit beließen. Übergriffe gegen Christen waren selten und wurden oft hart bestraft; selbst während der Kreuzzüge oder in Spanien kam es zu keinen Verfolgungen oder Vertreibungen. Bei entsprechender Qualifikation war es Christen möglich, in die höchsten staatlichen Ämter aufzusteigen. Dieser Zustand änderte sich unter den Vorzeichen des → Kolonialismus, als die islam. Welt in eine Position der Unterlegenheit geriet und sich die westlichen Mächte leicht mit «dem C.» gleichsetzen ließen. Die Re-Islamisierung hat in der Gegenwart dazu geführt, dass in einigen Ländern blutige Konflikte zwischen beiden Religionen entstanden, etwa in Ägypten, im Sudan und in Südostasien. *Schö*

Lit.: Bazargan, M.: *Und Jesus ist sein Prophet. Der Koran und die Christen*, 2006. – Busse, H.: *Die theologischen Beziehungen des Islams zu Judentum und Christentum*, 1991. – Hoyland, R. G.: *Seeing Islam as Others Saw it. A Survey and Evaluation of Christian, Jewish and Zoroastrian Writings on Early Islam*, 1997. – Khoury, A. T./Hagemann, L.: *Christentum und Christen im Denken zeitgenössischer Muslime*, 1986. – Zirker, H.: *Christentum und Islam. Theologische Verwandtschaft und Konkurrenz*, 1992.

D

dār al-islām/dār al-ḥarb. Das Territorium, in dem das islam. Recht Gültigkeit besitzt, wurde traditionell als *dār al-islām* (arab. «das Land des Islams») bezeichnet. Angehörige der früheren Offenbarungsreligionen, d.h. Juden, Christen, Zoroastrier, erhielten darin den Status des *dhimmī* (arab. «Schutzbefohlener, → Schriftbesitzer»), der ihnen Residenzrechte, Religionsfreiheit und eigene Rechtsprechung zubilligte, sie andererseits zur Zahlung einer Kopfsteuer (arab. *jizya*) verpflichtete. Außerhalb liegende Gebiete galten als *dār al-ḥarb* (arab. «das Land des Krieges»). Entsprechend der Doktrin des → Jihad galt es, den Bereich des Islams auf Kosten des *dār al-ḥarb* zu erweitern. Menschen aus dem *dār al-ḥarb* wurden als «*ḥarbī*» oder «*ahl al-ḥarb*» bezeichnet. Für Personen, die sich nur zeitweise im *dār al-islām* aufhalten, sieht das islam. Recht einen speziellen Schutzstatus vor (→ *amān*). Auch wenn die Muslime weitgehend von der Zweiteilung der Welt abgerückt sind, wird sie in modernen islam. Ideologien unter dem Schlagwort «Westen versus Orient/Islam» weiterhin bemüht; so auch in der Diskussion um das Konzept der → *umma* (→ Panislamismus). Extrem radikale Kreise betrachten den Jihad weiterhin als Mittel zur Ausweitung des *dār al-islām*. *Sz*

Demokratie. Entwicklungen zu demokrat. Aushandlung von Macht in einem territorial definierten Staat, bei dessen Bevölkerung die Souveränität liegt, können in der islam. Welt seit dem Ende des 18. Jh. ausgemacht werden. Im Osman. Reich wurde durch Selim III. (reg. 1789–1807) eine beratende Versammlung (osman. *meclis-i meshveret*) angestrebt. Durch die Allianzcharta von 1808 (osman. *sened-i ittifāk*) wurde die Macht des Sultans beschränkt, einer Notabelnvertretung wurden bestimmte Rechte übertragen. 1876 schuf das *Kānūn-i Esāsiye* (Grundgesetz/→ Verfassung) erstmals ein – wenn auch begrenztes – parlamentar. System der Mitbestimmung aller Bürger ohne Rücksicht auf ihre Religion. Durch die jungtürk. Revolution wurde dieses zeitweise ausgesetzte parlamentar. System erweitert. In den arab. Staaten Ägypten, Irak, Syrien und Libanon entstanden zwischen den beiden Weltkriegen konstitutionelle oder parlamentar. D., die aber aufgrund von Korruption, Verwaltungswillkür und Nepotismus scheiterten. Aufkeimende nationalist. Ideologien wie der → Panarabismus wurden als Lösung aus diesem Dilemma gesehen. Fast alle repräsentativen Systeme gingen in Einparteienherrschaften über. Erst das Scheitern der nationalist. Ideen und die Deregulierung der Wirtschaft von den späten 1970er bis in die 1990erJahre führten zu einer – stark eingeschränkten – Re-Demokratisierung in Ländern wie Ägypten, Marokko, Algerien und Jordanien. Für islam. Intellektuelle wie Muḥammad → ʿAbduh waren D. und Islam durchaus vereinbar. Gegenwärtige islamist. Strömungen gründen ihre Vorstellung von Partizipation an der Macht auf den Gedanken der Souveränität Gottes: Da jeder Mensch als Stellvertreter Gottes betrachtet wird, entsteht eine utop.-egalitäre Gesellschaftsauffassung und damit eine Form von D., z. B. bei der Wahl eines → Kalifen. Andere Denker bemühen das koran. Konzept der *shūrā* (arab. «Ratsversammlung») und sehen darin eine Art Expertengremium, das einen islam. Herrscher in Sachfragen beraten kann. Pluralismus ist nach solchen Vorstellungen nur innerhalb der Grenzen des islam. → Rechts und der → Moral möglich. *Sz*

Lit.: Dieterich, R.: *Transformation oder Stagnation. Die jordanische Demokratisierungspolitik seit 1989,* 1999. – Goldberg, E. u. a. (Hg.): *Rules and Rights in the Middle East. Democracy, Law, and Society*, 1992. – Kedourie, E.: *Democracy and Arab Political Culture*, 1994. – Krämer, G.: *Demokratie im Islam. Der Kampf für Toleranz und Freiheit in der arabischen Welt*, 2011.

Deutschland. Nach gegenwärtigen Schätzungen leben in D. derzeit 3,8–4,3 Mio. Muslime. Die weitaus größte Gruppe ist türkischer Herkunft (mindestens 2,6 Mio.), gefolgt von Muslimen aus dem Balkan, den arabischen Ländern des Nahen Ostens und Nordafrikas (bes. Marokko), von Süd- und Südostasien, Iran, Afrika und Zentralasien. Von ihnen sind 45–50% mittlerweile deutsche Staatsbürger (z. T. mit doppelter Staatsangehörigkeit). Dazu kommt eine zahlenmäßig schwer erfassbare, in letzter Zeit jedoch offenbar besonders im Zuge von Eheschließungen und im Bereich der Jugendkultur anwachsende Zahl deutschstämmiger Konvertiten zum Islam. Die große Mehrheit (ca. 75%) gehört zu den Sunniten, von denen sich unter den türkischsprachigen Muslimen die Gruppe der → Aleviten zunehmend abgegrenzt und als eigene Religionsgemeinschaft organisiert hat. Schiiten iranischer, irakischer und libanesischer Herkunft bilden ebenfalls größere Gruppen. Eine aktive Rolle, auch unter den deutschstämmigen Muslimen, spielen die beiden Zweige der → Aḥmadīya-Bewegung indo-pakistan. Herkunft, die von den übrigen Muslimen meist als nicht-islam. angesehen werden. Insgesamt lässt sich feststellen, dass wohl keine andere Religionsgruppe in D. sprachlich, kulturell und religiös eine mit den Muslimen vergleichbare Vielfalt aufweist, was sich nicht zuletzt daraus ergibt, dass die Deutschstämmigen unter ihnen nur eine kleine Minderheit darstellen. – Wie in anderen Ländern Europas geht die Präsenz großer muslim. Gruppen auf die Arbeitsmigration seit den 1960er Jahren zurück, auch wenn eine kleine muslim. Diaspora von Migranten, Flüchtlingen und Konvertiten bereits seit längerem bestand (so die Aḥmadīya, die bereits seit den 1920er Jahren eine erhebliche Anzahl dt. Konvertiten anzog). Daneben traten, in geringerem Umfang, aber dennoch sehr bedeutsam, die Bildungsmigration muslimischer Studenten aus unterschiedlichen Regionen, von denen sich viele dauerhaft in Deutschland niederließen, sowie die verschiedenen Wellen von Flüchtlingen der Kriege und Bürgerkriege im Nahen und Mittleren Osten, die in D. Asyl erhielten. – Mit der Familienzusammenführung, die seit den 1970er Jahren in großem Stil erfolgte, bildeten sich große muslimische Gemeinschaften von Arbeitsmigranten, deren Lebensschwerpunkt sich zunehmend nach D. verlagerte, auch wenn sie ihre Nationalität und die sozialen Bindungen an die Heimat nach Kräften aufrechterhielten. Dies betraf insbesondere die türkischen und auch die marokkanischen Arbeitsmigranten, bei denen sich vielfach transnationale Lebensformen zwischen Herkunfts- und Zielregionen stabilisierten. In vielen deutschen Städten entwickelten sich kommunale Schwerpunktgebiete türk. Bevölkerung mit einer eigenen Infrastruktur an Geschäften, Unternehmen und Vereinen. Hierzu gehörten bereits sehr früh die Einrichtung von Moscheen und die Gründung religiöser Vereinigungen. Wie bei Migranten allgemein verstärkte sich das religiöse Leben in der Diaspora, und auch bei denjenigen, die ihre Religion nicht oder kaum praktizierten, blieb der Islam meist ein wichtiger Bestandteil ihrer sozialen und kulturellen Identität. Für viele Muslime ließ sich seit den

1980er Jahren eine wachsende Orientierung an den religiösen Normen von Gebet, Kleidung und Alltagsleben feststellen, was mit erheblichen Spannungen und Konflikten innerhalb der muslim. Gemeinschaften einherging. Bei der Migration hatten etwaige religiöse Bedenken, etwa gegen einen dauerhaften Aufenthalt in nichtislam. Staaten, noch keine erkennbare Rolle gespielt. In D. selbst gewann gerade die religiöse Gemeindebildung für die Muslime zunehmend an Bedeutung. Neben der Rückwirkung der religiös-polit. Entwicklungen im Nahen Osten (Iran, Türkei, arab. Länder) waren es die Bedürfnisse der sozialen Selbstbehauptung, Anerkennung und zugleich Abgrenzung, die zur verstärkten Betonung religiöser Normen bei Älteren wie Jüngeren, Männern wie Frauen beitrugen. Gerade die muslim. Frauen und Mädchen wurden seitdem häufig als Träger und Symbole einer eigenständigen islam. Existenz herausgestellt, die islam. Normen der → Kleidung und des Verhaltens speziell für Frauen besonders betont. Dies wurde und wird von der übrigen Bevölkerung wie von den deutschen Behörden vielfach als Herausforderung empfunden und unterwirft die Musliminnen besonderen Spannungen im öffentlichen wie privaten Leben. – Die verbreiteten Einstellungen zum Islam und zu den Muslimen sind in D. immer noch zum guten Teil von älteren Stereotypen geprägt, in denen der Islam als exotische Chiffre für Mystik, Macht und Leidenschaft, aber auch als Bedrohung für Religion und Gesellschaft in Erscheinung tritt. Die polit. Krisen und Konflikte in den Ländern des Nahen Ostens mit ihren vielfachen Rückwirkungen auf die Muslime in D. haben diese Stereotypen überlagert und immer wieder aktualisiert. Der Islam wurde hier nicht selten zum Kontrastbild der eigenen polit. und kulturellen Wertvorstellungen. Nicht zu unterschätzen ist allerdings die gewandelte Einstellung zum Islam, die sich in den christlichen Kirchen in D. seit den 1960er Jahren entwickelte und die über den interreligiösen Dialog die institutionelle Integration der Muslime ins öffentliche Leben stark gefördert hat. Mit dem Anwachsen esoter. Strömungen fand auch die islam. Mystik wachsende Beachtung, und nicht wenige deutsche Konvertiten sind mit Sufi-Bewegungen verbunden. Der öffentliche intellektuelle Diskurs über den Islam wurde jedoch seit der Iran. Revolution und der → Rushdie-Affäre weithin von Diskussionen um Meinungsfreiheit, Menschenrechte und wiederum besonders um die Stellung der Frau bestimmt. Die Anschläge vom 11. September 2001, an denen arabische islamistische Aktivisten aus Deutschland maßgeblich beteiligt waren, ließen erstmals die transnationale Verflechtung militanter islamischer Bewegungen auch in D. erkennen. Auf durchaus bemerkenswerte Weise führten sie dabei in Staat und Gesellschaft zu verstärkten Bemühungen um eine differenzierte Wahrnehmung des Islams und der Vielfalt der wachsenden islam. Gemeinschaften in D. Daneben entwickelte sich jedoch in verschiedenen dt. Milieus eine dezidierte Ablehnung des Islams und der Muslime, die in den letzten Jahren von rechts-nationalistischen Kreisen gezielt politisch genutzt wurde. – Die Bemühungen der Muslime zielten bereits seit den 1980er Jahren insbesondere auf die rechtliche Anerkennung als Religionsgemeinschaft. Der Status einer Körperschaft des Öffentlichen Rechtes, den die christlichen Kirchen und die jüd. Gemeinden in D. genießen, scheiterte für den Islam lange an der Vielzahl der islam. Organisationen und Verbände und an offiziellen Bedenken gegenüber ihrer Verfassungstreue. Diese Bedenken wurden insbesondere durch die militante Kalifatsbewegung des türk. Hoca Cemalettin Kaplan (gest. 1995) genährt, der von Deutschland aus die Errichtung eines islam. Staates in der Türkei anstrebte und sich 1992 zum Kalifen ausrief. Mit der Verhaftung und Verurteilung seines Sohnes und Nachfolgers Metin Kaplan wegen öffentlichen Aufrufs zur Ermordung eines Dissidenten und seiner späteren Abschiebung in die Türkei, wo er wegen Hochverrates bis 2016 im Gefängnis saß, verlor die Bewegung ihre Bedeutung. Sie hatte zeitweilig viele türk. Jugendliche in der türk. Gemeinschaft angezogen, hatte sich aber durch ihre rigiden Ansprüche und ihren wachsenden exklusiven Charakter zunehmend isoliert. Gerade bei den religiös Engagierten markierte sie damit eine wichtige Wasserscheide zwischen islamist. Abgrenzung und dem Streben nach einer wirksamen Organisation muslim. Interessen innerhalb der dt. Strukturen. – Die organisatorischen Bemühungen fanden seit den 1980er Jahren ihren Ausdruck in der Gründung zweier Dachverbände, die bis heute bestehen: der Zentralrat der Muslime in D. (gegr. 1986, unter dem angegebenen Namen seit 1994) und der Islamrat der Bundesrepublik Deutschland (gegr. 1986). In beiden sind eine Vielzahl von islam. Vereinigungen unterschiedlicher Herkunft zusammengeschlossen. Als Reaktion auf die Kaplan-Bewegung gründete die türk. Regierung 1984 eine eigene Organisation für die Angelegenheiten der türkischen islamischen

Gemeinden in D. (DİTİB, Diyanet İşleri Türk-İslam Birliği), der mittlerweile über 930 Ortsgemeinden in 14 Landes- und Regionalverbänden angeschlossen sind. Die DİTİB entsendet eigene Imame aus der Türkei in die deutschen Gemeinden, die dafür mittlerweile eine eigene Ausbildung erhalten. Die Anbindung der Organisation an die türkische Religionsbehörde (Diyanet) ist nach wie vor sehr eng. Größte Organisation innerhalb des Islamrates ist die Islam. Gemeinschaft Milli Görüş (IGMG, gegr. 1975), mit 15 Regionalverbänden und 323 Moscheegemeinden, damit der zweitgrößte türkische Verband, der sehr intensive soziale und kulturelle Aktivitäten entfaltet hat und dabei die Rolle der deutschen Sprache besonders betont. Die IGMG war ursprünglich im Umfeld des türk. Politikers Necmettin Erbakan beheimatet und wurde lange Zeit wg. ihrer islam. politischen Orientierung vom Verfassungsschutz beobachtet. Mit der Regierungsübernahme der AKP, die ihre Wurzeln in der Türkei ebenfalls in der Partei von Erbakan besitzt, ist auch in D. eine Annäherung zwischen IGMG und DİTİB festzustellen. Zwei weitere türkische islam. Organisationen, die Nurcu Cemaatı (dt. «Nurcus», in D. bereits seit den 1950er Jahren), aus der auch die Hizmet-Bewegung des Predigers Fethullah Gülen hervorging, und der Verband der Islam. Kulturzentren (VIKZ, in D. bereits seit den 1960er Jahren), stammen ursprünglich aus dem sufischen Milieu der Türkei und entfalteten bereits früh islamische Bildungsaktivitäten im deutschen Exil. Während die VIKZ sich als eigener türkischer Verband mit eigenen islamischen Schulen in Deutschland etablierte, waren die Nurcus und die Anhänger Gülens europaweit mit eigenen Schul- und Hochschulgründungen und Nachhilfe-Einrichtungen im modernen Bildungswesen aktiv. Nach den heftigen Verfolgungen der Gülen-Anhänger durch die türkische Regierung, die Gülen beschuldigt, hinter dem gescheiterten Militärputsch vom 15.7.2016 zu stecken, bleibt die Stellung der Hizmet-Gemeinschaft und ihrer Bildungseinrichtungen auch in Deutschland ungewiss. – Neben den türkischen islam. Organisationen bestehen weitere landsmannschaftliche islamische Verbände der Bosniaken (Verband Islamischer Gemeinden der Bosniaken in Deutschland, VIGB, mit 62 Moscheegemeinden, gegr. 1994) und der Marokkaner (Zentralrat der Marokkaner in Deutschland, mit 47 Mitgliedsgemeinden, gegr. 2008). Bedeutende islamische Zentren, begründet von syrischen bzw. ägyptischen Exilanten der Muslimbruderschaft, existieren in Aachen und München, ein angesehenes schiit. Zentrum in Hamburg, das seit seiner Gründung (1955) von einigen der prominentesten Gelehrten des Iran (u. a. dem ehemaligen Staatspräsidenten Khatami) geleitet wurde. Nicht zu unterschätzen ist jedoch nicht nur im Fall der Türkei das Gewicht der Botschaften und Konsulate islam. Länder, die intensiv darum bemüht sind, ihren Einfluss auf die religiösen Angelegenheiten ihrer Landsleute in D. zu erhalten, ihre politische Loyalität und bei Wahlen auch ihre Stimmen zu sichern und sie ggf. auf oppositionelle religiöse Tendenzen und Aktivitäten hin zu überwachen. Angesichts der verfestigten transnationalen Lebenswelten der unterschiedlichen muslimischen Gruppen in D. scheint hier die Organisation des Islams im Rahmen nationaler Minderheitengruppen bislang zu dominieren. – Allerdings sind auch Entwicklungen erkennbar, die dieser durchaus starken Tendenz entgegenwirken. Hierzu gehört das verstärkte Engagement von Bund und Ländern im Bereich des Islam-Unterrichtes und der islamischen religiösen Bildung in Schulen und Hochschulen. Seit 1999 entwickelten verschiedene Bundesländer Curricula und Unterrichtsmodelle für den Islam-Unterricht in deutscher Sprache, mit unterschiedlichen Formen der Beteiligung und Konsultation islamischer Partner und Verbände. Mit der Einführung von Beirats-Modellen und mit der offiziellen Anerkennung von DİTİB und Aḥmadīya als Religionsgemeinschaften in Hessen (2013) wurde die Basis für die Einführung eines verfassungsgemäßen islamischen Religionsunterrichtes nach GG § 7 Abs. 3 geschaffen, der mittlerweile in verschiedenen Bundesländern angeboten wird. Initiativen zur Verankerung einer islamischen Lehrer-Ausbildung und zur Einführung einer islamischen Theologie im Hochschulbereich begannen in NRW (Univ. Münster, 2004) und wurden auf Empfehlung des Wissenschaftsrates (2010) mit der Schaffung von Instituten für Islamische Theologie (unter verschiedenen Bezeichnungen) an den Universitäten Osnabrück, Tübingen, Frankfurt, Gießen und Erlangen fortgesetzt. Auch ein Hochschulinstitut zur Ausbildung alevitischer Religionslehrer wurde 2011 an der PH Weingarten eingerichtet. Die Institute, deren Lehrpersonal die ethnische Vielfalt des Islams in Deutschland reflektiert, verfolgen sehr unterschiedliche Konzepte akademischer Lehre und Forschung, und es bleibt abzuwarten, inwieweit sie sich als Zentren islamischer Reflexion in D. über den religiösen und kulturellen Rahmen der muslimischen «Landsmannschaften» hinaus etablieren können. – Unter den staatlichen Initiativen zur Förderung islamischer Institutionen und der sozio-kulturellen Integration der Muslime ist neben der Einrichtung verschiedener konsultativer Gremien insbesondere die 2006 eingerichtete «Deutsche Islam Konferenz» (DIK) zu nennen, in der Vertreter der Muslime und der islamischen Organisationen mit Vertretern der Bundes- und Landesregierungen sowie mit anderen Vertretern des öffentlichen Lebens zusammentraten, um Fragen der Kooperation zwischen Staat und Muslimen auf den verschiedenen religiösen, sozialen und kulturellen Feldern zu diskutieren und in verschiedenen Foren längerfristig zu bearbeiten. Trotz vielfältiger Krisen und Spannungen, die die Arbeit der DIK begleiteten, hat sie bis heute als Grundlage des Austauschs und der Förderung konkreter sozial- und kulturpolitischer Initiativen auf verschiedenen Gebieten Bedeutung gewonnen. Der Zusammenschluss der großen islamischen Verbände (DİTİB, ZMD, Islamrat, VIKZ) zu einem Koordinationsrat der Muslime in Deutschland (KRM) im Jahr 2007 sollte im Anschluss an die Einrichtung der DIK einen muslimischen Partner für Verhandlungen mit der deutschen Regierungsseite schaffen, ist aber bisher ein eher lockerer Verbund geblieben. Dennoch kann man insgesamt von einer wachsenden Integration muslimischer Organisationen in das öffentliche Leben in D. sprechen, wobei besonders der ZMD mit öffentlichen Stellungnahmen zu aktuellen Fragen regelmäßig in Erscheinung tritt. – Der neue islamische Salafismus, der sich in D. mit seinen quietistischen wie jihadistischen Strömungen in stark muslimisch geprägten Milieus der Jugend- und Subkultur seit ca. 15 Jahren verbreitet hat und darüber auch viele jugendliche deutschstämmige Konvertitinnen und Konvertiten für sich gewinnen konnte, stellt auf seine Weise ebenfalls die ethnisch-nationalen Identitäten der in D. lebenden Muslime in Frage. Dies gilt für die jihadistischen Aktivisten und ihren Bruch mit ihren Herkunftsmilieus ebenso wie für die Mehrheit der Salafis, deren Prediger (wie etwa Pierre Vogel, geb. 1978, aber auch andere mit arabischem Familienhintergrund) den Islam auf neuartige Weise im deutschsprachigen Alltags-Milieu und in der Internet-Kommunikation verankern und damit für deutschstämmige Jugendliche wie auch für solche mit migrantischer Herkunft neue Identitätsangebote in D. schaffen. Der muslimische Identitätswandel, der hier in Ansätzen erkennbar wird, dürfte die deutsche Gesellschaft, insbesondere aber die muslimischen Gemeinschaften in D. noch länger beschäftigen. *Reich*

Lit.: Haug, S./Stichs, A.: Muslimisches Leben in Deutschland – Zahl der Muslime, Arbeitsmarktintegration, soziale Integration, in Rohe, M., u.a. (Hg.): *Handbuch Christentum und Islam in Deutschland. Grundlagen, Erfahrungen und Perspektiven des Zusammenlebens*, 2014, 72–128. – Schneiders, T. G. (Hg.): *Salafismus in Deutschland. Ursprünge und Gefahren einer islamisch-fundamentalistischen Bewegung*, 2014. – Rohe, M.: *Der Islam in Deutschland. Eine Bestandsaufnahme*, 2016.

Dhikr (arab. «Gedenken»), Meditation, die der völligen Versenkung in das Gedenken an Gott oder den Propheten dient, wichtige Praxis der islam. → Mystik, des Sufismus. Der D. besteht aus je nach der geistigen Stellung des Gedenkenden verschiedenen, vom → Scheich vorgeschriebenen Worten oder Formeln, z.B. «*allāh*», «*allāh al-ḥaqq*» (arab. «Gott ist die Wahrheit»), die still oder laut rezitiert und manchmal so lange wiederholt werden, bis der Sufi in Ekstase gerät. Der D. findet einzeln oder in der Gruppe statt. In manchen → Bruderschaften enthält er auch → Musik und Tanz. *El*

Drogen. Nach islam. Recht ist → Alkoholgenuss eine Straftat (→ Strafrecht), die mit körperlicher Züchtigung bestraft wird. Dagegen unterliegt der Genuss von Cannabis (Haschisch) keinem Verbot und erfreut sich trotz neuzeitlicher gesetzlicher Einschränkung in manchen muslim. Kreisen auch weiterhin großer Beliebtheit. Im Jemen, Ostafrika und Somalia ist das Kauen der Blätter und jungen Triebe des Kath-Strauches (arab. *qāt*, Catha edulis) sehr verbreitet und spielt eine große soziale Rolle. *Mü*

Drusen, Religionsgemeinschaft genannt nach dem Begründer ihrer Lehre Muḥammad ibn Ismāʿīl ad-Darazī, die sich Anfang des 11. Jh. von den → Ismāʿīliten abgespaltet hat. Im Zentrum der drusischen Lehre steht die Doktrin von einem göttlich inspirierten und eingesetzten → Imam. Die Imame sind die nach Gottes Ebenbild geschaffenen perfekten Menschen, die das Göttliche wie ein Spiegel reflektieren. Die letzte dieser göttlichen Manifestationen war der sechste fatimid. Kalif al-Ḥākim (verschwunden 1021). Ihre Vorstellung von der Geschichte der Religionen äußert sich in Phasen und Zyklen, deren jeder mit einem Propheten beginnt. Dieser bringt das religiöse Recht, dessen innere Bedeutung von einem Ausführenden vermittelt wird. Ebenso wie die → Schiiten glauben die D. an die Rückkehr des Imams, der Gottes Reich auf Erden errichten wird. Zu ihrem kanon. Schrifttum gehören neben dem → Koran die nach mündlicher Überlieferung zwischen 1017 und 1042 in 24 Büchern niedergeschriebenen Episteln drusischer Würdenträger, von denen nur noch sechs erhalten sind. Mit der Lossagung von der alten islam. Ordnung und der Verkündung eines «Dritten Weges» war der Bruch mit → Sunniten und Schiiten besiegelt. Eine Konvertierung zum Drusentum ist seit 1043 nicht mehr möglich, die Gläubigen unterscheiden sich in «Wissende» und «Unwissende». Die ca. 200 000 D., die sich selbst *muwaḥḥidūn* (arab. «Bekenner der Einheit Gottes») nennen, leben in Syrien, Libanon, Israel und Jordanien. *Pi-Ha*

Lit.: Abu-Izzeddin, N. M.: *The Druzes. A New Study of their History, Faith and Society*, 1984. – Falaturi, A.: Art. «Drusen», in Kreiser, K./Diem W./Majer H. G.: *Lexikon der islamischen Welt*, Bd. 1, 1974, 146. – Schmucker, W.: «*Sekten und Sondergruppen*», in Ende, W./Steinbach, U.: *Der Islam in der Gegenwart*, [5]2005, 716–727. – Lang, T.: *Die Drusen in Libanon und Israel – Geschichte, Konflikte und Loyalitäten einer religiösen Gemeinschaft in zwei Staaten*, 2013. – Firro, K. M.: Art. «Druzes (Durūz)», *The Encyclopaedia of Islam, THREE.*

Dschinn (arab. *jinn*). Den D., die aus der vorislam. arab. Vorstellungswelt stammen, wurde in der koran. Offenbarung ein Platz zwischen Menschen und Engeln zugewiesen: Sie können durch Annahme des Islams ins Paradies gelangen (Sure 72:1–19). Das griechische Genienbild beeinflusste islam. Vorstellungen, wonach D. Menschen beeinflussen oder von ihnen Besitz ergreifen können (Sure 34:8). D. treten unsichtbar, aber auch in Gestalt von Skorpionen, Schlangen, Winden oder Menschen auf. Sie bevölkern nach populären Vorstellungen u. a. öffentliche Bäder. In den beliebten, im → Ramadan gesendeten Fernsehverfilmungen von → Tausendundeine Nacht sind D. meist komische Figuren. *Bo*

Lit.: Zbinden, E.: *Die Djinn des Islam und der altorientalische Geisterglaube*, 1953. – Fartacek, G.: *Unheil durch Dämonen? Geschichten und Diskurse über das Wirken der Ǧinn. Eine sozialanthropologische Spurensuche in Syrien*, 2010.

Dynastien, Herrscherfamilien. In der islam Welt wurde Herrschaft jahrhundertelang v.a. als dynast. Herrschaft organisiert. Die ersten vier Nachfolger des Propheten → Muḥammad als Herrscher der islam. Gemeinschaft (→ *umma*), die sog. «Rechtgeleiteten Kalifen», wurden zwar durch Wahlen bestimmt, aber schon während der Regierung des vierten Kalifen → ʿAlī (656–661) gewann das dynast. Prinzip die Vorherrschaft. Eine Fraktion der Muslime, die → Schiiten, vertrat die Auffassung, dass nur die Nachkommen des Propheten aus der Ehe seiner Tochter → Fāṭima mit → ʿAlī Kalif sein können. Die Mehrheit der Muslime, die später als → Sunniten bezeichnet wurden, erklärte die Abstammung von den Quraish, dem in → Mekka zur Zeit des Propheten dominierenden Stamm, dem auch Muḥammad selber angehörte, zu einer Bedingung für die Übernahme des → Kalifats. Diejenigen Muslime, die weiterhin an dem Prinzip der Kalifenwahl festhalten wollten und der Abstammung keine Bedeutung beimaßen, blieben in der Minderheit (→ Ibāḍiten). Die sunnit. D. der Umayyaden aus dem Hause des dritten Kalifen ʿUthmān (gest. 656) führte die islam. Gemeinschaft von 661 bis 750 von Damaskus aus und konnte noch bis zum Beginn des 11. Jh. ein auf Spanien sowie zeitweise Teile des Maghreb begrenztes Kalifat behaupten. Im Maschrek u.a. Regionen der östlichen islam. Welt regierten zwischen 750 und 1258 die ʿAbbasiden ein weiteres sunnit. Kalifat mit Zentrum in Bagdad, bis ihre Herrschaft infolge des Angriffs der Mongolen unter dem Enkel Dschingis Khans Hülagü (gest. 1265) erlosch. In Konkurrenz zu den ʿAbbasiden etablierte sich in Ägypten die ismāʿīlit. D. der Fatimiden (969–1171). Eine Anzahl von Sultanaten (→ Sultan) entstand ebenfalls schon während der ʿAbbasidenzeit. Sie waren theoret. den Kalifen unterstellt, de facto aber weitgehend unabhängig, ja konnten teilweise den Kalifen unter ihre Kontrolle bringen. Als wichtige Herrscherhäuser sind die Seldschuken, die von 1055–1157 in Bagdad regierten, sowie der Zweig der Rūm (bedeutet hier Anatolien) – Seldschuken (1077–1307) mit ihrem Zentrum in Konya zu nennen; weiter die Ayyubiden-Sultane (1171–1250), unter ihnen der berühmte Saladin, in Ägypten und Syrien. Im Maghreb und Spanien dominierten die D. der Almorawiden (arab. *al-murābiṭūn*, «die in einem Wehrlager leben», «Glaubenskämpfer») im 11. und 12. Jh. und die der Almohaden (arab. *al-muwaḥḥidūn*, «die Bekenner der Einheit Gottes») von 1130–1269, welche beide aus religiösen Reformbewegungen hervorgingen. Eines der bedeutendsten islam. Reiche nach dem Ende des Kalifats entstand unter den Mamluken (1250–1517) in Ägypten, Syrien und der Arab. Halbinsel. Dabei handelte es sich um eine Herrschaft ehemaliger Militärsklaven (arab. *mamlūk*), in deren Rahmen die Vererbung des Sultansamtes ausgeschlossen war – eine der seltenen Ausnahmen von der ansonsten dominierenden dynast. Herrschaftsform. Nachkommen des Mongolen Hülagü bildeten im 13. und 14. Jh. die D. der Ilkhaniden in Persien und Mesopotamien, die 1295 den Islam annahm. Die Timuriden aus dem Hause des mongol. Khans Tīmūr Lenk (Tamerlan, 1336–1405) herrschten im iran.-indischen Raum. Der Timuride Bābur (1483–1530) begründete das Reich der Moguln auf dem Indischen Subkontinent (1526–1857). Im 16. Jh. entwickelten sich weitere große islam. Reiche: in Iran das der schiit. Safawiden (1502–1722), in Marokko das der Saʿditen (1509–1659). Die Osmanen, Nachkommen des turkmen. Stammesführers Osman (gest. 1324), gewannen seit dem Ende des 13. Jh. zunehmenden Einfluss zunächst in Anatolien, dann auf dem Balkan und konnten Anfang des 16. Jh. ihre Herrschaft auf die arab. Länder mit Ausnahme Marokkos ausdehnen. Die osman. Herrschaft endete mit der Gründung der Republik Türkei nach dem Ersten Weltkrieg, trotz großer Anstrengungen, das Reich zu modernisieren und auf diese Weise den europäischen Mächten ebenbürtig zu machen. In Iran verfolgten die Qājāren (1794–1925) eine ähnliche Politik. Die aus den Qājāren hervorgegangene Pahlawi-D. wurde 1979 durch die Revolution unter Führung → Khomeinis gestürzt. Gegenwärtig bestehen noch einige D. in der islam. Welt, darunter in Marokko die ʿAlawiden (König Muḥammad VI.) und in Jordanien die Hashimiten (König ʿAbd Allāh), die ihren Anspruch teilweise auf ihr Scharifentum gründen, allerdings keine Schiiten sind. Ansätze dynast. Herrschaft sind darin gesehen worden, dass einige Präsidenten arab. Länder ihre Söhne als Nachfolger aufbauten (z. B. Ṣaddām Ḥusain im Irak) bzw. dass tatsächlich ein Präsidentensohn an die Macht gelangte (Bashshār al-Asad nach seinem Vater Ḥāfiẓ). *El*

Lit.: Endreß, G.: *Der Islam. Eine Einführung in seine Geschichte*, 1997. – Krämer, G.: *Geschichte des Islam*, 2005.

E

Ehe. Nach islam. Rechtsauffassung ein privatrechtlicher Vertrag zwischen Mann und Frau, der beiden Seiten gegenseitige Rechte und Pflichten auferlegt. Diese Rechte und Pflichten sind in Grundzügen im islam. → Recht geregelt und beinhalten eine ungleiche Rechtsstellung, welche neben gesellschaftlichen Vorstellungen auch auf dem koran. Menschenbild (→ Geschlecht) basiert. Der Mann ist verpflichtet, der Frau einen Brautpreis zu bezahlen sowie diese mitsamt den gemeinsamen Kindern mit Wohnung und Unterhalt zu versorgen. Im Gegenzug schuldet die Frau ihrem Mann Gehorsam und die Erfüllung ihrer ehelichen Pflichten. Die genauen Bestimmungen werden in einem Hochzeitsvertrag geregelt, wobei die einzelnen → Rechtsschulen unterschiedliche Auffassungen über die Zulässigkeit verschiedener Vertragsbedingungen, etwa die Auflösung der E. durch die Frau (→ Scheidung) betreffend, vertreten. (→ Familie) *Mü*

Emanzipation. Anfänglich die Bewusstwerdung und Artikulation geschlechtsspezif. Ungerechtigkeiten, die im Laufe der Zeit in ein polit. und gesellschaftliches Engagement von Frauen (und Männern) zur Beseitigung der patriarchal. Strukturen und zur Bildung gleichberechtigter Lebenswelten übergehen. In der zweiten Hälfte des 19. Jh. begannen einige muslim. Frauen ihren Unmut über gewisse Formen der Benachteiligung und Unterdrückung zu äußern. Dies hing insbesondere mit der zu jener Zeit begonnenen öffentlichen Diskussion über die Durchführbarkeit von Sozialreformen innerhalb einer islam. Gesellschaft zusammen. Reformisten wie Modernisten suchten nach Möglichkeiten, auf die für sie unerträgliche westliche Dominanz angemessen zu reagieren. Ein wichtiges Thema war hierbei die Stellung der Frau im Islam. Ägypt. Reformer wie Aḥmad Fāris ash-Shidyāq (gest. 1887), Rifāʿa aṭ-→ Ṭahṭāwī oder Muḥammad → ʿAbduh thematisierten in ihren Schriften nicht nur den Ausschluss der Muslimin vom öffentlichen Leben und das Gebot der vollständigen Verschleierung (→ Schleier), sondern auch die Rechte der Frau auf Erziehung und die verschiedenen Formen der weiblichen Sklaverei. V.a. Qāsim Amīns (gest. 1908) Bücher *Taḥrīr al-mar'a* («Die E. der Frau», 1899) und *al-Mar'a al-jadīda* («Die neue Frau», 1901) lösten eine lebhafte Debatte aus. In der Folgezeit formulierten die Frauen ihre Interessen in erster Linie in fiktionalen Werken (Gedichte, Kurzgeschichten, Romane), Briefen und Zeitschriftenbeiträgen. Darüber hinaus engagierte sich eine Reihe von Musliminnen in Wohltätigkeitsvereinen, Erziehungseinrichtungen, privaten Salons und gelehrten Zirkeln. Erst allmählich entstanden «Frauenjournale» und polit. Organisationen mit einem hohen Anteil an weiblichen Mitgliedern. Gerade in westlich orientierten Ländern wie der Türkei nach → Atatürk oder dem Iran der Schahzeit hielt die polit. Führung die Anhebung der sozialen Stellung der Frauen für gesamtgesellschaftlich wünschenswert, zumal sie damit auch die eigene Position gegenüber den traditionalist. Gelehrten stärken wollte. Spürbare Verbesserungen ihrer Lage und einiger wichtiger Rechte (→ Scheidung, → Ehe, Sorgerecht, Unterhaltszahlungen) hat es nach dem Zweiten Weltkrieg in Tunesien, Ägypten, Marokko, Syrien, Jordanien und im Irak gegeben. Frauen erhielten das Wahlrecht und durften die staatlichen Schulen besuchen. Ferner drangen sie in Berufe vor, die vormals nur Männern vorbehalten waren. Die seit den 1960er Jahren öffentlich von muslim. Frauen diskutierten Themen sind die Rolle der Geschlechter, das Problem von → Familie und Beruf, sexueller Missbrauch und sexuelle Ausbeutung (→ Sexualität) oder die überall gegenwärtigen patriarchal. Machtstrukturen. «Feminist.» Bewegungen (→ Feminismus), deren Zahl zwar zunimmt, die insgesamt gesehen aber in den meisten muslim. Gesellschaften nur eine marginale Rolle spielen, fordern weitergehende Reformen des Familienrechtes, die Achtung des weiblichen Körpers und die völlige gesellschaftliche Gleichstellung der Frauen. Fühlen sich diese Musliminnen den Modernisten verbunden, so darf man nicht vergessen, dass sich sehr viele Frauen im Zuge der → Re-Islamisierung und der Iran. Revolution den reformist. Bewegungen – etwa in Ägypten, Palästina, Jordanien, Syrien oder im Libanon – angeschlossen oder diese zumindest unterstützt haben. Mit ihrer freiwilligen Verschleierung und ihrer Ablehnung westlich-feminist. Forderungen engagieren sie sich für die reformist. Vorstellungen von der Rolle der Frau in einer islam. Gesellschaft: Trotz ihres polit. Engagements sollten sich muslim. Frauen wieder mehr auf die ihnen angestammte häusliche Rolle konzentrieren und Werte wie Bescheidenheit, Loyalität gegenüber dem Mann und moral. Integrität hochhalten. (→ Feminismus) *Co*

Lit.: Ahmed, L.: *Women and Gender in Islam*, 1992. – Hijab, N.: *Womanpower. The Arab Debate on Women at Work*, 1988. – Moghadam, V. M.: *Modernizing Women. Gender and Social Change in the Middle East*, 1993. – El Masrar, S.: *Emanzipation im Islam – Eine Abrechnung mit ihren Feinden*, 2016.

Engel. Auch im Islam als geflügelt vorgestellte, überird. und nach weithin akzeptierter Überlieferung aus Licht erschaffene Wesen mit vielfältigen Mittlerfunktionen zwischen Gott und Mensch. Aufgaben der E. sind v.a. der Lobpreis Gottes, der gehorsamst dienende, unverzügliche und exakte Vollzug seines Willens, ihre Mitwirkung bei heilsentscheidenden Ereignissen wie dem → Jüngsten Gericht oder göttlicher → Offenbarung sowie das Beschützen der Menschen, aber auch ihre Überwachung, ihr Verhör und ihre Züchtigung. Der Glaube an die E. zählt zu den islam. Glaubensgrundsätzen, ihre Existenz und ihr Wirken sind auch heute weithin selbstverständliche «Tatsache», weshalb ihre Schmähung als → Blasphemie gilt. Der bedeutendste E. ist Gabriel (arab. Jibrīl), Überbringer der Gottesworte an die → Propheten, so auch des → Korans an → Muḥammad. Der Volksfrömmigkeit sind daneben besonders die den Menschen überall begleitenden Schutz-E., der Todes-E. (arab. ʿIzrāʾīl) sowie jene beiden E. wichtig, welche die Toten im Grabe auf ihre Rechtgläubigkeit hin befragen. Einen Engelskult wie die kathol. Kirche kennt der Islam nicht. *Gu*

Lit.: Macdonald, D. B./Madelung, W.: Art. «Malāʾika», *The Encyclopaedia of Islam, second edition*.- Reynolds, G.:, Art. «Angels», *The Encyclopaedia of Islam, THREE.*

Erbrecht. Das islam. → Recht unterscheidet zwischen festgelegten Pflichtteilen und frei verfügbarem Vermächtnis. Zu den Pflichterben gehören die Kinder, Geschwister, Ehegatten und die männliche Verwandtschaftslinie. Hierbei erben nur lebende Personen, nicht jedoch stellvertretend die Nachkommen eines Erben. Die Pflichtteilregelung beruht auf koran. Bestimmungen. Die genau festgelegten Anteile der jeweiligen Pflichterben ändern sich je nach Anzahl und Art der vorhandenen Erben, wobei prinzipiell ein männlicher

Erbe den doppelten Anteil eines weiblichen im gleichen Verwandtschaftsgrad erhält. Das Vermächtnis geht bis zur Höhe eines Drittels der Erbmasse an Nicht-Pflichterben oder Institutionen. Die nicht an Pflichterben und im Vermächtnis weitergegebenen Vermögensteile fallen an das Gemeinwesen, sprich den Staat. Eine Erbschaftssteuer ist im islam. Recht nicht bekannt. Zur Umgehung dieser starren Erbregelung werden häufig zu Lebzeiten Schenkungen und → Stiftungen vorgenommen. *Mü*

Lit.: Coulson, N. J.: *Succession in the Muslim Family*, 1971.

Ethik. Theoret. islam. E. befasst sich mit der rationalen Begründung der Erkenntnis von Gut und Böse im menschlichen Handeln. Sie überschneidet sich zum Teil mit der → Theologie, wobei in der Frühzeit oft die Frage diskutiert wurde, ob das Gute durch den Mensch erkannt werden kann oder erst durch die → Offenbarung bekannt gemacht wird. Auch die Vorherbestimmungslehre und die Frage nach Gottes Verantwortung für das menschliche Handeln waren Teil theolog. Reflexion. In der → Philosophie wurde versucht, ethische Fragen auch ohne Rekurs auf die Offenbarung zu diskutieren. Die normative E. ist Gegenstand einer großen Zahl an Sammlungen von Vorschriften und Maximen im Bereich von → Recht und → Moral. Beiträge zur Begründung der E. leisten sowohl – für den arab. Bereich – die beduin. vorislam. Tradition als auch der Koran und die Traditionen (→ *sunna*) des Propheten. Die Traditionssammlungen können als ein Kompendium islam. normativer E. bezeichnet werden und bilden auch die wichtigste Basis des islam. Rechts. Die antike griechische Tradition steuerte unter anderen Weisheitslehren (Gnomik) bei, während aus persischen Quellen viele Fürstenspiegel stammen. Normen aus verschiedenen Ursprüngen, oft spezielle Verhaltensregeln für Fürsten, Schreiber u. a. meist beruflich definierte Bevölkerungsgruppen, versammelt der umfangreiche Kanon der «*adab*»-Werke. E. bildet auch einen zentralen Bestandteil der islam. → Mystik. Sie will die Seele mittels Askese auf einer Folge von Stufen bzw. Seelenzuständen (arab. *maqāmāt*) auf die Begegnung bzw. die Vereinigung mit Gott vorbereiten. Die für alle Muslime geltenden Lehren über das moral. richtige Verhalten gebieten unter anderen Gottesfurcht und -verehrung, Demut, Gutes zu tun und Böses abzuwehren, Gerechtigkeit zu üben, Solidarität zwischen den Muslimen walten zu lassen, Bedürftigen Hilfe zu gewähren, Pietät gegenüber Eltern zu wahren und Verpflichtungen gegenüber der Gemeinschaft nachzukommen. Sie fordern Gastfreundschaft und formulieren Grundsätze einer Sexualmoral. Neben traditionellen Institutionen der Vermittlung ethischer Normen wie Schule und → Moschee entstanden in den letzten fünfzig Jahren moderne Foren der Diskussion ethischer Maßstäbe: Wichtig sind z. B. Fernsehdiskussionen mit angesehenen Rechtsgelehrten über moral. Themen und deren → Fatwās (Rechtsgutachten), die in der → Presse verbreitet werden. *Sz*

Lit.: Khoury, A. T.: *Der Islam. Sein Glauben. Seine Lebensordnung. Sein Anspruch*, 1999. – Johanson, B.: *Contingency in a Sacred Law. Legal and Ethical Norms in the Muslim Fiqh*, 1999. – Chiabotti, F. u. a. (Hg.): *Ethics and spirituality in Islam. Sufi adab*, 2017.

Europa. Hinsichtlich der historischen Präsenz und Kontinuität des Islams sind in Europa die altansässigen muslimischen Gemeinschaften in den ehemaligen Gebieten des Osmanischen Reiches in Südosteuropa (Balkan, Bosnien-Hercegovina, Albanien) sowie im russischen Zarenreich (Russland) und in Polen (Nachfahren tatarischer Truppen, → Tataren) von der neueren muslimischen Zuwanderung in Mittel-, West- und Südeuropa zu unterscheiden, deren Anfänge ins späte 19. Jh. zurückreichen, die sich verstärkt jedoch erst nach dem Zweiten Weltkrieg entwickelte. Der folgende Überblick konzentriert sich auf diese letztgenannten muslimischen Gemeinschaften. Ihre Beziehung zu Europa war durch zwei zeitlich versetzte, dabei jedoch eng verknüpfte Entwicklungen bestimmt. Zunächst ließ die wirtschaftliche und imperiale Expansion des 19. und frühen 20. Jh. viele Muslime teils zu Untertanen, teils zu Verbündeten und Partnern europäischer Staaten werden und fixierte den Nahen Osten, Nordafrika und viele andere islam. geprägte Regionen polit., wirtschaftlich und kulturell nachhaltig auf die europäischen Metropolen. Die Beziehungen und Orientierungen, die dadurch geschaffen wurden, blieben grundlegend auch für die Zeit nach dem Zweiten Weltkrieg. Die europäischen polit. Imperien lösten sich auf; zugleich aber setzten große Ströme von muslimischen Bildungs- und Arbeitsmigranten und immer wieder auch von Flüchtlingen ein, die nach und nach in unterschiedlichem Maße praktisch alle europäischen Staaten erreichten. So bildeten sich seit dem Zweiten Weltkrieg neue muslimische Migranten-Gemeinschaften in den Staaten Nord-, Mittel- und Westeuropas und im Mittelmeerraum. – Bildungsmigranten kamen häufig aus eigener persönlicher oder familiärer Initiative, teilweise auch im Rahmen staatlicher und internationaler Programme, die dem Aufbau der Bildungs- und Verwaltungsinstitutionen ihrer Heimatländer dienen sollten. Viele von ihnen etablierten sich auf Dauer, freilich mit unterschiedlichem Erfolg, in den Gastländern. Von ihrer nationalen und ethnischen Herkunft her stellten sie meist eine äußerst heterogene, vorwiegend allerdings urban geprägte Gruppe dar. Sie heirateten häufig in die einheim. Gesellschaft ein und engagierten sich nicht selten in polit. Organisationen des Ziellandes. – Die Arbeitsmigration war zahlenmäßig von ungleich größerem Gewicht. In verschiedenen europäischen Ländern führte der wirtschaftliche Aufstieg seit den 1960er Jahren zu einem großen Bedarf an Arbeitskräften, der nicht zuletzt auch große Zahlen muslimischer Migranten anzog. Ausschlaggebend für die Wahl des Ziellandes waren meist die histor., polit. und rechtlichen Beziehungen, die das Heimatland mit der ehemaligen Hegemonialmacht oder mit einem ehemaligen Alliierten verbanden. So etablierte sich in manchen Ländern eine klare mehrheitliche Dominanz einzelner ethnisch-nationaler Herkunftsstaaten. In Großbritannien waren dies Pakistan und Indien, in Frankreich und später auch in Spanien die Staaten des Maghreb, in der Bundesrepublik die Türkei, in Griechenland Albanien. In anderen Ländern wie Belgien und den Niederlanden oder Italien und auch in Skandinavien bildete sich dagegen von Anfang an eine ethnisch sehr heterogene muslimische Bevölkerung ohne klares Übergewicht einer der Herkunftsgruppen. Trotz der Unterschiede in der ethnisch-nationalen Zusammensetzung vollzog sich der Aufbau der muslimischen Gemeinschaften in den verschiedenen Ländern auffällig parallel, sobald die Migration in größerem Stil einsetzte. Dies war etwa in Spanien und Italien später der Fall als im sonstigen West- und Mitteleuropa. Die Arbeitsmigranten kamen vorwiegend aus ländlichen Gebieten ihres Heimatlandes, besaßen selten mehr als eine elementare Schulbildung und waren in starkem Maße durch die heimischen religiösen und familiären Strukturen geprägt. In den meisten Fällen kamen zunächst nur männliche Arbeitskräfte, die nach mehrjährigem Aufenthalt ihre Familien nachholten. In dieser Phase begann der Aufbau religiöser und ethnisch-nationaler Vereine und Organisationen, die später vielfach auf die Heimatländer zurückwirkten. Die Versuche der europäischen Länder in den 1970er Jahren, den Zuzug der Migranten gesetzlich zu stoppen, hatten oft zunächst den gegenteiligen Effekt einer verstärkten Zuwanderung. Hinzu kamen ebenfalls seit den 1950er Jahren verschiedene Wellen von Flüchtlingen und Asylsuchenden, die durch die Kriege und politischen Krisen im Nahen und Mittleren Osten (bes. Israel/Palästina, Libanon, Iraq, Türkei, Iran, Afghanistan, neuerdings Syrien) in Europa Zuflucht fanden. Diese Entwicklung hält bis heute an. Zusammen mit dem Erbe der Kolonialherrschaft und den wachsenden politischen und wirtschaftlichen Verflechtungen im Mittelmeerraum prägt sie in starkem Maße die Entwicklung der muslimischen Gemeinschaften und ihre Beziehungen zu den Staaten und Gesellschaften Europas. – Im Vergleich mit den muslimischen Bildungsmigranten, von denen sich viele in akademischen Berufen und in guten Positionen innerhalb der Wirtschaft und Verwaltung in den europäischen Ländern etablieren konnten, führte die Arbeitsmigration vielfach zur Entstehung großer muslimischer Unterschicht-Gruppen, teilweise mit eigenen städtischen Siedlungsschwerpunkten, die sich mit der wachsenden Arbeitslosigkeit in Europa seit den 1980er Jahren weiter verfestigten. Andererseits veränderte sich im Laufe der Zeit vielfach die Alters- und Beschäftigungsstruktur dieser Gruppen. Da der Nachzug jüngerer Erwachsener allmählich stark zurückging, stand nunmehr die Überalterung der Erwachsenen einer zunehmenden Zahl muslimischer Jugendlicher gegenüber, die als Kinder eingewandert oder bereits im Zielland geboren waren. Die Beschäftigung verschob sich hin zu einer wachsenden Selbständigkeit, während die Arbeiterschaft mit der Krise der Montan- und Schwerindustrie in vielen europäischen Ländern nach und nach abnahm. Die Anteile von Arbeitslosigkeit und Bildungsrückstand in den muslimischen, stark von den Herkunftsländern und von transnationalen Lebensformen geprägten Milieus und Stadtvierteln in den europäischen Städten bleiben dabei europaweit nach wie vor hoch. – Generell hat sich mit der Konsolidierung und partiellen Einbürgerung großer muslimischer Migrantengruppen auch die Bedeutung des Islams in E. verändert. Während die Religion für die muslimischen Bildungsmigranten in ihrem Bemühen um soziale Integration im Zielland nicht selten in den Hintergrund trat, rückte sie für die Arbeitsmigranten geradezu ins Zentrum ihrer Bemühungen um die Konsolidierung ihrer Gemeinschaften und ihrer soziokulturellen Identität. Mit dem Nachholen der Familien begann daher auch die Gründung eigener → Moscheen, zumeist durch Anmietung von Wohnungen oder leerstehenden Fabrikgebäuden, und der Aufbau islam. Vereine, Organisationen und Verbände. Die Beziehungen der Muslime zu den kommunalen Institutionen und zur Mehrheitsbevölkerung erzwangen dabei nicht selten eine Zusammenarbeit von islam. Gruppen, die sich in ihrer Heimat heftig bekämpften. Dies führte in verschiedenen europäischen Großstädten zur Entstehung bedeutender Anteile muslimischer Bevölkerung (z. B. England 2014: Birmingham 23,6 %, Blackburn 29,1 %, Bradford 22,2 %, Leicester 19,9 %; London 12,4 %; in Belgien Brüssel 2015: 23,6 %). Mittlerweile kann man in verschiedenen europ. Ländern aber auch von der Entstehung und Ausweitung einer muslim. Bildungsschicht sprechen, und der alte Gegensatz zwischen muslim. Bildungs- und Arbeitsmigranten scheint sich mehr und mehr aufzulösen. Mittlerweile haben die Metropolen London und Rotterdam muslimische Bürgermeister (Sadiq Khan, seit 2016; Ahmed Aboutaleb, seit 2008), und viele Muslime sind prominent in europäischen politischen Parteien und in öffentlichen politischen Ämtern vertreten. – Insgesamt verfügen innerhalb der EU die Länder Frankreich (ca. 8,2 %), Schweiz (5,8 %), Belgien (über 5 %), Niederlande (4,9 %), Großbritannien (4,4 %) und Deutschland (3,8–4,3 %) über die größten Anteile muslimischer Bevölkerung. Die Regierungen und Verwaltungen der europäischen Länder haben unterschiedliche Formen der rechtlichen und kommunalen Anerkennung muslimischer Gemeinden und Verbände entwickelt, die sich an die jeweils etablierten Formen des öffentlichen Rechtes, bzw. des Staatskirchenrechtes anschlossen. Die rechtliche Anerkennung islamischer Gemeinschaften variiert entsprechend zwischen einer Integration in die staatlich anerkannten religiösen Denominationen und Verbände (z. B. Belgien, Österreich, Portugal), einer Anerkennung als wohltätige oder kulturelle Vereinigungen (z. B. Irland, Großbritannien, Frankreich, Italien) oder als Vereine oder Stiftungen privaten Rechtes (z. B. Italien, Niederlande, Deutschland, Norwegen). Im Falle von Belgien ist mit dieser Anerkennung auch die staatliche Finanzierung von Moscheen und anerkannten Imamen verbunden. In Deutschland sind seit 2013 die türkische DİTİB und die Aḥmadīya im Bundesland Hessen als Religionsgemeinschaften anerkannt, was die Kooperation mit dem Bundesland in Fragen des islamischen Religionsunterrichtes ermöglicht. Die Bemühungen islamischer Verbände um eine Anerkennung als Körperschaft öffentlichen Rechtes und damit um Gleichstellung mit den Kirchen blieben ansonsten bisher erfolglos. Auch in den Ländern mit Staats- oder Nationalkirchen (z. B. die skandinavischen Monarchien, Großbritannien, Griechenland) treten die muslimischen Gemeinschaften lediglich als eingetragene Vereinigungen auf. Die Bemühungen um eine angemessene Repräsentation der Muslime im öffentlichen Leben führten in Belgien und Frankreich zur Einführung von gewählten Vertretungen (Exécutif des Musulmans de Belgique, gegr. 1998, Conseil Français du Culte Musulman, gegr. 2002). In anderen Ländern fungieren muslimische Dachverbände als Ansprechpartner der jeweiligen Regierungen und als Vertreter muslimischer Interessen in der Öffentlichkeit (z. B. Comisión Islámica de España in Spanien, gegr. 1992, Muslim Council of Britain in England, gegr. 1997). In anderen Ländern wie Deutschland und Dänemark treten mehrere islamische Dachverbände im öffentlichen Leben in Erscheinung. Verschiedene muslimische Länder (Saudi-Arabien, Golfstaaten, Marokko, Algerien, Türkei, Iran) sind unter den Muslimen in Europa als Förderer von Moscheen und Gemeinschaften mit ihren eigenen religiös-politischen Zielen und Interessen aktiv. – Die kommunale Integration der verschiedenen muslim. Gemeinschaften bietet bis heute viele Reibungsflächen und Konflikte, ist aber auch Gegenstand weitreichender politischer Initiativen. Fragen der rechtlichen Anerkennung des Islams, des islamischen Religionsunterrichts und der islamischen theologischen Ausbildung, der medialen Darstellung des Propheten und des Islams sowie der Zulässigkeit des Kopftuches und der Verschleierung für Musliminnen in Schule und öffentlichen Institutionen werden in fast allen europ. Ländern sehr kontrovers diskutiert und sehr unterschiedlich behandelt, da sie vielfach die grundsätzlichen Einstellungen der Mehrheitsbevölkerung zum Verhältnis von Religion und Staat und zur Religions- und Meinungsfreiheit (z. B. Rushdie, Karikaturenstreit) berühren. Diese Kontroversen sind häufig eng verknüpft mit dem Identitätswandel, den viele europäische Länder und Regionen seit den 1990er Jahren im Zuge der Globalisierung und des nicht selten mit ihr verbundenen kommunalen und wirtschaftlichen Niederganges erfuhren. Ebenso wirkten die Kriege in Nordafrika und im Nahen Osten seit den 1990er Jahren und der mit ihnen verbundene Aufstieg jihadistischer Bewegungen auch auf Europa zurück, wo der quietistische wie auch der militante Salafismus und zuletzt auch der «Islamische Staat» besonders unter jungen Muslimen und nicht zuletzt unter Konvertiten viele Anhänger finden konnte (vgl. → Deutschland). Die spektakulären Anschläge jihadistischer Aktivisten und ihrer lokalen Sympathisanten förderten in Ländern wie England, Frankreich, Belgien, Spanien und Deutschland die Wahrnehmung und Behandlung des Islams als Sicherheitsproblem. Sie führten vielerorts zu einer nachhaltigen Schwächung transkultureller Akzeptanz und zu einer Infragestellung sozialer Förderungsprogramme für Muslime in der Öffentlichkeit. Islamfeindliche Tendenzen sind zu einem bedeutenden Faktor für den Aufstieg nationalistischer und rechtsradikaler politischer Strömungen geworden, die freilich in verschiedenen Ländern nach wie vor auf großen Widerstand in der Mehrheitsbevölkerung stoßen. Die Rückwirkung politischer und wirtschaftlicher Entwicklungen und Krisen im südlichen Mittelmeerraum und im Nahen Osten auf die muslimischen Gemeinschaften in Europa, auf ihre durchaus heterogene transnationale Lebenswelt und auf ihre gesellschaftliche Akzeptanz dürfte sich dabei auch in Zukunft fortsetzen. *Reich*

Nielsen, J.: *Muslims in Western Europe*, ³2004. – Peter, F., u. a. (Hg.): *Islamic Movements of Europe. Public Religion and Islamophobia in the Modern World, 2014.* – Cesari, J. (Hg.): *The Oxford Handbook of European Islam*, 2015.

F

Familie. Wichtigste soziale Einheit innerhalb islam. Gesellschaften. Eine traditionelle Großfamilie besteht aus Verwandten und eingeheirateten Frauen. Zur ideellen und materiellen Stärkung der F. ist eine möglichst große Nachkommenschaft erwünscht; im Alter sollen die Kinder die Eltern versorgen. Der Ehemann hat für den Unterhalt seiner Ehefrau und Kinder, gegebenenfalls auch anderer weiblicher Familienangehöriger zu sorgen und ist für diese moral. verantwortlich. In manchen Ländern fällt ihm auch die volle rechtliche Vertretung der Familienangehörigen zu. Väter, ältere Brüder, Onkel, zum Teil auch Vettern können Autorität über die Frauen der F. haben. Aber auch Mütter genießen eine herausgehobene Stellung und nehmen Einfluss auf familiäre Entscheidungen. Besonders respektiert wird darüber hinaus das Wort älterer Familienangehöriger beider Geschlechter. In der Regel erledigt der Mann die außerhalb des Hauses anfallenden Tätigkeiten. Der Frau obliegt die Erziehung und Pflege der Kinder, die Hausarbeit sowie gegebenenfalls die Mithilfe in der Landarbeit. Aus wirtschaftlichen Gründen sind jedoch viele F. auf die Berufstätigkeit der Frauen angewiesen. In den Städten wird die Großfamilie zunehmend durch die Kernfamilie abgelöst. Dies kann Gewinn an individueller Freiheit, aber auch Verlust des Zusammenhalts und der gegenseitigen Unterstützung bedeuten. *Sto*

Lit.: Breuer, R.: *Familienleben im Islam*, 1998. – El-Azhary, A. (Hg.): *Women, the Family, and Divorce Laws in Islamic History*, 1996. – Rugh, A.: *Within the Circle. Parents and Children in an Arab Village*, 1997. – Möller, L.-M.: *Die Golfstaaten auf dem Weg zu einem modernen Recht für die Familie? Zur Kodifikation des Personalstatuts in Bahrain, Katar und den Vereinigten Arabischen Emiraten*, 2015.

Farben. In der arab. Sprache werden F. v. a. in ihren Hell-Dunkelqualitäten angegeben. Reflexionen über das Wesen und die Entstehung der F. lassen sich stets auf griechische Quellen und Einflüsse zurückführen. Die Auffassung darüber, ob F. als Akzidenz oder Substanz anzusehen ist, divergieren. Zu den Grundfarben zählen mit unterschiedlicher Akzentsetzung Weiß, Schwarz, Rot, Gelb, Grün, Blau oder nur Rot, Gelb, Weiß und Grün. Gemäß der mystischen Auffassung im Islam ist Licht die Spiritualität der F., und F. ist die Körperlichkeit des Lichtes. Demgemäß ist Weiß die F. der Intelligenz, die der Seele Grün, die der Materie Schwarz. Im polit. Leben und im Alltag spielten F. v. a. bei der → Kleidung eine Rolle. So galt Schwarz als die F. der ʿAbbasiden, Weiß als die der Fatimiden (→ Dynastien). Hingegen wird Rot mit → ʿAlī, dem Schwiegersohn und Vetter des Propheten Muḥammad, assoziiert, Grün mit dem Propheten selbst bzw. seinen Nachkommen. Schwarz ist heute die F. der Kiswa, der Decke der → Kaaba, doch war diese früher auch mehrfarbig. Die F. Gelb wurde in der Kleidung den Christen und Juden zugewiesen, Grün war ihnen verboten. Türkis-Blau gilt als Schutzfarbe gegen den → Bösen Blick, dieselbe Funktion übernimmt Rot z. B. in Südarabien. Pflaumenblau war in Persien eine F. der Trauer, andernorts Weiß, auch Schwarz. In der Kunst wird der F. nicht nur aus ästhet. Gründen besondere Qualität zuerkannt. Sie gilt auch als Träger bestimmter Eigenschaften. Gelb ist die F. der Sonnenmuster im Zenith der Kuppel, assoziiert mit dem Licht schlechthin, das Blau der Kuppeln von Moscheen symbolisiert das Himmelszelt. Das Innere der Kuppeln, häufig Abbild der sieben Himmel, zeigt die F. der jeweiligen Himmelszonen mit einer Staffelung der F. Gelb, Grün, Rot und Weiß. Weiß, von altersher eine sakrale F. im Orient, war den Moscheen vorbehalten, nichtislam. Kultbauten durften nicht weiß sein. Wichtig waren und sind F. bei Fahnen, etwa das Grün in den Fahnen vieler heutiger Staaten (z. B. Saudi-Arabien). Für die Miniaturmalerei wurden die F. aus Mineralien gewonnen, anorgan. und organ. Stoffen, d.h von tierischen und pflanzlichen Stoffen. Für Blau wurde z. B. neben Lapislazuli auch Indigo oder Azurit verwandt. *Fi*

Lit.: Fischer, W.: *Farb- und Formbezeichnungen in der Sprache der altarabischen Dichtung*, 1965. – Gätje, H.: Zur Farbenlehre in der muslimischen Philosophie, *Der Islam* 43 (1967), 280–301. – Morabia. A.: Art. «Lawn», *The Encyclopaedia of Islam, second edition*. – Bloom, J. und Blair, S. (Hg.): *And Diverse Are Their Hues: Color in Islamic Art and Culture*, 2011. – Borg, A. (Hg.): *The Language of Color in the Mediterranean*, 1999.

Fasten (arab. *ṣaum*). Während des Monats Ramadan ist das F. als eine der → Fünf Säulen (Grundpflichten) jedem Muslim vorgeschrieben. Täglich zwischen erstem Morgenlicht und Sonnenuntergang nehmen die Gläubigen keinerlei Nahrung oder Genussmittel zu sich. Der ethische Wert des F. besteht für Muslime darin, die Lust auf weltliche Dinge zu unterdrücken, welche der Unterwerfung unter Gott (= → Islam) im Wege stehen. Ganz oder teilweise ausgenommen von der Fastenpflicht sind u.a. Kranke und Reisende. *El*

Lit.: Lech, K.: *Geschichte des islamischen Kultus. Rechtshistorische und ḥadīṯ-kritische Untersuchungen zur Entwicklung und Systematik der ʿIbādāt*, Teil 1: *Das Ramaḍān Fasten*, 1979.

Fātiḥa, al- (arab. «die Eröffnende»), die erste → Sure des → Korans. Der Text lautet: «1. Im Namen des barmherzigen und gnädigen Gottes. 2. Lob sei Gott, dem Herrn der Welten, 3. dem Barmherzigen und Gnädigen, 4. der am Tag des Gerichts regiert! 5. Dir dienen wir, und Dich bitten wir um Hilfe. 6. Führe uns den geraden Weg, 7. den Weg derer, denen Du Gnade erwiesen hast, nicht (den Weg) derer, die D(ein)em Zorn verfallen sind und irregehen!» Die F. spricht als eine Art Exposition zentrale Themen des Korans an: Darunter ist die Charakterisierung Gottes als Herr der Welt und Richter im Jüngsten Gericht. Der Mensch bittet Gott um Rechtleitung. In Vers 7 ist die für den ganzen Koran typische Dichotomie zwischen den Rechthandelnden, den Muslimen, und den Nichtmuslimen angesprochen. Obwohl der Koran allgemein als Wort Gottes gilt, stellt die F. ein Gebet des Menschen an Gott dar. Die F. wird von Muslimen in vielen Situationen, etwa bei der Geburt eines Kindes oder am Grab eines Verstorbenen gebetet. *El*

Fāṭima (gest. 633), Tochter → Muḥammads aus der Ehe mit Khadīja und Ehefrau des vierten Kalifen → ʿAlī. F. starb wenige Monate nach ihrem Vater. Sie genießt höchstes Ansehen bei → Sunniten und → Schiiten gleichermaßen, mit deutlichen Parallelen zur christlichen Marienverehrung: Man spricht auch von der «Jungfrau F.». Die schiit. → Dynastie der Fatimiden, die Gründer Kairos, leiteten ihre Abstammung von ihr ab. In der Volksfrömmigkeit und im → Brauchtum spielt die «Hand der F.» (→ Amulett) eine wichtige Rolle. *Schö*

Lit.: Klemm, V.: Art. «Fāṭima bt. Muḥammad», *The Encyclopaedia of Islam, THREE.*

Fatwa, arab. für Rechtsgutachten, in dem der →Mufti ein bestimmtes Problem unter Berücksichtigung des islam. →Rechts beantwortet. Das Gewicht eines derartigen Gutachtens beruht grundsätzlich auf der persönlichen Autorität seines Ausstellers. Die vertretene Rechtsauffassung ist deshalb im Unterschied zu einem Gerichtsurteil nur für denjenigen bindend, der diese Autorität anerkennt. Heute werden Fatwas in vielen Zusammenhängen als praktische Lebensberatung erlassen. Sie erscheinen auch in besonderen Kolumnen religiös orientierter Zeitungen oder werden in Rundfunk und Fernsehen verbreitet. Der Tötungsaufruf gegen den Schriftsteller Salman →Rushdie wurde vom damaligen Ayatollah →Khomeini in Form einer F. erlassen. Die große Beachtung, die dieser Aufruf fand, rührte daher, dass Khomeini zu Lebzeiten eine hohe Stellung im schiit. Islam einnahm. *Mü*

Lit.: Messick, B.; Powers, D.: *Islamic Legal Interpretation. Muftis and their fatwas*, 1996.

Feminismus. Gegen Ende des 19. Jh. forderten islam. Reformer zum Wohle der Nation bessere Bildung für Frauen; gleichzeitig traten Vorkämpferinnen, meist aus der Oberschicht, für eine Verbesserung der rechtlichen und sozialen Stellung von Frauen ein. Frauen wie die Ägypterin Hudā Shaʿrāwī (1879–1947) spielten eine aktive Rolle in der Frauenbewegung wie auch in den arab. Freiheitskämpfen des 20. Jh., da sie sich von der nationalen Unabhängigkeit mehr Rechte für Frauen erhofften. Sie konnten aber nur die wenigsten ihrer Forderungen, etwa die nach Abschaffung der Polygamie und der Kinderehe, durchsetzen. Der Überzeugung der Jungtürken, reformist. Frauenbildung nutze der Nation, verdanken türk. Frauen die Einführung des Frauenwahlrechts schon 1934. Der kemalist. (→Atatürk) «Staatsfeminismus» gesteht Frauen aber nur im Rahmen der strikt laizist. Staatsideologie eine aktive Rolle in der Öffentlichkeit zu und gewährt religiös motivierten Frauenrechtlerinnen keinen Freiraum. In der Türkei wie in Iran unter dem Schah wurde Entschleierung staatlich verordnet. Von westlichen Beobachtern oft positiv bewertet, ist dies aber als ebenso gewaltsamer Eingriff in die Freiheit der betroffenen Frauen zu werten wie die Zwangsverschleierung afghan. Frauen durch die Taliban. Die iran. Frauenbewegung wird seit der Revolution von Theologinnen, oft Töchtern hoher religiöser Würdenträger, bestimmt, die im Islam die

Basis für Gleichwertigkeit der Geschlechter sehen. – «Feministin» als Eigenbezeichnung lehnen arab. Frauenrechtlerinnen im Allgemeinen ab, da F. mit westlichen Hegemonialansprüchen und Unmoral assoziiert wird. *Bo*

Lit.: Kreile, R.: *Politische Herrschaft, Geschlechterpolitik und Frauenmacht im Vorderen Orient*, 1997. – Gemeinhardt-Buschhardt, K.: *Daʿwa. Weiblicher Aktivismus und die neue muslimische Frauenbewegung in Ägypten*, 2016.

Festtage. Der islam. → Kalender enthält zwei kanon. F. im Jahresverlauf, das Opferfest am 10. Tag des Monats der → Pilgerfahrt und das Fest des Fastenbrechens, das am 1. des Monats Shawwāl, dem Tag nach Ende des Fastenmonats Ramadan, beginnt und drei bis vier Tage dauert. Nichtkanon. Feste wie der Geburtstag des Propheten (→ *maulid*) und Heiligentage sind Teil des Brauchtums (→ Zuckerfest, → Opfer, → ʿĀshūrāʾ). *El*

Lit.: Schimmel, A.: *Das islamische Jahr. Zeiten und Feste*, 2001.

Freiheit, in der heutigen islam. Welt ebenso ein Schlüsselbegriff wie im «Westen» (was sich u. a. in Partei- und Zeitungsnamen niederschlägt), «F.» war eine der Hauptforderungen des sog. «Arab. Frühlings». Die romant. Begeisterung für den Gedanken der F., wie ihn die Französ. Revolution propagierte, erfasste schon früh im 19. Jh. auch die Länder des Vorderen Orients, wo die Freiheitsidee in Beziehung zu bereits bestehenden ideellen Konzepten gesetzt und zügig in das vorhandene Wertesystem integriert wurde. Den französ. Begriff «liberté» gab man weithin mit arab. *ḥurrīya* wieder, das zuvor die stolze Noblesse der Freien und jurist. den Gegensatz zum Sklaven-Status bezeichnet hatte. Diese alte Bedeutung wurde u. a. um das erweitert, was man bereits als «Gerechtigkeit» (arab. *ʿadl*) kannte, und *ḥurrīya* meinte nun auch ein Anrecht des Untertanen auf eine Leistung des Herrschers (nämlich dem Individuum zuzusichern, dass es die ihm zugestandenen Rechte/F. auch vollumfänglich wahrnehmen konnte). In der Verfassung des Osman. Reiches von 1876 garantierte der → Sultan den Bürgern neben der Unverletzlichkeit der F. der Person unter anderen die F. der Religionsausübung, F. der Presse sowie Versammlungs- und Bildungs-F. Weil Sultan Abdülhamid II. diese Verfassung schon 1878 suspendierte, bedeutete F. während seiner Regierungszeit (1876–1909) dann v.a. das Gegenteil von Despotie und Tyrannei. Im Zuge der Nationalbewegungen seit Ende des 19.Jh. stand sodann immer mehr die Bedeutung «Unabhängigkeit von Fremdherrschaft», «nationale Unabhängigkeit» im Vordergrund. Parallel dazu traten reformorientierte Intellektuelle für die «innere Befreiung» ihrer Gesellschaften ein (Frauenbefreiung, Befreiung aus den «Ketten» unzeitgemäßer Traditionen, polit. Selbstbestimmung). Die Erhebungen des «Arab. Frühlings» klagten bei den Machthabenden neben «Brot» und «sozialer Gerechtigkeit» in erster Linie auch «F.» ein, was v.a. im Lebensweltlichen begründet war, jedoch alsbald auch politisch, als Befreiung von autoritären Regimen und Berechtigung zum Wahrnehmen bürgerlicher F. verstanden wurde und seither vielfältige Weiterdeutungen erfahren hat. – Die zu den → Menschenrechten gezählten F. sind in einigen Staaten der heutigen islam. Welt verfassungsmäßig geschützt, in anderen nach wie vor nicht, oder sie bestehen nur nominell. In Staat und Gesellschaft finden sie ihre Grenzen meist dann, wenn ein Vorrang der Gemeinschaft und/oder Öffentlichkeit gegenüber subjektiven Rechten postuliert wird. So werden z.B. Presse-F., schriftsteller. F. und F. der Meinungsäußerung häufig mit dem Argument einer Gefährdung höher eingestufter Werte wie «öffentliche Ordnung», «allgemeine Moral» oder «Ehre der Nation», inzwischen immer öfter auch religiöser Werte (→ Apostasie, → Blasphemie) eingeschränkt. Für moderne islam. Denker gründet die menschliche F. in Gott; wahre F. ist deshalb erst in einer nach islam. Grundsätzen geordneten Gesellschaft möglich; mit der Forderung, diese wahrhaft islam. Gesellschaft herzustellen, wird modernes islam. Denken zur Befreiungsideologie. In der → Mystik bezeichnet *ḥurrīya* diejenige Etappe des mystischen Pfades, in welcher der Gottsucher frei ist von allem außer Gott und seiner Verehrung. Zum Problem menschlicher Handlungs-F. gegenüber göttlicher Determination: → Schicksal, → Theologie. *Gu*

Lit.: Rosenthal, F./Lewis, B.: Art. «Ḥurriyya», *The Encyclopaedia of Islam*, second edition. – Wielandt, R.: «Menschenwürde und Freiheit in der Reflexion zeitgenössischer muslimischer Denker», J. Schwardländer (Hg.): *Freiheit der Religion*, 1993, 179–204. Krämer, G.: *Gottes Staat als Republik*, 1999.

Freitag (arab. *yaum al-jumʿa*, «Tag der Versammlung»), an dem Muslime das obligator. → Gebet zur Mittagszeit in der Gemeinschaft verrichten sollen. Dieses Gebet findet im Allgemeinen unter Leitung eines → Imam in einer → Moschee, in größeren Orten einer besonderen Freitagsmoschee, statt. Anders als die anderen Gebete ist es mit einer → Predigt verbunden, die an manchen Orten, z. B. in Kairo, durch Lautsprecher auch außerhalb der Moschee übertragen wird. *El*

Friedhof (arab. *maqbara*). Bei der Gestaltung islam. Friedhöfe gibt es regional große Unterschiede. Weder Koran noch → Hadith-Literatur machen dazu verbindliche Aussagen. Allen Friedhöfen ist gemeinsam, dass die Gräber nach → Mekka ausgerichtet sind. In den meisten islam. Ländern gibt es Grabsteine, zum Teil sind sie dekoriert, meist aber eher schlicht. Da die islam. Glaubensgemeinschaft in Deutschland nicht als Körperschaft des öffentlichen Rechts anerkannt ist, gibt es hier keine islam. Friedhöfe; der 1798 eingerichtete «Türken-F.» in Berlin, die älteste Begräbnisstätte für Muslime in Mitteleuropa, stellt eine Ausnahme dar. Die meisten Muslime lassen sich daher in ihrer Heimat beisetzen. Nur etwa 10 % werden auf meist separaten islam. Grabfeldern kommunaler Friedhöfe bestattet. *Sto*

Lit.: Bacqué-Grammont, J.-L. (Hg.): *Cimétières et traditions funéraires dans le monde islamique*, 1996. – Holland, M. S.: *Muslimische Bestattungsriten und deutsches Friedhofs- und Bestattungsrecht*, 2015.

Fünf Säulen, die wichtigsten Gebote für → Muslime: Ableistung des → Glaubensbekenntnisses, → Fasten im Monat Ramadan, die → Pilgerfahrt nach → Mekka, → Gebet, Entrichtung einer bestimmten Form von → Almosen. *El*

Fundamentalismus, islamischer. In der Forschung werden auch die Bezeichnungen «Islamismus», «Integrismus» oder «islam. Nativismus» verwendet; eine selten gebrauchte arab. Übersetzung lautet in einer während der 1970er Jahre aufgekommenen Neuschöpfung «*uṣūlīya*». Der Begriff des F. wurde zuerst auf eine Gruppe amerikan. Theologen in den Jahren 1909–1915 angewandt, welche sich u. a. für eine wörtliche Auslegung der Bibel aussprachen. Erst ein halbes Jahrhundert später hat man diesen Begriff auf Erscheinungen in anderen Religionen (Hinduismus, Judentum und Islam) ausgeweitet. Als allen Formen des F. gemein wird das Streben nach einer reinigenden Reform bestehender Glaubensinhalte und religiöser Praktiken vor dem Hintergrund der eigenen Vorstellung von den grundsätzlichen Prinzipien und Normen der vertretenden Religion angesehen. Die Fundamentalisten sehen ihre Auslegung der heiligen Texte als die einzig gültige an. Umstritten ist, ob der i. F. ein Phänomen der Moderne darstellt oder sich Verbindungslinien zu früheren vormodernen Bewegungen wie den → Wahhabiten ziehen lassen. Der Unterschied zum → Reformislam, wie ihn → ʿAbduh und al-→ Afghānī vertraten, liegt weniger in den Ideen als eher darin, dass der i. F. stärker gesellschaftlich und polit. aktiv ist. Er unterscheidet sich von der allgemeinen Tendenz der Re-Islamisierung durch einen hohen Grad an Organisiertheit. Als Träger gelten u. a. die radikale Fraktion der Muslimbruderschaft, die Jamaat sowie die palästinens. Hamas, die alger. Islam. Heilsfront und die libanes. Hizbollah. Bedeutende Vordenker sind al-→ Maudūdī und Sayyid → Quṭb. (→ Traditionalismus, → Modernismus, → Revolution) *Co*

Lit.: Basbous, A.: *L'islamisme, une révolution avortée?*, 2000. – Lawrence, B. B.: *Defenders of God. The Fundamentalist Revolt against the Modern Age*, 1989. – Polanz, C.: *Das ganze Leben als Ǧihād. Yūsuf al-Qaraḍāwī und der multidimensionale Einsatz auf dem Wege Allahs*, 2016.

G

Gebet. Muslime kennen verschiedene Arten von G. Das arab. *ṣalāt* genannte G. stellt eine der → Fünf Säulen (Grundpflichten) des Islams dar. Es wird jeden Tag fünfmal absolviert, vor Sonnenaufgang, mittags, nachmittags, bei Sonnenuntergang und später am Abend. Vor jedem G. sind eine Ankündigung durch einen → Gebetsruf und die rituelle → Waschung obligatorisch. Eine notwendige Vorbereitung besteht ferner darin, dass der Muslim sich innerlich bewusst macht, das G. nicht nur aus Routine durchzuführen, sondern mit der Absicht, Gott zu dienen. Dann folgt als Eröffnung des zum G. erforderlichen Weihezustands (arab. *iḥrām*) die Formel *allāhu akbar* (arab. «Gott ist überaus groß»). Stehend werden eine Reihe von weiteren Formeln und die erste Sure des Korans (→ *Fātiḥa*) rezitiert. Die nächsten Teile des G. sind das Vorbeugen des Oberkörpers, wobei die Hände auf die Knie gelegt werden, und das Wiederaufrichten. Indem die Formel *allāhu akbar* ausgesprochen wird, erfolgt die gen → Mekka gerichtete (→ *Qibla*) Niederwerfung auf die Knie, Nase, Stirn und Zehen berühren dabei den Boden. Der Betende begibt sich dann in eine aufrecht kniende Position, vollzieht eine zweite Niederwerfung und steht wieder auf. Alle diese Bewegungen werden von verschiedenen Formeln begleitet. Die beschriebene Sequenz (arab. *rakʿa*) wird noch einmal oder mehrmals vollzogen. Mit weiteren Formeln findet das G. seinen Abschluss. Das G., außer → Freitag mittags, kann an jedem Ort, eventuell auf einem Gebetsteppich, vollzogen werden. Idealerweise findet es aber in → Moscheen statt. Freiwillige G. (arab. *duʿāʾ*, manchmal aber ebenfalls *ṣalāt* genannt) haben die verschiedensten Formen und Funktionen. Das Nachtgebet wird besonders von Sufis geschätzt und von ihnen ebenso streng eingehalten wie die obligator. G. Freiwillige G. sollen Muslimen auch als Schutz auf der Reise dienen oder gelten der Bitte um Regen. *El*

Lit.: Khoury, A. T.: *Gebete des Islam*, 1995. – Ders.: *Die Weisheit des Islams: Gebete und koranische Texte*, 2006.

Gebetsruf (arab. *adhān*), Teil des muslim. Gebetsritus. In Siedlungen wird der G. zur Verkündung der Zeiten des obligator. → Gebets von einem Muezzin (arab. *mu'adhdhin*, «Gebetsrufer») meist vom Minarett einer → Moschee auf Arabisch vollzogen. Die Worte lauten bei den Sunniten: «Gott ist überaus groß. Ich bekenne, dass es keinen Gott gibt außer Gott. Ich bekenne, dass Muḥammad der Prophet Gottes ist. Kommt zum Gebet. Kommt zur Rettung. Gott ist überaus groß. Es gibt keinen Gott außer Gott.» Der schiit. G. enthält außerdem nach der Formel «Kommt zur Rettung» die Worte «Kommt zur besten Tat». Ein zweiter G. (arab. *iqāma*, «sich erheben») mit gleichem Wortlaut findet in der Moschee unmittelbar vor Beginn des Gebets statt. Betet ein Muslim entfernt von anderen Gläubigen, z. B. auf Reisen, so soll er individuell den G. vollziehen. (→ Geburt) *El*

Geburt. Die G. eines Kindes, traditionell insbesondere die eines Sohnes, hebt den Status seiner Eltern, die daraufhin mit einem Ehrennamen (→ Personennamen) angeredet werden. Die mit der G. verbundenen Zeremonien sind nur zum Teil islam. Ursprungs und unterscheiden sich regional. Üblich ist, dem Kind unmittelbar nach der G. den → Gebetsruf in das Ohr zu flüstern. Danach wird der Kopf des Kindes rasiert und ein Tieropfer erbracht. Am siebten Tag nach der G. gilt die Namensgebung und → Beschneidung als religiös verdienstvoll. Den Geburtstag zu feiern, ist erst in neuerer Zeit üblich geworden. *Sto*

Lit.: Dessing, N.: *Rituals of birth, circumcision, marriage, and death among Muslims in the Netherlands*, 2001.

Geburtenregelung. Bis ins 20. Jh. war die gängigste Methode der Empfängnisverhütung der religiös erlaubte coitus interruptus. Verboten ist nach koran. Weisung (Suren 16:58–60, 17:31) das Töten weiblicher Kinder sowie nach allgemeiner Rechtsauffassung Kastration und Sterilisation. Abtreibung wird erlaubt, aber missbilligt. Verhütung durch chemische, mechan. oder pflanzliche Mittel ist gestattet, wenn ihr Ziel nicht dauernde Unfruchtbarkeit ist. → Bioethik *Bo*

Lit.: Musallam, B. F.: *Sex and Society in Islam. Birth Control before the Nineteenth Century*, 1983.

Gelehrte (arab. *ʿulamāʾ*, sg. *ʿālim*), traditionell alle diejenigen Muslime, welche Kenntnis von der Offenbarung des → Korans und den prophet. Überlieferungen, dem → Hadith, besitzen. Der Begriff wird auch allgemein auf alle Intellektuellen angewandt. In einem engeren Sinne gelten als G. solche, die das Curriculum des traditionellen islam. Bildungswesens absolviert haben. Dazu zählen die Sprachwissenschaft, Logik und Rhetorik als Grundfächer sowie die Theologie und die Jurisprudenz als Kerndisziplinen. Ursprünglich war der Ausbildungsweg zum G. kaum formalisiert. Studenten suchten verschiedene Lehrer auf, bei denen sie die wichtigsten Basistexte der verschiedenen Fächer kennenlernten und bei Erfolg ein Lehrzeugnis (arab. *ijāza*) erhielten. Die Wertschätzung einer Ausbildung maß sich v.a. an dem Ansehen der jeweiligen Lehrer, weniger an dem Ruf einer Schule. Grundsätzlich war Bildung nicht an bestimmte Institutionen gebunden, sondern beruhte auf der individuellen Beziehung einzelner G. zu ihren Schülern. Eine Formalisierung des Bildungswesens fand z.B. im Osman. Reich statt, als der Besuch von Schulen mit festgelegter Hierarchie der Lehrenden und einem geregelten Prüfungswesen Voraussetzung für die Anerkennung als G. wurde. In der Gegenwart gilt ähnliches für staatlich beaufsichtigte Schulen wie die Azhar in Kairo oder die Qarawīyīn in Fes. Ihre Absolventen können eines der Ämter an Moscheen, Muezzin, Vorbeter (→ Imam) oder Prediger, ergreifen, selber Lehrer werden oder in der Justiz als → Kadi, → Mufti oder Notar (arab. *ʿadl*) tätig sein. Wurden gelehrte Amtsträger vorher meist mit Mitteln aus frommen → Stiftungen bezahlt, so erhielten sie seit dem 19. Jh. zunehmend den Status von Staatsbeamten. Da das islam. → Recht in den modernen Staaten der islam. Welt einen großen Teil seiner früheren Bedeutung verloren hat, ist auch der Einfluss der G. geschwunden. Dazu kam, dass viele Modernisierer des 19. und 20. Jh. pauschal die G. als rückständig und weltfremd angriffen. Die von ihnen vertretene Bildung sei nicht zeitgemäß, und sie stünden der notwendigen Erneuerung der islam. Länder entgegen. Das führte zwar zu einem Ansehensverlust der G., aber bis heute spielen sie als moral. Instanzen eine gewisse Rolle. Opposition gegen staatliche Politik wird gerade von beamteten G. meist nicht geäußert, jedoch sind einige G. auch kritisch gegen die Herrschenden eingestellt und beklagen offen den Rückgang der Bedeutung islam. Normen in der Gesellschaft. Vor allem im schiit. Islam beanspruchen manche G., z. B. → Khomeini im Iran, auch polit. Herrschaft. Ein Grund dafür besteht darin, dass schiit. G. höheren Ranges, die → Ayatollahs, sich als Vertreter des «verborgenen Imams» verstehen können, die in seiner Abwesenheit das Amt des Herrschers ausfüllen. Zwar konnten G. wie Khomeini oder auch Institutionen wie die Azhar eine Stellung als überregionale Autoritäten erlangen, jedoch bildete sich in der islam. Welt kein Klerus oder eine einheitliche Organisation, vergleichbar der kathol. Kirche, heraus. Weithin anerkannte Positionen zu bestimmten dogmat. Fragen oder Rechtsproblemen entstanden aufgrund von oft langwierigen Prozessen der Konsensbildung, nicht durch Weisung einer dem Papst vergleichbaren Instanz. *El*

Lit.: Elger, R.: *Zentralismus und Autonomie. Gelehrte und Staat in Marokko*, 1900–1931, 1994. – Mottahedeh, R.: *Der Mantel des Propheten. Das Leben eines persischen Mullah zwischen Religion und Politik*, 1988.

Geschlecht. Mann und Frau sollen sich äußerlich durch → Kleidung und Schmuck deutlich voneinander unterscheiden. Sind zumindest vor Gott beide G. für ihre Taten gleichermaßen verantwortlich und konnten im frühen Islam Frauen an der religiösen Praxis in größerem Ausmaß als heute teilnehmen, so zieht sich gegenwärtig das Konzept der Geschlechterkomplementarität durch alle Lebensbereiche. Frauen und Männer werden als verschieden, aber gleichwertig und einander ergänzend angesehen. Praktisch werden Frauen aber auf den niederen Rang verwiesen. Andererseits genießen Frauen koran. verbriefte Rechte, die sie in Erb- und Eigentumsfragen bis ins 20. Jh. rechtlich besser stellten als ihre europäischen Geschlechtsgenossinnen. Sie haben Anspruch auf Versorgung durch männliche Familienangehörige. Geschlechtsidentität wird durch Erziehung und lokale Initiationsriten geschaffen, zu deren wichtigsten die → Beschneidung und die → Hochzeit gehören. Das Konzept der Geschlechterkomplementarität trägt gesellschaftlich zu traditioneller Rollenteilung, zu mehr oder minder strikter Absonderung der G. voneinander und zur religiös begründeten Norm der Heterosexualität bei. Die → Ehe, die → Sexualität und zwischengeschlechtlichen Kontakt legitimiert, spielt daher in islam. geprägten Kulturen eine zentrale Rolle. *Bo*

Lit.: Ahmed, L.: *Women and Gender in Islam*, 1992. – Ghoussoub, M./Sinclair-Webb, E.: *Imagined Masculinities. Changing Patterns of Identity for Middle*

Eastern Men, 1999. – Strohmeyer, S.: *Kairo. Gespräche über Liebe*, 1996. – Schneider, I.: *Der Islam und die Frauen*, 2011.

Glaubensbekenntnis (arab. *shahāda*). Die Ablegung des G. ist eine der → Fünf Säulen des Islams. Die Worte lauten: «Es gibt keinen Gott außer Gott, und Muḥammad ist sein Prophet». *El*

Glücksspiel. Der Koran erklärt verschiedene altarab. G., insbesondere das Ziehen von Lospfeilen (arab. *maisir*), zur Sünde (Suren 2:219 und 5:90). In frommen Kreisen gelten Spiele aller Art als unnützer Zeitvertreib, der von der Erfüllung der Glaubenspflichten abhält. *Mü*

Lit.: Rosenthal, F.: *Gambling in Islam*, 1975.

Gnade, für die christliche (paulin.) Lehre zentraler Begriff, dessen vielfältiges Bedeutungsfeld in der islam. Theologie teilweise von mehreren anderen Konzepten abgedeckt wird; einige Aspekte bleiben jedoch auch ohne Entsprechung. Fremd sind dem islam. Dogma insbesondere der Gedanke einer der Erlösung durch Gottes Gnade bedürftigen (erb-) sündigen Menschheit sowie die Vorstellung vom Kreuzestod Christi als ebendiese Erlösung bewirkendes göttliches Gnadenopfer. Wichtige Begebenheiten der Heilsgeschichte (menschengerechte Einrichtung und harmon. Ordnung der Welt, die Offenbarung u. a.) deutet die islam. Theologie ebenfalls nicht als einer «gefallenen» Menschheit zuteilgewordene G., sondern als Akt der allumfassenden Gunst und Wohltätigkeit (arab. *raḥma*), grenzenlosen Freigebigkeit (arab. *karāma*) und gütigen Fürsorge (arab. *rizq*) Gottes gegenüber den in Unkenntnis des heilvollen rechten Wegs dahinvegetierenden oder irregeleiteten (aber nicht sündigen!) Geschöpfen. Die Begriffe *raḥma*, *karāma*, *rizq* und ähnliche enthalten den auch für «G.» konstitutiven Aspekt einer häufig (besonders in der → Mystik, aber auch von einem Großteil der heutigen gläubigen Muslime) wie im Christentum als liebevoll gedeuteten wohlmeinenden Zuwendung Gottes zum Menschen; das für ein Gnädig-Sein unverzichtbare Element des unverdienten Verzeihens von Schuld bzw. Sünde fehlt ihnen jedoch. Dieses ist demgegenüber präsent in der Bereitschaft des Weltenrichters zur allumfassenden Vergebung, auf welche Sünder und

Gesetzesbrecher unter Umständen hoffen dürfen. Denn der Allmächtige kann auf die eigentlich verdiente gerechte Bestrafung verzichten – entweder aus Wohlwollen und Güte (*raḥma*) oder auf einen in seiner Motivation nicht hinterfragbaren Entschluss hin («Er bestraft, wen er will, und erbarmt sich, wessen er will», Sure 29:21). Im ersten Fall wäre von «G.», im zweiten Fall wohl eher von «Begnadigung» (als Rechtsterminus) oder auch nur von «Straferlass» zu sprechen. Im letzteren Sinne können auch heute die Staatsoberhäupter islam. Länder mit ihren häufig säkularen Rechtssystemen «G. vor Recht» ergehen lassen. *Gu*

Lit.: Gimaret, D.: Art. «Raḥma», *The Encyclopaedia of Islam, second edition.* – Wensinck, A. J. [& Gardet, L.]: Art. «Khaṭīʾa», *The Encyclopaedia of Islam,* second edition.

Gott (arab. *allāh*, evtl. aus *al-ilāh* «der [alleinige] G.», pers. auch *khodā*, «Herr», türk. auch *tanrı*, eine schon alttürk. Gottheitsbezeichnung). Das Gottesbild des Islams ließ, noch bevor die islam. → Theologie ab dem 9. Jh. es systematisierte und im Detail ausarbeitete, einige Hauptzüge erkennen, die es auch heute noch weitgehend bestimmen. a) G.es «Einsheit» (T. Nagel): Dass es außer dem einen und einzigen G. keine anderen Götter gibt, ist Teil des muslim. → Glaubensbekenntnisses. Der strenge Monotheismus, d. h. die Lehre von G. als dem Unteilbar-und-absolut-Einen, ist ein Hauptdogma der islam. Theologie (die sich deshalb auch *ʿilm at-tauḥīd*, arab. «Wissenschaft vom Einsheit-Bekennen», nennt). Die christliche Dreifaltigkeit wird zumeist als der Einsheit widersprechende und dem Verbot der «Beigesellung» (arab. *shirk*) zuwiderlaufende Aufspaltung interpretiert. b) G.es Allmacht und absolute Größe: G. sieht, hört, weiß alles, er ist der allgewaltige Schöpfer des Universums, Herr über Werden und Vergehen, alles Geschehen und Handeln folgt seinem Willen. *Allāhu akbar* bedeutet: «G. ist überaus groß», der schlechthin und unvorstellbar Große, in seiner Transzendenz ewig unerkennbar, unsagbar, geheimnisvoll. c) Gerechtigkeit: G. ist der Richter des → Jüngsten Gerichts, der am «Tag der Abrechnung» die Taten der Menschen absolut gerecht beurteilt und vergilt (→ Hölle und Paradies). d) Unermessliche Güte (arab. *raḥma*): Sie erweist sich nicht nur, wenn G. beim Weltgericht zuweilen von Bestrafung absieht und den Sündern verzeiht (→ Gnade). Zeichen der *raḥma* sind vielmehr die gesamte → Schöpfung selbst und die Selbstmitteilung G.es in seinem Sprechen zur Menschheit (→ Offenbarung), v. a. also das → Wunder des → Korans, wodurch G. den Menschen die Möglichkeit gibt zu erkennen, was recht ist, und den «geebneten Weg» (d. i. die → Scharia) zu beschreiten. Zur Herstellung einer persönlichen Beziehung der Gläubigen zu G.: → Gebet, → Mystik, → Dhikr, → Jihad. Zur Hingabe des Menschen an G.: → Islam. Zur Auffassung der Mensch-G.-Beziehung als vertragsrechtliche Bindung: → Apostasie. *Gu*

Lit.: Gardet, L.: Art. «Allāh», *The Encyclopaedia of Islam*, second edition.

Gottesnamen. Die (kanon. 99, de facto jedoch über hundert) «Schönen Namen Gottes» (arab. *asmā' allāh al-ḥusnā*) sind eine Reihe von z. T. im → Koran wörtlich vorkommenden, z. T. aus koran. Begriffen abgeleiteten oder dem → Hadith entnommenen, die Eigenschaften → Gottes bezeichnenden Nomina. Solche sind z. B. *al-ʿazīz* «der Mächtige/Werte», *al-ghaffār* «der Vergebungsreiche», *al-ʿalīm* «der Allwissende» (zu *allāh*: → Gott; zu *al-raḥmān* und *al-raḥīm*: → Basmala, → Gnade). Weit verbreitet ist der rituelle Gebrauch der G., z. B. in den → Dhikr-Zeremonien der Sufis oder beim meditierenden Rezitieren mit Hilfe der Gebetsketten (→ Rosenkranz). (→ Personennamen) *Gu*

H

Hadith (arab. *ḥadīth*, «Erzählung, Gespräch») bezeichnet die Berichte über Aussprüche, Anordnungen und Handlungen des Propheten, deren Überlieferung auf seine Gefährten (arab. *ṣaḥāba*) zurückgeführt wird. Im weiteren Sinne gehören dazu auch Berichte über die Prophetengefährten selbst sowie über frühe Muslime der nächsten Generation (die sog. «Nachfolger», arab. *tābiʿūn*). Für diese werden andere Bezeichnungen wie «Nachricht» (arab. *khabar*) oder «überlieferter Bericht» (arab. *athar*) bevorzugt. Die begriffliche Trennung ist jedoch nicht immer klar, und sowohl die Überlieferungen vom Propheten als auch diejenigen über seine Gefährten und ihre Nachfolger fallen in das Gebiet der islam. H.-Wissenschaft. In den ersten zweieinhalb Jahrhunderten nach dem Tod des Propheten fand der H. allmählich Anerkennung als zweitwichtigste Quelle für die religiösen und rechtlichen Normen neben dem Koran. Diese Entwicklung, die bis heute für die Forschung in vieler Hinsicht unklar und umstritten geblieben ist, war offenbar eng verbunden mit den großen Krisen polit. und religiöser Autorität im islam. Staat. Viele H. lassen sich auf die frühen theolog. Streitfragen und religiös-polit. Konflikte beziehen. Diese verstärkten offenbar das religiöse Interesse an den Prophetengefährten und an den mit ihnen verbundenen Kreisen. Ähnlich wie im Christentum oder wie in späteren islam. religiösen Bewegungen fallen die ersten Bemühungen zur umfassenden Sammlung und Fixierung der Überlieferungen vom Gründer offenbar in die Periode des Überganges von der Generation der Jünger zu der ihrer Schüler, d. h. in diesem Fall ca. 50–100 Jahre nach dem Tode des Propheten. Verschiedene regionale Zentren religiöser und rechtlicher Lehre wie in Mekka, Medina, Damaskus, Basra und Kufa beriefen sich auf die Autorität von Prophetengefährten und ihren Nachfolgern und verbreiteten deren – authent. oder angebliche – Überlieferungen und Lehrmeinungen. Sowohl die Anfänge der rechtlichen und theolog. Schulen als auch der asket. und mystischen Strömungen gingen einher mit den Bemühungen um die Sammlung und Weitergabe prophet. Überlieferung. Dies erklärt die große themat. Vielfalt des H. – Spezifisch für den Islam ist die Entwicklung einer formalisierten Überlieferungsmethode, die zwischen der Kette der Überlieferer (arab. *isnād*) und dem Text der Überlieferung selbst (arab. *matn*) unterscheidet. Die Kritik der Überlieferungen unterschied verschiedene Grade der Authentizität des H.-Materials, das je nach Stimmigkeit des Textes und Glaubwürdigkeit der Überlieferer als «gesund» (*ṣaḥīḥ*), «gut» (*ḥasan*), «schwach» (*ḍaʿīf*) oder «gefälscht» (*mauḍūʿ*) eingestuft wurde. Andere wichtige Kriterien bezogen sich auf die Zahl der verschiedenen Überlieferungswege sowie auf die ununterbrochene Kontinuität der einzelnen Ketten. Die Ausbildung der H.-Wissenschaft erforderte auch eine reichhaltige biograph. Literatur zu den verschiedenen Klassen und Generationen der Überlieferungsträger, die deren chronolog. Zuordnung und die Bewertung ihrer Glaubwürdigkeit ermöglichen sollte und für die islam. Geschichtsschreibung große Bedeutung gewann. Weite Reisen, die dem Sammeln wichtiger H.-Überlieferungen dienten, wurden zu einem wichtigen Element islam. Gelehrsamkeit. Von der Vielzahl der H.-Sammlungen, die im 9. und 10. Jh. entstanden, haben sechs nahezu kanon. Anerkennung im sunnit. Islam gefunden. Größtes Ansehen genießen die beiden *ṣaḥīḥ*-Werke von al-Bukhārī (gest. 870) und Muslim (gest. 875), die nur H. enthalten, die die Autoren als «gesund» einstuften. Sie werden gefolgt von den vier *Sunan*-Werken von Abū Dāʾūd (gest. 889), at-Tirmidhī (gest. 892), an-Nasāʾī (gest. 915) und Ibn Māja (gest. 886), deren Material auch weniger hoch bewertete Überlieferungen einschließt. All diese umfangreichen Werke sind themat. nach den Bereichen der islam. Glaubens- und Pflichtenlehre geordnet und ermöglichen so die Einordnung des H. in deren Rahmen. Die systemat. Entwicklung der H.-Wissenschaft schloss sich an den Abschluss der großen Sammlungen an. Sie erreichte im 11. Jh. mit den Schriften von al-Ḥākim an-Nīsābūrī (gest. 1017) und al-Khaṭīb al-Baghdādī (gest. 1071) einen ersten Höhepunkt und kam mit den großen ägypt. Kommentatoren und Sammlern des 15. Jh. wie Ibn Ḥajar al-ʿAsqalānī (gest. 1449) und as-Suyūṭī (gest. 1505) zu einem gewissen Abschluss. Die Entwicklung der H.-Wissenschaft seit dem 16. Jh. ist bisher nur unzureichend bekannt. Es scheint jedoch, dass besonders die Standardisierung der Überlieferungsverfahren sowie die Suche nach möglichst kurzen Überliefererketten weiter vorangetrieben wurde. Der Austausch von H.-Überlieferungen und Lizenzen brachte Gelehrte aus den unterschiedlichsten Regionen der islam. Welt miteinander in Verbindung und konnte auch Vertretern neuer Zentren des Islams wichtige Anerkennung verschaffen. Weithin unerforscht ist auch die wachsende Bedeutung der H.-Interpretation im Spannungsfeld von Theologie, Recht und Mystik, die für die späteren Jahrhunderte typisch zu sein scheint und zur Relativierung der Autorität der Rechtsschulen beitrug (→ Sunna). – Auch für den zeitgenöss. Islam besitzen H. und H.-Wissenschaft zentrale Bedeutung. Der H. dient vielerorts immer wieder zur Kritik an traditionellen Strukturen islam. Gesellschaften und an den Autoritätsansprüchen von → Rechtsschulen und mystischen → Bruderschaften. Für viele gebildete Muslime stellen die H.-Werke neben dem Koran die zentrale Quelle der eigenen religiösen Meinungsbildung dar. Der Rückgriff auf den H. spielt auch für zeitgenöss. religiöse wie polit. Bewegungen eine überragende Rolle. In diesem Zusammenhang steht auch ein wachsendes Interesse an der H.-Literatur selbst. Hierzu ist seit den 1980er Jahren eine Fülle bisher kaum zugänglicher oder noch weithin unbekannter älterer Schriften neu oder erstmalig ediert worden. Ein neues Stadium in der Verbreitung der H.-Literatur ist in den letzten zehn Jahren durch ihre digitale Erfassung und Erschließung für Computer und → Internet erreicht, deren Folgen für die religiösen Anschauungen der Muslime in aller Welt noch unabsehbar erscheinen. *Reich*

Lit.: Juynboll, G. H.: *Encyclopedia of Canonical Hadith*, 2007. – Motzki, H.: *Die Anfänge der islamischen Jurisprudenz. Ihre Entwicklung in Mekka bis zur Mitte des 2./8. Jahrhunderts*, 1991. – Schoeler, G.: *Charakter und Authentie der muslimischen Überlieferung über das Leben Mohammeds*, 1996.

Ḥāfiẓ, Shams ad-Dīn Muḥammad (geb. ca. 1315–1325/26; gest. 1389/90 in Schiras), einer der berühmtesten persischen Dichter, dessen lyrisches Hauptwerk aus Ghaselen (pers. *ghazal*, ca. 7–9-zeilige Gedichte aus Doppelversen mit Monoreim) besteht. Vorherrschende Themen im Diwan (Gedichtsammlung) des H. sind Liebe, Schönheit, Sehnsucht und Trennungschmerz, Wein, Rausch und die Verspottung religiöser Heuchler. H. bedient sich eines Metaphernrepertoires (z. B. Rose und Nachtigall für Geliebte[n] und Liebenden), das durch sein Werk weiter standardisiert wurde. Ob Liebe und Rausch irdisch oder als Ausdruck einer mystischen Gottessehnsucht zu verstehen sind, wird kontrovers diskutiert. Die vielfältigen Auslegungsmöglichkeiten haben zu einer umfangreichen Kommentarliteratur geführt. Der bekannteste Kommentar stammt von dem Türkisch schreibenden Bosnier Sūdī (16. Jh.), ein Beweis für die internationale Verbreitung persischer Dichtung (→ Persische Literatur). In der iranischen Alltagskultur wird der Diwan des H. zur Weissagung und Lebensdeutung verwendet. Die Übersetzung der Ghaselen des H. von Joseph v. Hammer-Purgstall (1812–1813) inspirierte Goethe zu seinem «West-östlichen Diwan». *Ha-Hi*

Lit.: Glünz, M./Bürgel, C. (Hg.): *Intoxication: Earthly and Heavenly. Seven Studies on the Poet Hafiz of Shiraz*, 1991. – Ḥāfiẓ: *Der Diwan. Aus dem Pers. zum erstenmal ganz übers. von J. v. Hammer-Purgstall*, 1973 (Nachdr.). – *Ḥāfiẓ: Dreiundsechzig Ghaselen des Hafis*, übers. von F. Rückert, hg. von W. Fischer, 1988. – *Ḥāfiẓ: Gedichte aus dem Diwan*, übers. von C. Bürgel, 1972. – «Hafez» [mehrere Autoren], *Encyclopaedia Iranica*. – Hillman, M. C.: *Unity in the Ghazals of Hafez*, 1976. – Lewisohn, L. (Hg.): *Hafiz and the Religion of Love in Classical Persian Poetry*, 2010. – Shamel, S.: *Goethe and Hafiz*, 2013.

Halbmond (arab. *hilāl*), die erste sichtbare Mondsichel nach dem Neumond. Das Erblicken der Mondsichel kündigt den Beginn eines neuen Monats im lunaren Kalender an. Bedeutungsvoll und erwartet ist das Erscheinen des H. v. a. bei Festtagen und -monaten wie z. B. dem Fastenmonat Ramadan. Schon früh gehörte der H. zum dekorativen Symbolkanon mit religiösem Bezug, sichtbar etwa in Mosaiken des im Jahre 691–692 erbauten Felsendoms in Jerusalem. Bei der Umwandlung der Kathedrale des von den Muslimen eroberten Ani in Armenien im 11. Jh. soll das Kreuz durch einen H. ausgetauscht worden sein. Im Europa des 15. Jh. wurde der H. z. B. auf großen Häusern in Ansichten von muslim. Städten eingefügt, um sie als islam. zu kennzeichnen. Auch für den Export in den Orient hergestelltes Papier versah man mit halbmondförmigen Wasserzeichen. Der osman. Sultan Abdülmecid (ʿAbd al-Majīd) II. führte 1827 eine Flagge mit weißem H. und Stern auf rotem Grund ein. Bald gebrauchte der Herrscher von Tunis das gleiche Symbol. Pakistan verwendet den H. seit seiner Gründung im Jahre 1947 als nationales Emblem, als letztes Land führte ihn Algerien 1961 nach Erlangung seiner Unabhängigkeit ein. *Sz*

Lit.: Ettinghausen, R.: Art. «Hilāl», *The Encyclopaedia of Islam, second editon.*

Harem (arab. *ḥarīm*, «geweihter, unverletzlicher Ort»), Bezeichnung für den von der Umwelt weitgehend abgeschlossenen Familientrakt eines Hauses, in dem sich Frauen unverschleiert aufhalten können (→ Schleier). Die islam. Sitte, weibliche Familienangehörige von der Männergesellschaft räumlich getrennt wohnen zu lassen, wurde vermutlich im 7. Jh. von den Byzantinern übernommen. Im Koran wird diese strikte Trennung nicht explizit empfohlen; doch werden die Frauen aufgefordert, sich nicht zur Schau zu stellen (Sure 24:31). Den H. bewohnten früher bis zu vier rechtmäßige Ehefrauen des Hausherrn (Polygamie), seine Töchter, Schwiegertöchter u. a. weibliche Familienangehörige. Außer Ehemännern und Söhnen, in Ausnahmefällen auch einem Arzt, hatten ausschließlich Frauen Zutritt. In den weitläufigen H. der Herrscherhäuser lebten auch Dienerinnen, Sklavinnen und Konkubinen, gelegentlich bis zu mehreren tausend Frauen. Die Verbindung zur Außenwelt erfolgte über Eunuchen, die gleichzeitig den H. bewachten. Bekanntes Beispiel für einen herrschaftlichen H. ist der Topkapı Palast in Istanbul. Diese Form des H. ist mit dem Rückgang und teilweise auch mit dem Verbot der Polygamie unüblich geworden. Heute versteht man unter H. «Frauen-» oder «Familienbereich» oder auch die Gesamtheit der weiblichen Hausbewohner. *Sto*

Lit.: Mernissi, F.: *Harem. Westliche Phantasien – östliche Wirklichkeit*, 2000. – Peirce, F.: *The Imperial Harem. Women and Sovereignty in the Ottoman Empire*, 1993. – Sagaster, B.: *Im Harem von Istanbul. Osmanisch-türkische Frauenkultur im 19. Jahrhundert*, 1989. – Walther, W.: *Die Frau im Islam*, 1980. – Fay, M. A.: *Unveiling the harem. Elite women and the paradox of seclusion in eighteenth-century Cairo*, 2012. – Akgunduz, A.: *Ottoman harem. The male and female slavery in islamic law*, 2015.

Heiliges, allgemein das, was als einer übernatürlichen Sphäre angehörig und mit besonderen Kräften ausgestattet betrachtet wird. Muslim. Gelehrte und Sufis haben schon früh Lehren über die Heiligkeit formuliert und dabei Elemente des Brauchtums aufgenommen. Bestimmte Menschen werden als Heilige (arab. *walī*, pl. *auliyāʾ*) angesehen, wenn sie → Wunder tun oder andere Zeichen besonderer Kraft zeigen. Als heilige Orte gelten in erster Linie solche, die besondere Bedeutung für das Leben des Propheten → Muḥammad haben (Mekka, Medina, Jerusalem). Darüber hinaus werden Gräber von anderen → Propheten, bedeutenden Gelehrten und Sufis als heilige Orte verehrt. Manche Gegenstände, in erster Linie der Stein der → Kaaba, genießen ebenfalls den Ruf der Heiligkeit. Fundamentalisten stehen der Verehrung von Heiligen und Heiligtümern oft kritisch gegenüber. *El*

Heilsgeschichte. Streng genommen bezeichnet dieser aus dem jüd.-christlichen Denken entstammende Begriff eine Geschichtsinterpretation, die in der Menschheitsgeschichte eine Entwicklung auf ein Ziel außerhalb derselben sieht, eben zum Heil, zu dem jedes geschichtliche Ereignis in Beziehung gesetzt wird. Da der Islam (wie Judentum und Christentum) als Religion «in der Geschichte» (Rippin) gilt, kann im weiteren Sinne jede islamische Geschichtsschreibung als Heilsgeschichte gelten, die daher primär literarisch statt historisch zu lesen ist, wie John Wansbrough an den frühesten Texten gezeigt hat. Der → Koran und die islam. Tradition ersetzt die unorganisierte histor. Erinnerung der Araber durch ein Geschichtskonzept, nach dem die Welt in ihrer zeitlichen Dauer begrenzt ist. Die Schöpfung markiert den Anfang, das Jüngste Gericht den Endpunkt der Geschichte. Die Geschichte besteht aus immer neuen Angeboten des Heils durch aufeinanderfolgende Propheten von Adam bis Muḥammad. In diesem zyklischen Geschichtsbild gibt es jedoch nach dem letzten Propheten keine Entwicklung auf ein Ziel jenseits der Geschichte hin, da der Inhalt der Offenbarung keine Geschichte hat. Eine feste Folge von sieben Zyklen von Propheten, in deren sechstem Muḥammad erschienen sei, lehrte die islam. Gnosis (→ Ismāʿīliten). Die Geschichte der islam. Gemeinde in der Nachfolge des Propheten ist als H. im Sinne einer Geschichte der auserwählten Gemeinschaft des Heils bezeichnet worden. Mit zunehmendem zeitlichen Abstand von der Zeit des Propheten empfanden die Muslime jedoch auch eine Entfernung vom Ideal der islam. Gemeinschaft. Der Widerspruch zwischen individuellem Heil, wie von Theologen versprochen, und der kollektiven Heilszusage der Geschichte wird nicht explizit aufgelöst. Das vormoderne islam. Geschichtsbild ist insofern säkular, als es den Verlauf der Geschichte in immer gleichen Bahnen sieht, die durch interne Gesetzmäßigkeiten bestimmt werden. Ihre Funktion als moral.-didakt. Beispiel ist gleichzeitig religiös fundiert, da einerseits die Gesetzmäßigkeiten göttlichen Ursprungs sind, andererseits Gott darüber hinaus strafend und belohnend in den Geschichtsablauf eingreift. Als säkularisierte Form der H. hat K. Löwith den Fortschrittsglauben der Aufklärung ausgemacht, der auch in der islam. Welt rezipiert wurde. Modernist. Autoren haben die Verkündung des → Islams durch Muḥammad als Fortschritt interpretiert. Neben die essentialist. Forderung nach der Rückkehr zum reinen Islam tritt im Sinne dieses Fortschrittsgedankens der Ansatz, den Motor des Fortschritts selbst im Islam zu entdecken. *Ha*

Lit.: Löwith, K.: *Weltgeschichte und Heilsgeschehen*, 1953. – Wielandt, R.: *Offenbarung und Geschichte im Denken moderner Muslime*, 1971. – Wansbrough, J.: *The Sectarian Milieu: Content and Composition of Islamic Salvation History*, 1978.

Henna (arab. *ḥinnāʾ*), botan. *lawsonia inermis*; die Blätter des Hennastrauchs liefern einen orangeroten Farbstoff (schwarz durch die Zugabe von Indigo). Dieser wird bis heute als Textilfärbemittel, hauptsächlich aber als Kosmetikum verwendet, mit dem sich Frauen zu festlichen Anlässen Hände und Füße oder das Gesicht kunstvoll färben (→ Hochzeit). Außerdem dient H. Frauen wie Männern zum Färben der Haare, bei Männern – nach dem Vorbild des Propheten Muḥammad – auch der Bärte. Die Rolle des H. im rituellen Bereich verweist auf die ihm ursprünglich beigemessenen magischen Kräfte (z. B. Schutz vor dem → Bösen Blick). *Sto*

Lit.: Kanafani, A. S.: *Aesthetics and Ritual in the United Arab Emirates. The Anthropology of Food and Personal Adornment among Arabian Women*, 1983.

Hijra (arab. «Auswanderung»), die Übersiedlung → Muḥammads von → Mekka nach → Medina im September 622. Das Aufgeben der Stammesbindungen war ein für die damaligen Verhältnisse Arabiens einschneidender Vorgang; die H. – oder vielmehr das Jahr, in dem Muḥammads H. stattfand – markiert deshalb den Beginn der islam. Zeitrechnung. Das Motiv der H. («Exodus») weist deutliche Parallelen zu → Abrahams Fortgang aus Mesopotamien und → Moses' Zug aus Ägypten auf. Das Wort bezeichnet nicht nur Muḥammads Weggang aus Mekka, sondern auch die zweimalige Auswanderung seiner Anhänger nach Äthiopien. Heute wird der Begriff von manchen Fundamentalisten verwendet, um das Verlassen gesellschaftlicher oder staatlicher Ordnungen zu bezeichnen. *Schö*

Himmelsreise (arab. *miʿrāj*). Anknüpfend an den Koran (Sure 17:1 und 53:1–18) entstand die Überlieferung, → Muḥammad sei von Mekka aus vom → Engel Gabriel auf einem paradies. Reittier zunächst nach Jerusalem, dann in den Himmel und durch die sieben Paradiese und die sieben Höllen geführt worden, bis er schließlich Gott selbst schauen durfte. Dem Gläubigen wird nach seinem Tod in ähnlicher Weise das Paradies gezeigt, wie auch das individuelle Gebet als symbolische H. verstanden werden kann. Theologisch betrachtet ist die H. der Höhepunkt in Muḥammads prophetischer Sendung. Ihre poet.-mystische Ausmalung ist Gegenstand der Literatur und der Malerei und hat das volkstümliche Paradiesbild mit geformt und verbreitet. Der Zusammenhang dieses Bildes mit Dantes Divina Commedia ist umstritten. Die Einführung der fünf Gebete wird traditionell mit der H. verknüpft. *Ha*

Lit.: Gruber, C. and Colby, F.: *The Prophet's ascension: cross-cultural encounters with the Islamic miʿrāj tales*, 2010. – Colby, F.: *The Subtleties of the Ascension. Early mystical sayings on Muḥammad's heavenly journey. Compiled by Abū ʿAbd al-Raḥmān Sulamī*, 2005. – Séguy, M.-R.: *Muhammeds wunderbare Reise durch Himmel und Hölle*, 1977. – Kremers, D.: «Islamische Einflüsse auf Dantes, Göttliche Komödie'», in Heinrichs, W. (Hg.): *Orientalisches Mittelalter. Neues Handbuch der Literaturwissenschaft* 5, 1990, 202–215.

Hinduismus. Der Islam drang bereits Anfang des 8. Jh. in Indien ein, als 712 in der nordwestlichen Region Sind das erste islam. Gemeinwesen errichtet wurde. Aus praktischen Gründen wurden die Hindus den Juden und Christen gleichgestellt und als → Schriftbesitzer behandelt. Das Zusammenleben von Hindus und Muslimen, die oft gemeinsame Heilige verehrten und dieselben Feste begingen, ist seit der Staatsgründung von Pakistan und der Entstehung nationalist. Hindu-Parteien in Indien nachhaltig gestört. *Sch*

Historiographie (arab. *taʾrīkh*), eines der bedeutendsten und umfangreichsten Textkorpora in der islam. Welt. Die frühesten historiograph. Texte befassen sich mit der Biographie des Propheten → Muḥammad (arab. *sīra*) und den ersten islam. Eroberungszügen (arab. *maghāzī*). Die bekannteste *sīra* stammt von Ibn Hishām (gest. 833 oder 828), der sich auf die Autorität des Überlieferers Ibn Isḥāq (704–767) beruft. Im 9. und 10. Jh. werden die in den ersten zwei Jh. zirkulierenden historiograph. Texte zu Universalgeschichten zusammengefasst, mit verschiedenen Deutungen der Geschichte. Polit. ging es um die Legitimation der ʿabbasid. Dynastie (749–1258), theolog. um die Erklärung von Geschichte auf der Basis heilsgeschichtlicher Paradigmen (Bund mit Gott, Verrat und Erlösung). Eines der einflussreichsten historiograph. Werke ist die Chronik von Abū Jaʿfar aṭ-Ṭabarī (gest. 923). Sein *Taʾrīkh ar-rusul wa-l-mulūk* («Die Geschichte der Propheten und Herrscher») beginnt mit der Schöpfung und reicht bis zur Gegenwart des Autors. Die Aufgabe des Historikers zur Zeit aṭ-Ṭabarīs war es weniger, ein durchgängiges histor. Narrativ zu verfassen, als vielmehr eine Sammlung durch glaubwürdige Überlieferer bezeugter Berichte über wesentliche Ereignisse und Akteure der islam. Geschichte zu erstellen. Neben *sīra* und Universalgeschichten entstanden weitere Genres, die biograph. *ṭabaqāt* (arab. Generationen, Nachrichten über die Überlieferer prophet. Tradition) und die Chronik. Ordnungskriterium war hier zunächst die Regierungszeit eines → Kalifen, ungefähr seit dem 9. Jh. wurden die Ereignisse nach Jahren aufgezählt. Spätere Universalgeschichten übernahmen die Darstellung der frühen Geschichte aus der «klassischen» H., nur der Anhang (arab. *dhail*) wurde vom Autor eigenständig erarbeitet. Daneben entstanden Lokalgeschichten (z. B. von Damaskus und Kairo). ʿAbd ar-Raḥmān al-Jabartīs (1753–1826) *ʿAjāʾib al-āthār* wird als eines der letzten in traditioneller Weise verfassten histor. Werke betrachtet. Es schließt mit den Schilderungen der französ. Besetzung Ägyptens 1798–1801. Die Regentschaft von Muḥammad ʿAlī (reg. 1805–1848) ist in ʿAlī Mubāraks (1823–1893) *al-Khiṭaṭ at-taufīqīya* dokumentiert, das in traditioneller Weise nach Ortsnamen geordnet ist, ebenso wie z. B. die *Khiṭaṭ* des Kairoer Historikers al-Maqrīzī (1364–1442). Die Zeitgeschichte von Salīm an-Naqqāsh *Miṣr li-l-misrīyīn* («Ägypten für die Ägypter») von 1884 stützt sich auf Regierungsdokumente und Gerichtsakten. Im 20. Jh. geriet die H. zunehmend in Kontakt mit europäischer Geschichtsschreibung über den Orient. Auf europäische Forschung gestützt, verfasste der aus dem Libanon stammende Jurjī Zaidān (1861–1914) seine einflussreiche Geschichte der islam. Zivilisation. Selber Christ, wurde ihm deswegen und aufgrund seiner westlichen Quellen seitens muslim. Gelehrter vorgeworfen, in seinem Werk islam. Geschichte zu verfälschen. Bis in die 1970er Jahre konzentrierte sich die H. in den jungen postkolonialen Nationalstaaten des Nahen Ostens auf Epochen der Auseinandersetzung mit dem Westen, wie z. B. die Kreuzzüge, und solche, die für die Schaffung einer nationalen Identität bedeutsam waren. Daneben trat aber auch eine weniger ideologiebehaftete akadem. H. *Sz*

Lit.: Hirschler, K.: *Medieval arabic historiography. Authors as actors*, 2006. – Humphreys, R.: *Islamic history. A framework for inquiry*, 2009.

Hochzeit, eines der wichtigsten Familienfeste unter Beteiligung von Verwandten, Bekannten und Nachbarn. Der H. geht meist eine Verlobungsfeier sowie die Unterzeichnung des Ehevertrages (→ Ehe) voraus. Die Hochzeitsbräuche sind rechtlich nicht geregelt und nach Region und sozialer Stellung unterschiedlich. Im Allgemeinen nimmt vor einer traditionellen Hochzeitsfeier die Braut im Haus ihrer Eltern oder im öffentlichen → Bad eine rituelle Waschung vor, entfernt ihre Körperbehaarung, parfümiert und schminkt sich. Danach legt sie Hochzeitskleidung und -schmuck an. Oftmals werden der Braut, mitunter auch dem Bräutigam, in der sog. Hennanacht Hand- und Fußflächen mit → Henna gefärbt. Die Überführung der Braut in das Haus des Bräutigams geschieht in einem festlichen Zug, in den Städten oft einem Autokorso. Das Fest, welches traditionell in Privathäusern und von Männern und Frauen getrennt gefeiert wird, findet neuerdings zunehmend in gemieteten Sälen und Hotels statt und kann dort auch in einer gemischten Feier begangen werden. Die Hochzeitskleidung der Stadtbewohner orientiert sich überwiegend an europäischen Vorbildern. Eine Hochzeitsfeier ist für viele Familien eine große finanzielle Belastung, die zu Verschuldung oder Aufschub des Festes führen kann. *Sto*

Hölle und Paradies. Während das Christentum ein Leben nach dem Tode beschreibt, schildert die islamische Tradition mehr die Welt des Jenseits. Nach dem → Jüngsten Gericht vollzieht sich die Bestrafung der Sünder und die Belohnung der Frommen in der H. bzw. im P. Nach gängiger Ansicht sind beide siebenfach aufgebaut (→ Himmelsreise) und von Flüssen durchzogen; in ihrer Mitte steht ein Baum (Sidra bzw. Zaqqūm). Dem Koran zufolge ist die H. ein Ort des Feuers, der Schmerzen, der Hitze und des Durstes (Sure 56:41–56 u. a.). Das P. dagegen ist der Ort der Kühle und des Schattens, an dem den Gerechten paradies. Früchte und Getränke und ewig jungfräuliche, großäugige Mädchen erwarten (Suren 44:54, 56:8–40 u. a.). Die Sinnenhaftigkeit dieser Vorstellung hat islam. und außerislam. Kritik auf sich gezogen. V. a. der → Mystik gilt vielmehr als höchster Lohn die verheißene Schau Gottes. Während hinsichtlich der Ewigkeit der Paradiesesfreuden Einigkeit besteht (Sure 2:25), lehrten viele Theologen, dass dank der → Gnade Gottes einige oder alle Sünder nach einer gewissen Zeit aus dem Höllenfeuer ins P. eingehen oder dass die H. insgesamt nur begrenzte Zeit besteht. Ob der Garten Eden, in dem → Adam weilte, mit dem P. ident. sei, ist strittig. Die schon im Mittelalter vorhandene Tendenz, Paradiesesfreuden und Höllenqualen spirituell, also nur auf die Seele bezogen zu verstehen, oder als symbol. Ausdruck einer der menschlichen Einsicht unzugänglichen Welt, verstärkt sich in der Moderne. *Ha*

Lit.: Chittick, W.: «Eschatology», in Nasr, S. (Hg.): *Islamic Spirituality. Foundations*, 1987. – Smith, J. I./Haddad, Y. Y.: *The Islamic Understanding of Death and Resurrection*, 2002. – Rustomji, N.: *The garden and the fire: heaven and hell in Islamic culture*, 2009.

Homosexualität. Der Verurteilung homosexueller Handlungen im islam. → Recht steht eine reiche literar. Tradition homoerot. Anspielungen gegenüber. Dabei wird jedoch nahezu ausschließlich die männliche Homoerotik thematisiert, und das auch nur innerhalb eines bestimmten Rahmens. In einem hierarchisch strukturierten Konzept von → Sexualität wird dem «männlich aktiven» Part ungleich mehr Wert beigemessen als dem «weiblich passiven». Wichtig ist das Prinzip der Ungleichheit; die soziale Rolle außerhalb der Sexualität bestimmt auch die sexuelle Rolle. Anders als in Gesellschaften mit strikter Aufteilung in hetero-/homosexuell stellte Homoerotik lange Zeit kein Problem dar, solange die Institution Ehe und Familie nicht in Frage gestellt wurde. Temporäre homosexuelle Handlungen können toleriert werden, während das Bekenntnis zu H. in seinem heutigen Verständnis vielerorts als Krankheit wahrgenommen wird. In Folge fehlender Rechtsvorschriften zum Thema im Koran stützen sich Befürworter eines Verbots homosexueller Handlungen auf eine philologisch nicht unumstrittene Interpretation der koranischen Straflegende über den Propheten Lot und auf → Hadithe, deren Authentizität als schwach gilt. In den Strafgesetzen fast aller mehrheitlich muslim. Staaten werden homosexuelle

Handlungen als abnorme sexuelle Vergehen angesehen und im Allgemeinen analog zu Unzucht (*zinā*), d.h. sexuelle Penetration außerhalb des rechtlich sanktionierten Rahmens, behandelt. Aufgrund der religiös-normativ abgesicherten familienzentrierten sozialen Struktur existieren homosexuelle Subkulturen oder eine organisierte Bewegung in islamischen Gesellschaften höchstens marginal und informell. Enge Körperkontakte, Händchenhalten oder Küsse zwischen Angehörigen des gleichen Geschlechts in der Öffentlichkeit, oft fälschlicherweise als Zeichen homosexueller Neigungen interpretiert, sind dagegen in einer Kontaktkultur allgemein üblich und das Resultat einer Geschlechtertrennung, bei der enger Kontakt zum anderen → Geschlecht nicht selbstverständlich ist. In den letzten Jahren ist männliche und weibliche H. zunehmend in Weblogs oder Ratgeberforen sowie in moderner Literatur und der Popkultur thematisiert worden. Gleichzeitig hat es einige spektakuläre Verhaftungen mit dem Vorwurf der H. gegeben. In Deutschland ist das Thema Homophobie (nicht nur) unter Migranten in den letzten Jahren ins Blickfeld gerückt; an Aufklärungs- und Solidaritätskampagnen beteiligen sich auch muslimische Verbände und Geistliche. *Wei*

Lit.: Bauer, Th.: «Islam und Homosexualität», in Bauer, Th./B. Höcker/W. Homolka/K. Mertes (Hg): *Religion und Homosexualität*, 2013, 71–89.

Ḥusain (ca. 625–680), der zweite Sohn von → ʿAlī und → Fāṭima. Ḥ. wurde in Medina geboren und hatte bis kurz vor seinem Tod kaum polit. Einfluss. Erst als Yazīd, der Sohn Muʿāwiyas (des Widersachers von ʿAlī), 680 als Kalif eingesetzt wurde, sammelte Ḥ. seine Anhänger in Mekka, um ihm entgegenzutreten. Bei Kerbela wurde er jedoch von den Truppen Yazīds eingekesselt und fand zusammen mit den meisten seiner Anhänger den Tod am 10. Muḥarram (dem → ʿĀshūrāʾ-Tag). Bis heute wird dieser Tag von den → Schiiten als Trauertag mit Umzügen und Passionsspielen begangen, wobei der Opfertod Ḥ.s aus religionswissenschaftlicher Sicht in einigen Aspekten dem Erlösungstod Jesu im Christentum entspricht. *Schö*

I

Ibaditen (arab. Ibāḍīya), einziger bis heute existierender Zweig der Kharijiten (arab. *khawārij*, «die hinausgehen»). Diese entstanden aus einer Gruppe von Muslimen, die sich in dem Konflikt um die Herrschaft zwischen dem vierten Kalifen → ʿAlī und seinem Widersacher Muʿāwiya gegen beide stellten, weil sie sie als → Imame, als Vorsteher der → Umma, ablehnten. Später leisteten die Kharijiten heftigen Widerstand gegen das sunnit. umayyad. Kalifat, grenzten sich aber auch gegen die → Schiiten ab. Sie vertraten die Auffassung, dass prinzipiell jeder Muslim das Recht habe, das Imamat bzw. → Kalifat zu übernehmen – und nicht nur Nachkommen des Propheten, wie die Schiiten lehren, bzw. Angehörige des Stammes der Quraish, wie es Auffassung der → Sunniten ist (→ Dynastien). In einigen kharijit., bzw. ibadit. Staaten konnte das – manchmal als demokrat. bezeichnete – Prinzip der Herrscherwahl etabliert werden. Dabei galt die Regel, dass ein sündiger Imam, der gegen die Gebote der → Scharia verstieß, abgesetzt werden musste. Wenn Kharijiten unter der Herrschaft anderer Muslime leben, besteht das Imamat im Verborgenen weiter. Extreme kharijit. Gruppen vertraten die Auffassung, dass alle Nicht-Kharijiten als Heiden (arab. *mushrikūn*) zu betrachten seien, die getötet werden dürfen. Ein kharijit. Muslim, der eine Sünde begeht, sei der → Apostasie schuldig, könne nicht durch Reue Vergebung erhalten und werde ebenfalls mit dem Tode bestraft. In der Gegenwart wird der Begriff «Kharijiten» deshalb von muslim. → Gelehrten gelegentlich pejorativ auf extreme fundamentalist. Terroristen angewandt, welche den Mord an ihren Gegnern dadurch legitimieren, dass sie sie zu Ungläubigen erklären. Der Zweig der I., benannt nach einem seiner angeblichen Gründer ʿAbd Allāh ibn Ibāḍ (lebte im 7. Jh.), lehrt dagegen, dass Nicht-Kharijiten lediglich *kuffār* (arab. «Ungläubige») wie die → Juden und → Christen sind. Ein Zusammenleben mit ihnen ist I. also möglich. Sie erlauben auch die Heirat mit anderen Muslimen. Ihre Auffassungen in → Theologie und → Recht ähneln denen der Sunniten. Allerdings lehren sie anders als die sunnit.-ash-

ʿarit. Theologen, dass der → Koran nicht ewig ist, sondern zur Zeit des Propheten Muḥammad geschaffen wurde. Ibadit. Gruppen leben gegenwärtig in Oman, Ost-Afrika, Libyen, Tunesien und Algerien. *El*

Lit.: Wilkinson, J.: *Ibāḍism: Origins and Early Development in Oman*, 2010.

ijtihād (arab. «Anstrengung») bezeichnet in der Jurisprudenz eine weitgehend selbständige Auslegung von → Koran und → Hadith zum Zweck der Rechtsfindung – im Gegensatz zur Übernahme bereits bestehender Auslegungen aus autoritativen Rechtstexten (arab. *taqlīd*). Seit dem 10. Jh. plädierten viele muslim. → Gelehrte für eine Schließung des «Tores des I.», da die Grundtexte ausgeschöpft seien. Das hinderte aber spätere Reformisten wie die → Wahhabiten nicht daran, weiter I. zu betreiben, und im Rahmen des späteren → Reformislams wird häufig auf I. zurückgegriffen, um das islam. → Recht an die Erfordernisse der neuen Zeit anzupassen. *El*

Lit.: Poya, A.: *Anerkennung des iǧtihād. Legitimation der Toleranz. Möglichkeiten innerer und äußerer Toleranz im Islam am Beispiel der iǧtihād-Diskussion*, 2003.

Imam. Grundbedeutung des arab. Begriffes ist «Führer» oder «Vorsteher». Er bezeichnet den Vorbeter beim obligator. → Gebet, wird aber auch für Personen gebraucht, die religiöse und polit. Autorität vereinen. In diesem Sinne steht der Begriff bei den → Sunniten neben → Kalif für das Oberhaupt der islam. → Umma. Die → Schiiten verwenden ihn für ihre aus der Nachkommenschaft → ʿAlīs stammenden «göttlich geleiteten» Führer. *El*

Internet. Heute wie selbstverständlich genutzt, wurde das I. in den meisten Staaten der islamischen Welt nur zögerlich eingeführt, da die Informationsrevolution für die Regierungen gleichzeitig den Verlust von Kontrolle über Information bedeutete, was mit den ökonom. und bildungspolit. Vorteilen des Mediums vereinbart werden musste. Noch immer sind Versuche der Kontrolle auf technischer Ebene, z. B. durch Blockieren von Facebook, Twitter oder YouTube, zu beobachten. In einigen Regionen ist der Zugang strukturell durch geringe Kapazitäten oder hohe Gebühren begrenzt.

Besonders bei jungen Leuten spielen Chats und Blogs als Tor zur Außenwelt eine große Rolle. Blogs und soziale Medien sind aber nicht zuletzt für Journalisten oder politische Aktivisten ein unverzichtbares Instrument geworden, auch wenn damit oft eine unmittelbare Gefahr für Leib und Leben verbunden ist. – Islam. Lehrinstitutionen stellen religiöse Texte ins I. und geben digitale Korankonkordanzen oder andere Hilfsmittel zum Studium der Religion heraus. Einzelne islam. Gelehrte unterhalten eigene I.seiten und erreichen so weltweit Anhänger. Daneben engagieren sich Privatpersonen und religiöse Organisationen durch die digitale Aufbereitung religiöser Texte. Religiöse Dienstleistungen im Internet wie → Fatwa-Auskünfte oder Online-Kurse zur → Pilgerfahrt werden immer zahlreicher, und diverse religiöse Organisationen, legale wie illegale, präsentieren sich im I., das auch als Medium zur Selbstdarstellung von Muslimen in Deutschland an Bedeutung gewinnt. Problematisch ist die gezielte Anwerbung von Anhängern im I. durch jihadistische Gruppen. Privat wird das I. religiös als Diskussionsforum und zum Austausch von Informationen und religiösem Material wie Predigten, Gebeten oder Liedern als Texte und Videos genutzt. Auf der Ebene von Organisationen sind Selbstdarstellungen von muslimischen Minderheiten und salafistisch orientierten Gruppen und Personen überproportional stark im I. vertreten. Letztere verfügen über ausreichend finanzierte Mittel und sind gut organisiert, wie beispielsweise die Seite IslamQA (Fragen und Antworten zum Islam), wo man in mehr als 15 Sprachen Antworten überwiegend salafistischer Auslegung bekommen kann. Die Präsenz in anderen Sprachen ist problematisch, wenn Fragesteller ohne Zugang zu Originalquellen sich auf solche Seiten angewiesen fühlen. Islam im I. spiegelt so nur einen Ausschnitt des Spektrums Islam wider und keinesfalls eine proportionale Repräsentation der unterschiedlichen Gruppen und Richtungen. *Wie*

Lit.: Gräf, B.: *Medien-Fatwas@Yusuf al-Qaradawi. Die Popularisierung des islamischen Rechts*, 2010. – Lohlker, R. (Hg.): *Jihadism: Online Discourses and Representations*, 2013.

Iqbal, Muḥammad (1877–1938), Philosoph, Politiker und Nationaldichter von Pakistan. Iqbal war zunächst Dozent am Government College in Lahore und ging 1905 nach Cambridge, um Philosophie und Jura zu studieren. 1907 folgte ein Aufenthalt in

Heidelberg und München, wo er promovierte. Dann kehrte er nach Lahore zurück und wurde dort Rechtsanwalt. Er trat der Muslim League bei. In einer Rede am 30.12.1930 forderte I. für die mehrheitlich muslim. Gebiete im Nordwesten Indiens eine Teilautonomie und die Berücksichtigung des Islams. Pakistan interpretiert dies als die Idee zu seiner Gründung; jedoch distanzierte sich I. schon 1933 in einem Leserbrief an die *Times* von dieser Auslegung. Philosoph. war er von Hegel und Nietzsche beeinflusst und entwickelte daraus eine Philosophie der Selbstverwirklichung durch «Liebe», worunter er Vitalität und Begeisterung für das Leben verstand. Diese Philosophie legte er 1915 in seinem gereimten Essay «Die Geheimnisse des Selbst» vor und wurde durch seine provokanten Thesen berühmt. Als Dichter war I. von den englischen Romantikern und den persischen Klassikern → Ḥāfiẓ und Rūmī geprägt. Er experimentierte mit neuen Gedichtformen und schrieb die ersten Kindergedichte auf Urdu, der Hauptsprache der indischen Muslime. Seine Urdugedichte wurden 1924 herausgegeben, es folgten noch zwei Gedichtbände 1936 und 1937. Seit seiner Hinwendung zur Politik für die Sache der Muslime schrieb er auch auf Persisch, um ein internationales Publikum zu erreichen. In dieser Sprache erschienen «Die Botschaft des Ostens», das von Goethes «West-Östlichem Divan» inspiriert ist, der «Persische Psalter» und das «Buch der Ewigkeit», in dem der Dichter eine fiktive Himmelsreise unternimmt und sich zu Philosophie und Politik äußert. I. begann als Romantiker. Auch seine späteren Gedichte zeigen typisch romant. Strukturen, die aber durch seine Philosophie ergänzt werden. Er gilt heute als Klassiker und Wegbereiter der modernen Urdu-Literatur, Iqbals Philosophie der Individualität und verantwortlichen Selbstverwirklichung auf der Basis des Islams hat in den letzten Jahren besonders bei progressiven Muslimen in aller Welt Anhänger gefunden. So veranstaltet z. B. das Zentrum für Islamische Theologie in Münster regelmäßig Symposien zu seiner Philosophie. *Po*

Lit.: Bürgel, J. C.: *Steppe im Sandkorn (Urdu-Gedichte in Auswahl)*, 1982. – Iqbal, M.: *Botschaft des Ostens (übers.von A. Schimmel)*, 1977. – Schimmel, A.: *Muhammad Iqbal, prophetischer Poet und Philosoph*, 1989.

Islam, eine der großen Offenbarungsreligionen. Der arab. Begriff *islām* bedeutet «Unterwerfung», verstanden als Unterwerfung unter Gott. Nach Auffassung muslim. → Gelehrter existiert der I.

schon seit der → Schöpfung der → Menschen, d. h.: Es gab immer Menschen, die Unterwerfung übten. Im Laufe der Geschichte ergingen mehrere Offenbarungen von Gott (→ Bibel, → Thora). Unverfälscht sind seine Worte aber nur im → Koran, dem Text der letzten Offenbarung, enthalten. Rechter Glaube und Einhaltung der Normen des islam. → Rechts gehören gleichermaßen zum I. *El*

Lit.: Elger, R.: *Islam: Eine Einführung*, 2015.

Ismaʿiliten (arab. Ismāʿīlīya), auch Siebenerschia. Im Gegensatz zu den Zwölferschiiten (→ Schiiten) glauben die I., dass der vor seinem Vater, dem sechsten schiit. Imam Jaʿfar aṣ-Ṣādiq, verstorbene Ismāʿīl oder dessen Sohn Muḥammad der siebte Imam gewesen sei und nicht etwa aṣ-Ṣādiqs zweiter Sohn Mūsā al-Kāẓim. Im Zentrum der ismaʿilit. Lehre steht die deutliche Unterscheidung zwischen dem allen Gläubigen zugänglichen Exoterischen (arab. *ẓāhir*) einerseits, d. h. den offensichtlichen, allgemein akzeptierten, geoffenbarten Schriften und den darin dargelegten religiösen Geboten, die sich mit der Offenbarung eines jeden Propheten ändern, und dem Esoterischen (arab. *bāṭin*) andererseits, d. h. den in den Schriften und Gesetzen verborgenen unveränderlichen Wahrheiten. Diese werden durch eine Interpretation kabbalist. Natur zugänglich gemacht. In einem zyklischen histor. Prozess von sieben Epochen bestimmen die «Verkünder» Adam, Noah, Abraham, Moses, Jesus und Muḥammad, jeweils gefolgt von einem «Schweigenden», der das Verborgene der Offenbarung offenlegt, die ersten sechs Epochen. Erst der Mahdi, der in der Verborgenheit lebende siebte Imam, wird in der siebten Ära alle verborgenen Wahrheiten offenbaren. Die ismaʿilit. Pflichtenlehre weicht nur geringfügig von den Lehren der anderen Schiiten und der Sunniten ab. Die histor. bedeutendste ismaʿilit. Dynastie waren die Fatimiden. Von den zwischen dem 11. und 13. Jh. berüchtigten Assassinen in Iran leitet sich die Linie der Nizārīs her, die heute von Karīm Khān, dem Sohn des bekannten → Agha Khān, geführt wird. I. leben in Jemen, Syrien, Iran, Indien, Afghanistan, Zentralasien und im muslim. Afrika. Ihre Zugehörigkeit zum Islam wird ihnen ebenso wie den → Drusen und → ʿAlawiten v. a. von sunnit. Muslimen bestritten. *Pi-Ha*

Lit.: Halm, H.: *Die Schia*, 1988. – Madelung, W.: Art. «Ismāʿiliyya», *The Encyclopaedia of Islam, second edition*. – Schmucker, W.: «Sekten und Sondergruppen», in Ende, W./Steinbach, U.: *Der Islam in der Gegenwart*, 1996, 663–683.

J

Jazz. Mit der Welle der sogenannten Weltmusik ist eine Reihe asiat. und afrikan. Musiker international bekannt geworden, welche die Musik ihres Herkunftslandes mit J. oder anderen Musikstilen kombinieren, wie z.B. der in Deutschland lebende libanes. Musiker Rabih Abou Khalil oder der tunes. Lautenspieler Anouar Brahem. Die Schwerpunkte variieren je nach Zusammensetzung der internationalen Mitspieler, welche entweder vorwiegend im J. oder einer anderen Musikkultur beheimatet sind. So dominiert bisweilen J., welcher durch den Einsatz «exot.» Instrumente oder die Verwendung von Melodiefragmenten aus einer anderen Musikkultur versetzt wird. Arab. Laute (arab. *ʿūd*), afrikan. Daumenklavier (*mbira*) oder Xylophon (*marimba*) werden mit Klavier, Akkordeon, Saxophon, Bass und Violine gemischt. Typisch ist auch die Verwendung von asiat. und afrikan. Trommeln und der Einbau fremder rhythmischer Pattern. Auf der anderen Seite können Elemente des J. in die jeweils eigene Musikkultur einfließen. Zwei Aspekte erleichtern diese Kombination: Zum einen nimmt im J. wie in vielen anderen Musikkulturen die Improvisation einen breiten Raum ein, zum anderen verbindet ihn eine strukturelle Ähnlichkeit mit asiat. Musik, die ebenfalls skalenbetont ist. Südafrika besitzt eine eigene reiche J.-Tradition (*marabi*), aus welcher der in den 1960er Jahren zum Islam übergetretene Pianist Abdullah Ibrahim hervorging. Er flicht in seine Kompositionen religiöse Motive und Texte ein. Während bei anderen muslim. Jazzmusikern höchstens sporad. Elemente aus der religiösen Volkskultur als Lokalkolorit und Titel instrumentaler Stücke auftreten, enthalten einige seiner Stücke arabischsprachige Passagen wie das islam. → Glaubensbekenntnis (arab. *shahāda*) oder die Anrufung des Namen Gottes, welche entweder Solo oder von einem Chor in afrikan. Polyphonie vorgetragen werden.

Wei

Jesus (arab. ʿĪsā). Nach koran. Darstellung wurde J. durch ein Wort Gottes gezeugt (Suren 3:39–45, 4:171). Er wird als «Geist Gottes»

(Suren 4:171, 21:91) und als Messias (arab. *al-masīḥ)* bezeichnet. J. gilt im → Islam nicht als Gottessohn (Sure 5:17), sondern nur als einer der → Propheten. Die christliche Trinität wird als polytheist. verworfen, und nach islam. Auffassung starb J. nicht den Kreuzestod. Am Jüngsten Tag wird seine Wiederkunft erwartet, wobei J. den Antichrist (arab. *ad-dajjāl*) töten und für die Christen Fürsprache leisten wird. J. ist eine wichtige Figur nicht nur in der islam. Eschatologie, sondern auch in der → Mystik, wo er als Weisheitslehrer und Vorbild für Armut und Askese dient. Der Personenname «ʿĪsā» ist auch unter Muslimen verbreitet. *Schö*

Lit.: Bauschke, M.: *Jesus im Koran. Ein Schlüssel zum Dialog zwischen Christen und Muslimen*, 2001. – Bazargan, M.: *Und Jesus ist sein Prophet. Der Koran und die Christen*, 2006. – Khalidi, T.: *Der muslimische Jesus. Aussprüche Jesu in der arabischen Literatur*, 2002. – Schumann, O. H.: *Der Christus der Muslime. Christologische Aspekte in der arabisch-islamischen Literatur*, 1988. – Gräper, M.: *Jesus im Koran. Ein Beitrag zum christlich-muslimischen Gespräch*, 2014.

Jihad (arab. *jihād*). Etymolog. bedeutet der arab. Begriff die Bemühung, ein bestimmtes Objekt zu erreichen. Auch wird darunter eine individuelle Bemühung um den Glauben (großer J.) oder zum moral. Handeln und Mission verstanden. Im islam. → Recht bezeichnet er, oft «Kleiner J.» genannt, eine der zulässigen Formen des Krieges zur Erweiterung des islam. Herrschaftsbereichs oder zu dessen Verteidigung (Suren 8:30; 61:8; 2:217 u. a.). J. ist eine Pflicht der Gemeinschaft der Muslime, die ständig verfolgt werden muss. Gemäß dem islam. Recht müssen bei der Ausrufung des J. bestimmte Regeln eingehalten werden: Zunächst ein Aufruf an die Ungläubigen, den Islam anzunehmen bzw. an die Juden und Christen, die Herrschaft der Muslime anzuerkennen. Nach einer Bedenkzeit wird dann der Krieg begonnen. Die J.-Doktrin erfuhr verschiedene Umdeutungen, als Friedensschlüsse mit nichtmuslim. Herrschern unumgänglich wurden. Im Ersten Weltkrieg bemühten sich die Osmanen mit deutscher Unterstützung ohne großen Erfolg, durch den Aufruf zum J. die muslim. Bevölkerung zum Kampf gegen ihre britischen Besatzer anzustacheln. In der Moderne gehört das Konzept des J. zur Rhetorik radikaler islam. Bewegungen und auch muslim. Staaten bei der Abgrenzung von und der Auseinandersetzung mit dem Westen. *Sz*

Lit.: Khadduri, M.: *War and Peace in the Law of Islam*, 1962. – Peters, R.: *Islam and Colonialism. The Doctrine of Jihad in Modern History*, 1979. – Polanz, C.: *Das ganze Leben als Ǧihād. Yūsuf al-Qaraḍāwī und der multidimensionale Einsatz auf dem Wege Allahs*, 2016.

Judentum. Im → Koran gelten die Juden neben den Polytheisten als die eigentlichen Widersacher → Muḥammads; dennoch genießen sie als → Schriftbesitzer den Schutz der Muslime. Muḥammad, der zunächst um eine Annäherung an die Juden bemüht war, änderte, als er dabei auf Widerstand stieß, seine Politik und vertrieb die Juden aus → Medina. Im Gegensatz zu den Verhältnissen im mittelalterlichen Europa war die Lage der Juden im Islam im Allgemeinen nicht schlecht. Oft kam es bei ihnen zu kultureller Blüte und wirtschaftlichem Wohlstand; Ghettoisierung, etwa in Marokko, blieb die Ausnahme. Große jüd. Gemeinden gab es in Spanien, Marokko, Tunesien (Djerba), Kairo, Bagdad, Jemen und Iran (Isfahan). Seit der Gründung Israels haben die meisten arab. Juden ihre Heimat verlassen. Der Palästinakonflikt hat die Beziehungen zwischen Islam und J. stark belastet und zu einer Wiederbelebung des frühislam. Antagonismus geführt. *Schö*

Lit.: Bouman, J.: *Der Koran und die Juden. Die Geschichte einer Tragödie*, 1990. – Busse, H.: *Die theologischen Beziehungen des Islams zu Judentum und Christentum*, 1991. – Cohen, M. R.: *Unter Kreuz und Halbmond. Die Juden im Mittelalter*, 2005. – Goitein, S. D.: *Jews and Arabs. Their Contacts Through the Ages*, 1974. – Lewis, B.: *Die Juden in der islamischen Welt*, 1987. – Stillman, N. A.: *The Jews of Arab Lands*, 1979.

Jüngstes Gericht (arab. *yaum ad-dīn*, *yaum al-qiyāma*). Das nahe bevorstehende Weltende mit dem J. G. ist ein zentrales Motiv schon der ältesten Suren des Korans, wo es in eindringlichen Bildern heraufbeschworen wird (z.B. 69:18–37, 81, 82, 84, 99, 101). Das im eschatolog. Schrifttum gezeichnete Bild der erwarteten Ereignisse beruht nur in Teilen auf dem Koran und kann im Detail stark variieren. Danach kündigt sich das Ende durch Vorzeichen an, besonders das Erscheinen des apokalypt. Wesens (arab. *dajjāl*), das aber vom Messias oder Mahdi (für die Zwölferschiiten der zwölfte Imam) besiegt wird. Nach dem ersten Trompetenstoß des → Engels Isrāʿīl wird der Makrokosmos vernichtet, analog zum Tod des Mikrokosmos → Mensch. Die Einheit Gottes wird hier manifest, indem allein Gott fortexistiert. Durch einen zweiten Trompetenstoß werden alle Toten wiedererweckt (→ Auferstehung). Die auferstandenen Menschen sowie Dämonen und Engel werden zum Gericht versammelt, bei dem die Taten jedes von ihnen auf einer Waage gewogen werden. Die Taten des Einzelnen sind in einem Buch verzeichnet, das den Frommen in die rechte, den Sündern in die linke Hand gegeben wird. Nur die Gerechten passieren die Brücke (arab. *ṣirāṭ*) über den Abgrund der Hölle hinüber ins Paradies. Hierbei hilft die Fürsprache des Propheten oder (von der strengen Orthodoxie bestritten) anderer hervorragender Menschen. Da Gott allwissend ist, findet im Gericht keine Urteilsfindung statt, sondern nur die Verkündung. Das Konzept von Lohn und Strafe für die Taten im Diesseits ist eines der wichtigsten Themen der islam. Theologie. Die vorauszusetzende Verantwortlichkeit des Menschen wurde auch gegenüber der Prädestinationslehre aufrechterhalten. Endzeiterwartungen haben als moralische Zeitdiagnose oft eine unmittelbare politische Dimension. Im modernen Islam tritt die Schilderung des Gerichts selbst hinter der moral. Nutzanwendung für die Lebensführung im Diesseits zurück. *Ha*

Lit.: Chittick, W.: «Eschatology», in Nasr, S. (Hg.): *Islamic Spirituality. Foundations*, 1987, 378–409. – Smith, J. and Yazbeck Haddad, Y.: The *Islamic understanding of death and resurrection*, 2002. – Cook, D.: *Contemporary Muslim apocalyptic literature*, 2008. – Kaptein, L.: *Apocalypse and the Antichrist Dajjal in Islam. Ahmed Bijan's Eschatology Revisited*, 2011.

K

Kaaba (arab. *al-kaʿba al-musharrafa*, «die geehrte K.»), ein würfelförmiges Haus (12 x 10 x 15 m) in der Mitte der Großen Moschee von → Mekka. Zu ihr pilgern alljährlich Millionen von Gläubigen aus der ganzen Welt (→ Pilgerfahrt), und alle Muslime wenden sich beim Gebet in Richtung der K. Ihre Bedeutung für die Muslime rührt daher, dass sie in der islam. Tradition als das «erste Haus Gottes auf Erden» gilt (Sure 3:96). Die Propheten → Abraham und Ismāʿīl gelten als ihre Erbauer (Sure 2:127). Im Raum der K., gegenüber der nordwestlichen Mauer, befinden sich die Gräber von Ismāʿīl und seiner Mutter Hāgar. Unweit davon, zwischen dem *bāb banī Shaiba* und der K., steht der in Sure 2:125 erwähnte *maqām Ibrāhīm* (arab. «Ort Abrahams»), wo Abraham sich beim Erbauen der K. aufgehalten haben soll. Der *maqām Ibrāhīm* wird in jener Stelle des Korans als «die zum Gebet geeignete Stelle» bezeichnet. Abraham wurde von Gott aufgetragen, er solle die Menschen zur Wallfahrt zu diesem heiligen Ort aufrufen, «und sie werden zu dir aus allen Enden und Ecken kommen» (Sure 22:27). Ein weiterer Grund für die Heiligkeit der K. im Islam ist der darin eingemeißelte «Schwarze Stein». Der Prophet Muḥammad soll ihn selber bei einer Renovierung der K. kurz vor der Verkündung des Islams in seinem Kleid hineingetragen und damit eine Streitigkeit unter den Mekkanern beendet haben. Jedes Jahr, kurz vor der Pilgerzeit, wird die K. gewaschen und zeitweilig mit einem weißen Überzug bedeckt. Am Ende der Pilgerfahrt bekommt sie einen neuen, aus schwarzem Brokat angefertigten Überzug (arab. *kiswat al-kaʿba*). Aus diesem Anlass findet alljährlich die Zeremonie der Bekleidung der K. statt, die der Emir der Region Mekka anführt und zu der Mitglieder der diplomat. Vertretungen der islam. Welt in Saudi-Arabien, Leiter der Pilgermissionen aus aller Welt und Mitglieder der königlichen Familie eingeladen werden. Dabei werden auch die Vorbereitungen zur Pilgerfahrt und entsprechende Sicherheitsmaßnahmen überprüft. Um die K. ranken sich viele Legenden. *Ra*

Lit.: Gonda, A.: *Die Kiswa der Ka'aba in Makka*, 1989. – Sourdel-Thomine, J.: *Clefs et serrures de la Ka'aba. Notes d'epigraphie arabe*, 1971.

Kadi (arab. *qāḍī*, «Richter»), speziell der Richter nach islam. → Recht. Die Autorität des K. und seiner Urteile beruht auf der genauen Beachtung des religiösen Rechts, wobei dem Beweisrecht eine besondere Stellung zukommt. Die darin festgelegte Beschränkung der richterlichen Untersuchungskompetenzen, welche keine inquisitor. Befragung von Beschuldigten und Zeugen zuließ, wurde in der Geschichte früh durch die Übertragung von polizeilichen und richterlichen Aufgaben an obrigkeitliche Beamte ausgeglichen. In der Neuzeit steht der K. in den meisten Ländern in Konkurrenz zu im staatlichen Recht ausgebildeten Richtern. Seine Gerichtsbarkeit beschränkt sich zumeist auf einen Kernbereich des Ehe-, Familien- und → Erbrechts sowie den der religiösen → Stiftungen. *Mü*

Kaffeehaus. Durch die Verbreitung der Kaffeehäuser im Vorderen Orient seit dem 16. und 17. Jh. wurde Männern die Möglichkeit gegeben, auf respektable Weise auszugehen und sich über aktuelle Ereignisse zu informieren. Das traditionelle K. ist ein Ort der Männer geblieben. Inzwischen gibt es in den meisten Städten auch moderne Cafés, Restaurants, Eisdielen, Kinos u.a. Orte, an denen Männer und Frauen sich treffen können. Insbesondere in den älteren Stadtvierteln sind die Kaffeehäuser jedoch immer noch eine nicht wegzudenkende Institution. Während des → Ramadan werden dort abends Heldenepen oder Geschichten aus → Tausendundeiner Nacht erzählt, eine Tradition, die heute oft zu einer Touristenattraktion geworden ist. *Sto*

Lit.: Hattox, P.: *Coffee and Coffeehouses. The Origins of a Social Beverage in the Medieval Near East*, 1985. – Desmet-Grégoire, H./Georgeon, F. (Hg.): *Cafés d'orient revisités*, 1997. – Lemaire, G.-G.: *L'orient des Cafés*, 1990.

Kalender. Die muslim. Zeitrechnung beginnt mit dem Jahr der → Hijra, dem christlichen Jahr 622. Gerechnet wird nach dem Mondkalender, d.h., dass die Jahre kürzer sind als die des christlichen Sonnenkalenders. Das Jahr ist in zwölf Monate gegliedert. Besondere Bedeutung haben in religiöser Hinsicht der Fastenmonat Ramadan und der Monat Dhū al-Ḥijja, in dem die obligator. → Pilgerfahrt stattfindet. Die Woche hat sieben Tage, wobei der

→ Freitag dem gemeinsamen → Gebet bestimmt ist. Ein wöchentlicher Feiertag ist ursprünglich nicht vorgesehen, jedoch gilt in vielen Ländern der Freitag als Feiertag, an dem ebenso wie zu den kanon. → Festtagen weitgehend nicht gearbeitet wird. In den meisten Ländern der islam. Welt wird in der Gegenwart im Alltag nach dem christlichen Kalender gerechnet. *El*

Lit.: Schimmel, A.: *Das islamische Jahr*, 2001.

Kalifat, die Institution des weltlich-religiösen Herrschers in der muslim. Welt. Der Kalif (von arab. *khalīfat rasūl allāh*, «Vertreter des Gesandten Gottes») wird auch als *amīr al-mu'minīn* («Fürst der Gläubigen») oder *imām* («Vorbeter») bezeichnet. Eine erste Theorie des K. bietet al-Māwardī (974–1058) in seinem Werk *al-Aḥkām as-sulṭānīya* («Die Regeln der Herrschaft»). Demnach ist der Kalif für die Durchsetzung der Gesetze, die Verteidigung und Vergrößerung des Herrschaftsgebietes, die Verteilung von Beute und Almosen und die Überwachung der Regierung zuständig. Er ist Wächter des Glaubens und in seinem Handeln an die → Scharia gebunden. Der Theorie nach wird der Kalif gewählt, andere Stimmen erlauben ihm, einen Nachfolger zu ernennen. Die Wahl des Kalifen wird durch Anerkennung (arab. *bai'a*) bestätigt. Theoret. kann er abgesetzt werden, sollte er gegen die Scharia verstoßen. Das K. entstand nach dem Tod des Propheten Muḥammad, indem nacheinander Abū Bakr, 'Umar, 'Uthmān und → 'Alī durch Akklamation zum Anführer des muslim. Gemeinwesens bestellt wurden. Allgemein wurden sie als die «vier rechtgeleiteten Kalifen» bezeichnet. Nach Ansicht der → Schiiten ist das K. eigens für 'Alī geschaffen worden, weshalb sie die ersten drei Kalifen wie auch die Kalifen der → Dynastie der Umayyaden in Damaskus (661–750) und der 'Abbasiden in Bagdad (750–1258) ablehnen. Seit dem 10. Jh. verloren die 'abbasid. Kalifen zusehends ihre Macht an die Amire, militär. Führer und Provinzgouverneure, was die Autorität der Kalifen auf Rechtsfragen und geistliche Angelegenheiten reduzierte. Nach der seldschuk. Eroberung von Bagdad durch Tughril Beg 1057 wurde für diesen das Amt des → Sultans geschaffen, womit die bereits angelegte Aufteilung der Macht eine institutionelle Bestätigung erfuhr. Abkömmlinge der 'Abbasiden wurden noch bis 1517 durch die Mamluken in Kairo dazu benutzt, ihre Herrschaft zu legitimieren. Die osman. Herrscher in Istanbul strebten später danach, als *amīr al-mu'minīn* angesehen zu werden, vertraten diesen Anspruch aber nicht offiziell. Diese Unsicherheiten trugen dazu bei, dass die indischen Moguln im 16. und 17. Jh. den Titel für sich in Anspruch nehmen konnten. Das Ende des Mogulreiches im Jahre 1857 orientierte die muslim. Inder auf das K. in Istanbul als Zentrum des in dieser Phase des → Kolonialismus einzigen unabhängig verbliebenen Reichs der Muslime. Der osman. Sultan Abdülhamid II. (reg. 1876–1909) beanspruchte im Rahmen seiner panislam. Staatsideologie den Kalifentitel. Einerseits wollte er damit seine absolutist. Herrschaft legitimieren, andererseits versuchte er nach Gebietsverlusten an Russland vergeblich, die religiöse Führerschaft über die dortige muslim. Bevölkerung zu behalten. 1922 hob die türk. Nationalversammlung zunächst das Sultanat auf, 1924 setzte sie den letzten Kalifen Abdülmecid ab und beendete damit das K. Konkurrenz und nationalist. Ideen verhinderten den Konsens über eine Fortführung des K., König Ḥusain (reg. 1916–1924) aus dem Hedschas (Arab. Halbinsel) konnte nur wenig Unterstützung bei seinem Versuch finden, sich als Kalif zu etablieren. Ägypt. Gelehrte bemühten sich vergeblich, König Fu'ād zum Kalifen zu machen. Verschiedene Kongresse muslim. Gelehrter konnten das Problem ebenfalls nicht lösen. Gegenwärtig wird die Idee des K. noch in utop. Staatsvorstellungen islamist. Intellektueller als eine idealist. Form einer, zuweilen demokrat. legitimierten, weltlich-religiösen Führung gedacht, die im Rahmen einer egalitären islam. Weltgesellschaft für Gerechtigkeit sorgen soll. *Sz*

Lit.: Kennedy, H.: *Das Kalifat. Von Mohammeds Tod bis zum ‹Islamischen Staat›*, 2017.

Kalligraphie gilt im Islam als die Königin der Künste, als die Kunst schlechthin, deren Erfindung dem Vetter und Schwiegersohn des Propheten Muḥammad, → ʿAlī ibn Abī Ṭālib, zugeschrieben wird. Die Namen der großen Kalligraphen wurden von Anbeginn überliefert, und am Hof galt K. als Kunst, die selbst von Herrschern geübt werden konnte. K. hat es offensichtlich bereits in frühester islam. Zeit gegeben, für offizielle Inschriften und für Koran-Handschriften. Die Koran-Fragmente der Moschee von Sanaa, die in die umayyad. Zeit des 7.–8. Jh. datiert werden, zeigen eine exquisite, fein ausgewogene Schrift im sog. Kūfī-Duktus. Zu Beginn des

11. Jh. waren sechs Schriftarten verbreitet, die von den Meistern auch für den → Koran verwendet wurden. Zu unterscheiden ist dabei die lapidare Schrift, meist ein sog. Kūfī, und die kursive Schrift, die seit dem 11. Jh. auch für Koran-Exemplare verwendet wurde. Die Entwicklung fester Proportionsregeln für die K., die sich an einem Punktsystem orientieren, werden Yāqūt Mustaʿṣimī (gest. 1298) zugeschrieben. Auch in späterer Zeit galt das Kūfī als «heilige Schrift» und wurde gerne für Koran-Inschriften in Moscheen gebraucht. Jede Dynastie vertrat ihren eigenen Duktus in der K., die somit einen ikonograph. Gehalt erlangen kann. Heute zeichnet sich v. a. die Schrift der Palästinenser durch einen spezifischen Duktus aus, der gleichzeitig als polit. Manifest verstanden werden muss. (→ Bilderverbot, arab. Schrift) *Fi*

Lit.: Kühnel, E.: *Islamische Schriftkunst*, 1972. – Schimmel, A.: *Calligraphy and Islamic Culture*, 1984.

Khomeini, Ruhollah (1902–1989), seit 1922 Theologiestudent in Qom. 1937 begann er dort selbst zu unterrichten. K. spezialisierte sich auf die Gebiete Theologie, Ethik, Philosophie, Mystik und Gnostik. Bereits in einem 1944 erschienenen Buch hatte K. das Schah-Regime verurteilt. Seit 1960 begann er, die Regierung in seinen Ethikvorlesungen in Qom offen zu kritisieren. Nach mehreren Verhaftungen wurde K. 1964 ins türk. Exil geschickt, von wo aus er 1965 nach Nadschaf ging. Dort entwickelte er in Seminaren 1970 das Konzept des *wilāyat-i faqīh* (pers., «Herrschaft des Rechtsgelehrten»). Im Oktober 1978 musste er den Irak verlassen und verbrachte die letzten Monate seines Exils in Neauphle-le-Chateau bei Paris. K. wurde zur führenden Figur der iran. Revolution von 1979 und war das erste geistliche Oberhaupt (pers. *rahbar*) der Islam. Republik Iran. *Pi-Ha*

Lit.: Ajatollah Chomeini: *Der islamische Staat*, 1983. – Encke, U.: *Ayatollah Khomeini*, 1989. – Moin, B.: *Khomeini. Life of the Ayatollah*, 1999.

Kindheit. Eine Übergangsphase zwischen K. und dem Erwachsenenalter ist nach koran. Regelung nicht vorgesehen. Kinder gelten als sexuell unschuldig (Sure 24:31) und werden bis zum Erreichen der Mündigkeit zwischen zwölf und vierzehn Jahren vielfach nachsichtig behandelt. Unterweisung im → Koran und im Befolgen religiöser Vorschriften erfolgt in Koranschulen. Die erste Rezitation des gesamten Korans aus dem Gedächtnis und das erste Teilnehmen am Ramadanfasten sind wichtige Abschnitte auf dem Weg zur religiösen Mündigkeit. Kinder aus einer → Ehe mit einem muslim. Ehepartner gelten nach islam. Recht als Muslime. *Bo*

Lit.: Fernea, E. W. (Hg.): *Children in the Muslim Middle East*, 1995. – Köster, F.: *Religiöse Erziehung in den Weltreligionen. Hinduismus, Buddhismus, Islam*, 1986. – Rooke, T.: *In My Childhood: A Study of Arabic Autobiography*, 1997.

Kino. Schon kurz nach der Entstehung der ersten filmischen Produktionen der Brüder Lumière wurden diese zwischen 1896 und 1900 in Alexandria, Istanbul, Nordafrika und Teheran gezeigt, bald darauf wurde mit der Einrichtung erster Vorführsäle begonnen. Die ersten einheim. Kurzfilme entstanden 1922 in Tunesien, Ägypten und der Türkei, es folgten Dokumentar- und Spielfilme. Die Azhar-Universität verhinderte 1926 durch eine → Fatwa die Entstehung des Films eines türk. Produzenten, in dem der ägypt. Theaterstar Yūsuf Wahbī den Propheten spielen sollte. Gab es bis in die 1950er Jahre noch Proteste von Seiten islam. Organisationen gegen das Zeigen der Person Muḥammads auf der Leinwand, so machen sich heute viele islam. Gruppierungen das Medium Film zu eigen, indem sie religiöse Lehrfilme, Historienfilme aus der Frühzeit des Islams oder moralisierende Spielfilme als pädagog. Mittel einsetzen. Religiös motivierte Opposition gegen Filme richtet sich u. a. gegen das Zeigen von Gewalt, freizügiger Liebesszenen oder → Alkohol trinkender Muslime. Zu vielen K. hatten Frauen zunächst keinen Zutritt; nur in Iran wurden Ende der 1920er Jahre Vorführsäle für Frauen errichtet, in Syrien gab es Matineen für Frauen. Die ersten Tonfilme in Ägypten 1932 stellten gleichzeitig auch den Auftakt eines neuen Genres, des Musikfilms, dar. Komödien, Revuen und Melodramen wurden unter Mitwirkung bekannter Komponisten, Sängerinnen und Sänger gedreht und in die gesamte arab. Welt exportiert. Kairo avancierte zum Zentrum des arab. Films, genannt «Hollywood am Nil». Nach dem Erreichen ihrer Unabhängigkeit errichteten die meisten Staaten nationale Filmgesellschaften und Produktionsfirmen. Trotzdem ist die staatliche Förderung nicht besonders groß, viele Cineasten müssen mit einem kleinen Budget auskommen oder sich ausländ. Geldgeber suchen. Waren es neben Musikfilmen zunächst durch Nationalismus inspirierte Filme, die kulturelle Identität und Kolonialismus als Thema aufgriffen, so nahmen später kommerzielle Produktionen zu, bis sich seit dem Ende der 1960er Jahre eine neue Avantgarde progressiver Filmemacher bildete, welche vermehrt Sozialkritik darstellten. In Iran wurde nach der Revolution 1979 die Einführung eines Codes mit dem Ziel eines «Islam. K.» beschlossen, welches den religiösen Vorstellungen der Geistlichen Rechnung tragen sollte. Strenge Zensurbestimmungen polit. oder moral. Art ließen viele Regisseure emigrieren oder sich der Darstellung individueller und psycholog. Themen widmen. Trotz aller Schwierigkeiten haben viele Filmemacher, seit Mitte der 1980er Jahre darunter verstärkt Frauen, sich international einen Namen gemacht. In vielen ihrer Herkunftsländer hat sich eine interessante Szene mit Spielfilmen, Dokumentationen, Kurzfilmen, Videokunst und internationalen Festivals entwickelt. *Wei*

Lit.: Armes, R.: *New Voices in Arab Cinema*, 2015. – Basutçu, M.: *Le Cinéma Turc*, 1996. – Gugler, J. (Hg.): *Film in the Middle East and North Africa: Creative Dissidence*, 2011.

Kleidung. Abgesehen von regionalen Unterschieden zeichnet sich traditionelle K. in islam. Ländern meist durch lange, den Körper fließend umhüllende Gewänder und Kopfbedeckungen aus, die klimat. Bedingungen und islam. Moralvorstellungen gleichermaßen Rechnung tragen. Seit dem 19. Jh. veränderten sowohl die Übernahme westlicher Modevorstellungen in den Städten als auch staatliche Vorschriften die Kleidungsgewohnheiten. Die zunehmende polit. Einflussnahme Europas, der Import von industriell gefertigten Geweben sowie ein Wandel der Wertvorstellungen erfassten im 20. Jh. auch die ländlichen Gebiete und veränderten die bis dahin kaum betroffene K. der Frauen. Oft werden auch traditionelle mit europäischen Stilen kombiniert. Heute versteht man unter «islam. K.» keinen Rückgriff auf die Tradition, sondern das Ergebnis einer Anpassung europäisierter Kleidungsformen an islam. Moralvorstellungen. Islam. Frauenkleidung muss Arme und Beine vollständig bedecken und so weit sein, dass der Körper sich nicht abzeichnet. Ein langer Mantel europäischen Typs kann den Vorschriften nicht entsprechende K. außerhalb des Hauses verdecken. Zu dem Mantel wird ein bis auf die Schultern reichendes Kopftuch getragen (→ Schleier). Männer verleihen ihrer Frömmigkeit durch Aufsetzen eines runden weißen Käppchens Ausdruck, das der Kopfbedeckung des Propheten nachempfunden ist. Dazu gehört auch das Tragen eines Vollbarts. Die Krawatte wird als Symbol des Westens in einigen Ländern (z. B. in Iran) abgelehnt und durch ein Stehkragenhemd ersetzt. Mit der Zunahme islamist.-fundamentalist. Ideologien (→ Fundamentalismus) ist die K. unter Muslimen, v. a. unter muslim. Frauen, in früher nicht gekanntem Ausmaß zum Kennzeichen religiös-polit. Gesinnung geworden. *Sto*

Lit.: Rugh, A.: *Reveal and Conceal. Dress in Contemporary Egypt*, 1987. – Stillman, Y. K.: *Arab Dress. A Short History. From the Dawn of Islam to Modern Times*, 2000.

Klitorisamputation, in einigen islam. Ländern Afrikas, heute auch in der muslim. Diaspora praktizierte Operation, in der Mädchen im Alter zwischen fünf und acht Jahren Teile der oder die ganze Klitoris entfernt wird. Bei der in afrikan. Ländern verbreiteten sog. «Pharaon. Beschneidung» (medizin. Infibulation) werden alle äußeren Geschlechtsteile entfernt und die entstehende Öffnung in einigen Fällen bis auf Stecknadelkopfgröße zusammengenäht. Betroffene nennen dies eine traumat. Erfahrung; spätere Komplikationen bei Menstruation und Geburt verursachen Krankheiten und Todesfälle. Obwohl vorislam., wird sie in ländlichen Gebieten Ägyptens und im Sudan als → Sunna, als religiöse Pflicht, verstanden. Nichtregierungsorganisationen versuchen international wie in den betroffenen Ländern Öffentlichkeit und religiöse Autoritäten zur Aufgabe dieser Praxis zu bewegen und vorhandene Verbote der K. durchzusetzen. *Bo*

Lit.: Hosken, F. P.: *The Hosken Report, Genital and Sexual Mutilation of Females*, 1979. – Lightfoot-Klein, H.: *Das grausame Ritual*, 1992. – Kölling, A.: *Weibliche Genitalverstümmelung im Diskurs. Exemplarische Analysen zu Erscheinungsformen, Begründungsmustern und Bekämpfungsstrategien*, 2008.

Körperstrafen. Das islam. → Recht kennt K. zum einen für die im Koran festgelegten Vergehen gegen die «Rechte Gottes», die sog. *ḥadd*-Delikte. Hierzu zählen Diebstahl (Abhacken der rechten Hand), Ehebruch (Steinigung), die Verleumdung als Ehebrecher (80 Peitschenhiebe), das Trinken berauschender Getränke (Peitschenhiebe), Straßenraub (Hinrichtung) sowie der Abfall vom Islam (Kreuzigung). Diese Strafen werden im vollen Umfang nur dann verhängt, wenn sie den Straftatbeständen genau entsprechen

(→ Strafrecht) sowie nach genau festgelegten Regeln der Beweisführung, zumeist durch eine bestimmte Anzahl von Zeugen, bewiesen sind. Daneben werden K., in der Regel die Auspeitschung, als sog. «Ermessensstrafen» (arab. *taʿzīr*) in minderer Form dann eingesetzt, wenn ein Vergehen gegen die «Rechte Gottes» nicht vollständig nachgewiesen werden konnte. Auch andere Delikte (etwa Betrug) können nach richterlichem Ermessen mit K. geahndet werden. *Mü*

Lit.: → Strafrecht

Kolonialismus, eine «Herrschaftsbeziehung zwischen Kollektiven, bei welcher die fundamentalen Entscheidungen über die Lebensführung der Kolonisierten durch eine kulturell andersartige und kaum anpassungswillige Minderheit von Kolonialherren unter vorrangiger Berücksichtigung externer Interessen getroffen und tatsächlich durchgesetzt werden» (J. Osterhammel). Das Formenspektrum des K. reicht von der Zerstörung des vorkolonialen Herrschaftssystems und Übernahme der Verwaltungs- und Machtstrukturen durch die Kolonialisten über den Aufbau einer indirekten Kontrolle der Kolonie zur Sicherung eigener Wirtschaftsinteressen bis hin zur Ausübung eines repressiven Druckes durch die Kolonialmacht. Für die Zeit seit dem Ende des 19. Jh. wird der K. als Imperialismus bezeichnet, wobei hierunter alle polit. Anstrengungen subsumiert werden können, die ein Staat zur Schaffung und Erhaltung eines Imperiums unternimmt. In der islam. Welt begann die Kolonialzeit im 16. Jh., als Portugal einzelne Niederlassungen im Indischen Ozean gründete. Anfang des 17. Jh. erwarben die Niederlande Teile Südostasiens, während Frankreich in die Region des Senegal einfiel. 1760 begann die britische Durchdringung der nordind. Region Bengalen. Im östlichen Mittelmeerraum verursachte Napoleons Einmarsch in Ägypten (1798) zwar für die muslim. Gebiete gewisse Erschütterungen, führte jedoch nicht zu einer dauerhaften Okkupation des Landes. Im Jahre 1830 besetzten die Franzosen Algier, während die Briten gleichzeitig eine polit. Vormachtstellung in Nordindien einnehmen konnten. Zwischen 1830 und 1880 musste Ägypten seine Wirtschaft für europäische Interessen öffnen und verlor großenteils seine staatliche Souveränität. Gleichzeitig wurden in Asien und Afrika die kolonialen Grenzen festgelegt, die lange Zeit Bestand haben sollten. Das russische Zarenreich drang in den Kaukasus und nach Zentralasien vor, Frankreich eroberte Westafrika und den westlichen Maghreb (1881 Tunesien, 1912 Marokko), und 1882 besetzten die Briten Ägypten. Hier – wie auch in Marokko und Algerien – fanden die neuen Kolonialherren proto-nationalist. Strukturen vor, welche dazu beitrugen, dass die Bewohner dieser Gebiete die Kolonialherrschaft mehr als anderswo als unrechtmäßig ansahen. Ein neuer Kolonisierungsschub setzte nach dem Ersten Weltkrieg mit der Aufteilung des Osman. Reiches ein. Syrien und der Libanon kamen unter französ., Palästina, Transjordanien und der Irak unter britische Verwaltung. Seine größte Ausdehnung in der Geschichte hatte der K. in den 1920er Jahren. Die Kolonialmächte schienen sich auf Dauer in ihren Kolonien einrichten zu wollen. Die Verwaltung wurde nach «wissenschaftlichen» Kriterien geordnet und vereinheitlicht, die Infrastruktur in den Regionen stark verbessert und eine koloniale Exportwirtschaft aufgebaut, welche den Kolonien den Status von Rohstofflieferanten für die entwickelten Industrien Europas aufzwang. Obgleich diese Bemühungen auch nach dem Zweiten Weltkrieg fortgesetzt und z. T. sogar verstärkt wurden, begann die Zeit der «Dekolonisierung» der nunmehr sog. Dritten Welt. Die Völkerbundmandate im Nahen Osten wurden aufgehoben und die meisten Kolonien in die Unabhängigkeit entlassen: 1945 Indonesien; 1946 Syrien-Libanon; 1947 Indien; 1948 Israel; 1952 Libyen; 1956 Tunesien und Marokko; 1957 die «Malaiische Föderation»; 1962 Algerien. Der K. und die damit seit dem ausgehenden 19. Jh. verbundene Überzeugung der Kolonialherren von ihrer eigenen kulturellen Höherwertigkeit hat in den einheim. Kulturen deutliche Spuren hinterlassen. Der Kontakt mit der expansiven westlichen Zivilisation führte zu einer Bewusstseinsveränderung. Es ist zwar kaum einmal zum völligen Umsturz präkolonialer Weltsichten und Lebensführungen gekommen, doch lässt sich eine Infragestellung kultureller Selbstverständlichkeiten feststellen. Die Verarbeitung der Konfrontation mit dem europäischen Denken hat zu grundlegenden mentalen Veränderungen des Individuums wie der Gesellschaften geführt, ohne dass sich allerdings westliche Denkweisen ungebrochen hätten durchsetzen können. *Co*

Lit.: Kiernan, V. G.: *European Empires from Conquest to Collapse, 1815–1960*, 1982. – Dirks, N. B. (Hg.): *Colonialism and Culture*, 1992. – Osterhammel, J.:

Kolonialismus, 1995. – Bentlage, B. (Hg.): *Religious dynamics under the impact of imperialism and colonialism. A sourcebook*, 2016.

Konversion, allgemein der Übertritt von einer Religion zu einer anderen. Meist besteht der Konversionsakt zum Islam darin, das → Glaubensbekenntnis vor muslim. Zeugen auszusprechen und einen islam. → Personennamen anzunehmen; aus Hans Müller wird z. B. Muḥammad Müller. Oft wird die K. von Behörden islam. Länder offiziell beurkundet. In der Zeit der Ausbreitung des Islams konvertierten Bewohner der eroberten Länder massenhaft, zum Teil, um der → Steuer für Nichtmuslime zu entgehen. Fast alle islam. Gelehrte schreiben die K. von Männern vor, die eine Muslimin heiraten wollen. Umgekehrt gilt das nicht. Über die Zahl der Konvertiten in → Deutschland liegen nur Schätzungen vor (2013: 13 000–100 000). K. von Muslimen zu anderen Religionen kommt zwar vor, wird aber von den Gelehrten im Allgemeinen als → Apostasie beurteilt und kann mit dem Tode bestraft werden. *El*

Lit.: Käsehage, N.: *Konversion zum Islam innerhalb Deutschlands – Unter besonderer Berücksichtigung verfassungsrechtlicher Fragen*, 2016.

Koran (arab. *qur'ān*, «Vortrag» oder «Lesung», oft auch *al-kitāb*, «das Buch», oder *muṣḥaf* «Codex» genannt), die Heilige Offenbarungsschrift des Islams. Formal besteht der K. aus 114 → Suren. Zu Zwecken der → Koranrezitation, etwa während des → Ramadan, ist er in 30 etwa gleich lange Abschnitte unterteilt, die ihrerseits untergliedert sein können. Die Suren entsprechen keinen themat. Abschnitten, wie überhaupt der K. – von einzelnen Surenteilen abgesehen – keine inhaltliche Ordnung oder Systematik aufweist. Nach islam. Verständnis geht der K. auf ein bei → Gott verborgenes «Ur-Buch» zurück, das als «wohlverwahrte Tafel» (Sure 85:22) beschrieben wird. Die Kontroverse um die Natur des koran. Wortlauts, der entweder als geschaffen oder als in Ewigkeit existierend angesehen wurde, prägte für Jahrhunderte die innerislam. Diskussion zwischen orthodoxen → Sunniten und rationalist. Gruppierungen (Muʿtazila). Darüber hinaus gilt der K. als Gottes Wort, als eine sprachliche Theophanie. Parallelen bestehen zwischen der Stellung des K. im Islam und der Figur → Jesu im → Christentum: Beide sind Gottes Wort, als Text («Inlibration») oder als Mensch (Inkarnation). Wie Jesus als «Buch des Lebens» (*liber vitae*) gelten mag, so «verkörpert» der K. die → Offenbarung textlich. Der heutige Wortlaut des K. ist nicht einheitlich, sondern umfasst phonet., orthograph. und syntakt. Varianten, die auf verschiedene Rezensionen zurückgehen. Eine nach philolog. Maßstäben erarbeitete, textkrit. Ausgabe, die sämtliche Lesarten berücksichtigt, steht bisher jedoch noch aus. Daneben sind in der islam. Überlieferung (→ Hadith) Passagen bekannt, die zunächst Bestandteil des K. waren, vor → Muḥammads Tod aber entfernt oder modifiziert wurden; auch innerhalb des K. finden sich Verse, deren Aussage durch später offenbarte Verse abgeschwächt, geändert oder außer Kraft gesetzt wurde. Dieses Entfernen, Außerkraftsetzen oder Verändern, als «Abrogation» (arab. *naskh*) bezeichnet, hat ein umfangreiches islam. Schrifttum hervorgebracht. Der Wortlaut des K. besteht aus den Offenbarungen, die Muḥammad zwischen 610 und 632 zuerst in → Mekka, dann in → Medina empfangen hat. Der Prophet, der nach islam. Überzeugung des Lesens und Schreibens unkundig war, beschäftigte Sekretäre, die die einzelnen, Stück für Stück mitgeteilten Offenbarungen festhielten; viele Gläubige im Umfeld Muḥammads wussten den K. auch auswendig. Als Schreibmaterialien dienten zuerst Knochen, Palmrispen, Häute u. a. Zur eigentlichen Sammlung des K., der Basis der heutigen «kanon.» Textgestalt, kam es nach dem Tod des Propheten, als laut islam. Tradition unter den beiden ersten → Kalifen Abū Bakr und ʿUmar die niedergeschriebenen Texte zunächst gesammelt wurden, bevor sie auf Initiative des dritten Kalifen ʿUthmān (644–656) zur sog. «ʿuthmān. Rezension» zusammengestellt wurden. Die → Schiiten vertreten die Auffassung, dass dabei einige Passagen aus dem K. getilgt wurden, die den besonderen Status → ʿAlīs zum Gegenstand hatten, obwohl der von den Schiiten verwendete Korantext der sunnit. Fassung entspricht. Die jüngst bekannt gewordenen Koranhandschriften aus dem Jemen, die auf das 1. islam. Jh. zurückgehen, lassen darauf schließen, dass die Einheitlichkeit des koran. Wortlauts noch einige Zeit nach der «ʿuthmān. Rezension» nicht gewährleistet war. In den letzten Jahren hat sich eine Debatte über Ursprung und Entstehung des K.s entwickelt, die 2000 durch die Veröffentlichung von Christoph Luxenbergs Buch *Die syro-aramäische Lesart des Koran* angestoßen wurde. Die dort und in weiteren Schriften vertretenen Thesen stehen im Gegensatz zur islam. Tradition und legen eine andere, im Detail aber nicht genau fassbare Entstehung des K.s nahe.

Die deutsche Islamwissenschaft steht diesen Thesen mehrheitlich kritisch gegenüber, aber die Debatte ist noch im Gang, und ein endgültiges Urteil zum jetzigen Zeitpunkt wäre verfrüht. Der K. besitzt keine inhaltliche Systematik, weshalb für die ausführliche Beschäftigung mit ihm – weiß man ihn nicht auswendig – eine Konkordanz unerlässlich ist. Die im K. angesprochenen Hauptthemen bestehen aus der Eschatologie (→ Hölle und Paradies, das → Jüngste Gericht), Stoffen der → Bibel, ethischen Maximen, Rechtsvorschriften und theolog. Diskussionen (Bekämpfung des Polytheismus, Überwindung des Juden- und Christentums, Darlegung des islam. Monotheismus). Dieser inhaltlichen Vielfalt entspricht eine Form- und Stilmannigfaltigkeit: Drohreden wechseln mit sog. «Straflegenden» (Berichte über Völker, die der Offenbarung Gottes zuwiderhandelten), hymnische Abschnitte mit Schwurformeln, liturg. Texte mit Gebeten, Gleichnisse mit rituellen Anweisungen, Erzählungen mit Gesetzestexten ab. Oft werden die Themen und Stoffe nicht ausführlich präsentiert, sondern nur angedeutet oder kurz zitiert, so dass ein genaueres Verständnis vieler Stellen auf die → Koranexegese angewiesen ist. Das bedeutet, dass eine «einfache Lektüre» des K. unmöglich ist; auch eignet er sich nicht ohne Weiteres als Argumentationsgrundlage im interreligiösen Diskurs (schon gar nicht in Übersetzung): Der K. ist weniger ein Text, der Lehren vermittelt, als ein Text, der schon bekannte Lehren kondensiert und sprachlich anspruchsvoll formuliert; er ist weder ein theolog. noch ein rechtlicher Traktat, sondern in erster Linie für den liturg. Gebrauch (→ Koranrezitation) und die → Predigt bestimmt. Abgesehen von den Problemen der → Koranübersetzung bleiben deshalb viele Passagen ohne die Kenntnis des geschichtlichen Hintergrunds und der → arab. Sprache wenn nicht verschlossen, so doch unklar. Des Weiteren enthält der K. zwar einige relativ exakt formulierte Rechtsvorschriften, diese betreffen aber insgesamt nur wenige Probleme. Der weitaus größte Teil des islam. → Rechts lässt sich nicht allein auf der Grundlage des K. behandeln. Die sprachliche Form des K. ist durch Reimprosa (arab. *saj'*) gekennzeichnet: Die einzelnen Verse folgen keiner festen Metrik; die Versenden sind reimgebunden, wobei der Reim innerhalb einer Sure wechseln kann. Diese koran. Sprachgestalt ist tatsächlich sui generis und vermittelt fast durchweg einen hymnischen Eindruck. Für die Muslime erweist sich in dieser sprachlichen Unvergleichlichkeit (arab. *iʿǧāz*) der göttliche Ursprung des K., und er gilt als das wichtigste Beglaubigungswunder für Muḥammads Prophetentum. Dass hier, ganz abgesehen von der Komplexität der arab. Sprache, ein großes Problem für die Koranübersetzung liegt, versteht sich von selbst. Wer den K. nicht im Original rezipieren kann, für den ist der ästhet. Reiz der unverwechselbaren koran. Sprachlichkeit verloren. Angesichts der Einzigartigkeit des K. ist die in der Orientalistik oft gestellte Frage nach den Quellen der koran. Botschaft weniger von Belang. Ohne Zweifel finden sich im K. viele Elemente aus der jüdischen und christlichen Überlieferung, wobei eher die außerkanon. Schriften (Haggada, neutestamentliche Apokryphen) als die Bibel selbst in Betracht kommen; die im K. zu findenden Fremdwörter gehen auf den Sprachgebrauch der Juden oder Christen zurück. Die Übernahme von Begriffen und Motiven beweist aber nichts anderes als die Einbindung der islam. Religion in den Kontext des nahöstlichen, zur Zeit Muḥammads v. a. vom Juden- und Christentum geprägten Monotheismus: Wie das Christentum aus dem Judentum hervorgegangen ist, so entwickelte sich der Islam vor dem Hintergrund dieser beiden Religionen und brachte etwas Neues hervor, nicht zuletzt die ganz eigene Form des K. Der K. ist seit gut 1400 Jahren das zentrale Dokument der islam. Kultur. Er prägt diese so tief, dass seine Rolle mit keiner Heiligen Schrift in anderen Weltreligionen verglichen werden kann. Die arab. Idiomatik und die modernen Islamsprachen sind mit koran. Wendungen durchsetzt. Ohne den Rückgriff auf den K. sind viele Anspielungen in der → arab. Literatur u. a. Literaturen islam. Länder unverständlich, und nicht umsonst ist heute der K., nicht die Bibel, das sprichwörtliche Beispiel eines Heiligen Buches. Die besondere Heiligkeit des K. als materieller Gegenstand und Buch kommt dadurch zum Ausdruck, dass es Nichtmuslimen im Prinzip – die → Rechtsschulen sind sich hier uneins – nicht gestattet ist, ein Exemplar zu berühren; noch dürfen sie es besitzen oder herstellen; früher war auch die Mitnahme eines K. in nichtmuslim. Gebiete untersagt. Auf dem Gebiet der Kunst war es die → Kalligraphie, die Meisterwerke hervorbrachte, wenn es darum ging, den K. in visueller Perfektion zu präsentieren; die Rolle der koran. Kalligraphie kann dabei am besten mit dem Anfertigen von Altarbildern und Ikonen im Christentum verglichen werden. Koran. Verse zieren nicht nur → Moscheen, Medresen und Grabsteine, sondern oft auch das Innere von Privathäusern und die Karosserien von Autos und Bussen; Exemplare des K. finden sich allerorten, seine Präsenz hat nicht selten amulettartigen Charakter. Die wortgetreue Überlieferung und das Auswendiglernen des Korantexts bildeten einen wichtigen Zweig der islam. Gelehrsamkeit, bis in der Moderne der → Buchdruck dieser Beschäftigung viel an Bedeutung genommen hat. Der erste Druck eines arab. K. entstand um 1537 in Venedig, doch westliche Drucke fanden keine Verbreitung in der islam. Welt. Die von der Azhar-Universität in Kairo seit 1923 vertriebene Koranausgabe folgt der am weitesten verbreiteten Rezension (Lesart) und wird heute als Standardausgabe bei jeder Beschäftigung mit dem K. zugrundegelegt. Im Maghreb ist bis heute eine eigene Rezension in Gebrauch, die ebenfalls allgemein anerkannt ist. 2007 wurde an der Berlin-Brandenburgischen Akademie der Wissenschaften mit dem Forschungsprojekt «Corpus Coranicum» das bisher größte Editionsunternehmen im Rahmen der K.-Forschung ins Leben gerufen. Ziel ist eine kritische Edition des K.-Textes und eine umfassende Kommentierung. *Schö*

Lit.: Berque, J.: *Der Koran neu gelesen*, 1996. – Bobzin, H.: *Der Koran. Eine Einführung*, 2007. – Burgmer, C. (Hg.): *Streit um den Koran. Die Luxenberg-Debatte*, 2007. – Cook, M.: *Der Koran. Eine kurze Einführung*, 2002. – Horovitz, J.: *Koranische Untersuchungen*, 1926. – Luxenberg, C.: *Die syro-aramäische Lesart des Koran*, 2007. – McAuliffe, J. D. (Hg.): *The Encyclopaedia of the Qur'ān*, 5 Bde., 2001–2006. – Nagel, T.: *Der Koran. Einführung, Texte, Erläuterungen*, 1998. – Paret, R.: *Mohammed und der Koran*, 2005. – Ders. (Hg.): *Der Koran*, 1981. – Watt, W. M.: *Bell's Introduction to the Qur'ān*, 1991. – Zirker, H.: *Der Koran. Zugänge und Lesarten*, 1999.

Koranexegese (arab. *tafsīr*, «Erklärung», oder *ta'wīl*, «Ausdeutung»). Im Unterschied zur Bibelexegese im → Christentum konzentriert sich die K. mehr auf den «äußeren Sinn» (Literalsinn) und weniger auf den inneren Sinn (allegor. Exegese). Sie diente von Anfang an der Erklärung einzelner Wörter und Sätze: Es ist oft nicht die Frage, welche Bedeutung eine koran. Aussage hat oder haben könnte, sondern zunächst, welche Aussage überhaupt vorliegt. In den ersten Jahrhunderten herrschte die glossierende Exegese vor, die nur kurze Erklärungen gibt, wobei Synonyme genannt oder Passagen paraphrasiert wurden. Daneben entstanden Lexika, die sich mit dem schwierigen Vokabular des Korans beschäftigen. Die Interpretation des Literalsinns ist bis heute zentral, obwohl dogmat. Verengung und nachlassende sprachliche Kompetenz oft dazu führen, dass weniger genau und unbefangen mit dem Text umgegangen wird. Die übliche Form der K. ist der fortlaufende Kommentar: Ein oder mehrere Verse werden im Wortlaut zitiert, anschließend folgen die Erläuterungen; bis in die Moderne gab es keine Schriften, die den Koran nach themat. Gesichtspunkten kommentierten. Selbst die exeget. Techniken waren lange Zeit unsystematisiert, und erst seit dem 14. Jh. wurden Handbücher der K. verfasst, etwa *al-Itqān fī ʿulūm al-qurʾān* («Die Vollendung der Koranwissenschaften») von al-Suyūṭī (gest. 1505), das bis heute als Standardwerk gilt. Viele Sparten der K. dienen spezifischen Bedürfnissen, zumal das Material von einzelnen → Gelehrten kaum zu überschauen ist. So kommentierten manche nur diejenigen Verse, die im → Recht von Bedeutung waren. Daneben gibt es mystische Korankommentare, die dem Literalsinn wenig Beachtung schenken und sich der Aufdeckung des inneren Sinns (arab. *bāṭin*) widmen. Zwischen sunnit. und schiit. K. bestehen Unterschiede auf der inhaltlichen Ebene: Das Augenmerk der → Schiiten liegt dabei auf der Person → ʿAlīs und dem schiit. Imamat. Außerdem wurden die «Gründe der Offenbarung» (arab. *asbāb an-nuzūl*) gesammelt, d. h. Überlieferungen, die von den Ereignissen berichten, die zur Offenbarung von Koranversen geführt hatten. Diese Überlieferungen geben Hinweise darauf, was in einem Vers konkret gemeint ist; die meisten von ihnen sind Teil der → Sunna und der Prophetenbiographie. Das erklärt auch die Abneigung der Muslime, die Quellen über das Leben → Muḥammads kritisch zu untersuchen, denn die Preisgabe der Prophetenbiographie hätte indirekt zur Folge, dass der koran. Wortlaut an vielen Stellen unklar bliebe. Die K. der letzten beiden Jahrhunderte ist v. a. eine Abkehr von traditionellen Sichtweisen. Die geistige Auseinandersetzung mit dem Westen, etwa im Korankommentar von Muḥammad → ʿAbduh, brachte eine Konzentration auf diejenigen Punkte, die der Apologetik dienen oder Probleme des technischen Fortschritts behandeln. Dies gilt auch für die neueren Versuche, den Koran auf den Grundlagen westlicher Wissenschaft zu interpretieren; die Anwendung moderner literaturwissenschaftlicher Methoden, etwa durch N. H. Abū Zaid und M. Arkoun, hatten dagegen kaum Einfluss und stießen mehrheitlich auf Ablehnung. Den größten Bruch mit der Tradition bildet die moderne Abkehr vom Prinzip der Meinungsvielfalt (arab.

ikhtilāf). Besonders fundamentalist. Gruppierungen sehen die K. als Mittel, um doktrinäre Meinungen oder polit. Ideologien zu vermitteln, wobei sie sich auf den bekannten Kommentar von Sayyid → Quṭb berufen können. Der undogmat. Charakter der vormodernen K. macht aber ihre Bedeutung und ihren Reiz aus; die Anerkennung verschiedener Deutungen steht dabei im Zentrum dessen, was zu Recht als «Humanismus» bezeichnet worden ist (→ Toleranz). Trotz ihrer Bedeutung und Reichhaltigkeit ist die K. noch weitgehend unerforscht, obwohl besonders die kürzlich publizierten Kommentare des 8. Jh. auch ein neues Licht auf die Frühzeit des Islams werfen. Ein deutscher Korankommentar, der für den interkonfessionellen Dialog konzipiert ist, wurde von A. Th. Khoury erstellt. Es handelt sich dabei um das umfassendste Werk zum Koran in deutscher Sprache. *Schö*

Lit.: Baljon, J. M. S.: *Modern Muslim Koran Interpretation*, 1961. – Gätje, H.: *Koran und Koranexegese*, 1971. – Gilliot, C.: *Exégèse, langue, et théologie en Islam*, 1990. – Goldziher, I.: *Die Richtungen der islamischen Koranauslegung*, 1920 (mehrfach nachgedruckt). – Körner, F.: *Alter Text – neuer Kontext. Koranhermeneutik in der Türkei heute*, 2006. – Krawulsky, D.: *Eine Einführung in die Koranwissenschaften*, 2006. – Wild, S.: *Mensch, Prophet und Gott im Koran: Muslimische Exegeten des 20. Jahrhunderts und das Menschenbild der Moderne*, 2001. – Eith, K.: *Koranexegese bei Yaşar Nuri Öztürk. Ein traditionskritischer Entwurf des Islams in der Türkei*, 2013.

Koranrezitation (arab. *qirāʾa*, «Lesung», oder *tajwīd*, «kultische Rezitation»). Der Koran ist als liturg. Text eng an den Vortrag und an das → Gebet gebunden. Die wichtigsten Kriterien bei der K. sind phonet. Modulationen (Vokalfärbung, Ligaturen). In vielen Drucken finden Sonderzeichen Verwendung, die genaue Anweisungen für die K. geben, so dass der Text (für den Kenner) fast einer Partitur ähnelt. Die K. ähnelt einem liturg. Gesang, der aber im islam. Verständnis nicht als Vokalmusik betrachtet wird; eine Begleitung durch Musikinstrumente ist nicht üblich. *Schö*

Lit.: Kellermann, A.: *Koranlesung im Maghreb*, 1996. – Kermani, N.: *Gott ist schön. Das ästhetische Erleben des Koran*, 2007.

Koranübersetzung. Der → Koran ist eng an seine sprachliche Gestalt gebunden, und sein spezifischer Stil ist oft unübersetzbar. Friedrich → Rückert ist die beste Annäherung an das Original geglückt; seine Übertragung ist unübertroffen, will man einen Eindruck von der ästhet. Wirkung des Korans erhalten. Das Übersetzungsproblem ist aber nicht nur eine Stilfrage: Viele Passagen im Koran sind zwei- oder mehrdeutig, was in der Übersetzung unweigerlich verloren geht. Nichtarab. Muslime rezitieren den Koran zwar auf Arabisch, verstehen aber dessen Bedeutung nicht oder nur ungefähr. Zu diesem Zweck wurden Interlinearübersetzungen in alle Islamsprachen angefertigt, zuerst für das Persische, später auch für die Turksprachen und das Chinesische. In Europa wurde die erste latein. Fassung 1142/43 durch Robert von Ketton hergestellt, die allerdings nicht direkt auf dem Original beruhte. Die erste direkte Übersetzung in eine europäische Volkssprache stammt von André du Ryer (gest. 1688), der den Koran ins Französische übertrug; die erste deutsche Ausgabe erschien 1772 in Frankfurt am Main. Verlässliche neuere deutsche Übersetzungen stammen von M. Henning, A. Th. Khoury, R. Paret und H. Zirker; von islam. Seite sind besonders die von der → Aḥmadīya seit 1954 herausgegebene deutsche Fassung sowie die Übertragung durch A. von Denffer zu nennen. → Koran, → Koranexegese *Schö*

Lit.: Bobzin, H.: *Der Koran im Zeitalter der Reformation*, 1995. – Ders.: *Koran-Lesebuch*, 2005. – Henning, M.: *Der Koran. Einleitung und Anmerkungen von A. Schimmel*, 1991. – Khoury, A. T.: *Der Koran*, 1992. – Paret, R.: *Der Koran*, 1975. – Rückert, F.: *Der Koran*, hg. v. Bobzin, H./Fischer, W., 1996. – Zirker, H.: *Der Koran*, 2007. – *Der Koran. Die wichtigsten Texte, ausgewählt und erklärt von H. u. K. Bobzin*, 2015.

Kunst. Abgesehen von der Dichtkunst spielen die → Kalligraphie und die → Architektur in der islam. Welt eine wichtige Rolle. → Malerei bzw. → Buchmalerei sind demgegenüber kaum von Bedeutung. Überliefert sind Traktate über die einzelnen Kunstsparten und über die berühmtesten Künstler. Von den Herrschern gefördert wurde die Kalligraphie (für die Abschrift von Koranexemplaren und für Bauinschriften). Die Architektur muss als Ausdruck des Machtstrebens der einzelnen Herrscher und der Dynastien gewertet werden, wobei Bauinschriften die Größe des Auftraggebers vor Augen führen sollen. Über das Verhältnis von Macht und K. hat bereits Ibn Khaldūn im 14. Jh. geschrieben, dass sich die K. proportional zur Macht des Herrschers verhält. Ästhet. Fragen behandelten eher Dichter und Philosophen, etwa die «Lauteren Brüder» von Basra im 10. Jh. Eigene Theorien zur K. wurden nicht entwickelt, es existieren aber, abgesehen von Urteilen über die Schönheit von Kunstwerken und Kunstgattungen, zahlreiche Abhandlungen zu Kunsttechniken und Künstlern. *Fi*

Lit.: Behrens-Abouseif, D.: *Schönheit in der Arabischen Kultur*, 1998. – Brend, B.: *Islamic Art*, 1991. – Hillenbrand, R.: *Islamic Art and Architecture*, 1999. – Irwin, R.: *Islamische Kunst*, 1997. – Korn, L.: *Geschichte der islamischen Kunst*, 2008.

M

Märtyrer (arab., pers. *shahīd*), der im Kampf für den islam. Glauben oder bei dessen Verteidigung zu Tode Gekommene. An verschiedenen Stellen spricht der Koran vom Lohn, der diejenigen erwartet, die für die Sache Gottes sterben. Es lassen sich grob zwei Gruppen von M. unterscheiden, nämlich diejenigen, die auf dem Schlachtfeld sterben und als M. im Diesseits und im Jenseits gelten, sowie diejenigen, die nur im Jenseits als M. gelten, da sie nicht durch die Hand von «Ungläubigen» oder Tyrannen auf dem Schlachtfeld ihr Leben verloren haben. Zu dieser zweiten Gruppe gehören Gläubige, die durch Gewalteinwirkung oder frühzeitig z. B. durch Krankheit starben, ebenso wie solche, die z. B. während der → Pilgerfahrt eines natürlichen Todes starben. Schließlich gibt es auch lebende M., die sich dem sog. «großen → Jihad», d. h. dem Kampf des Gläubigen gegen seine Schwächen und weltlichen Begierden und für das Verweilen auf dem rechten Wege verschrieben haben. Die zwölferschiit. Lehre räumt dem Märtyrertod des Prophetenenkels und dritten Imams → Ḥusain, der für die gerechte Sache gekämpft und sich für seinen Glauben geopfert habe, einen hohen Stellenwert ein. Sein Tod im Jahre 680 bei Kerbela, wo er im Kampf gegen die Truppen des umayyad. «Usurpatoren» fiel, steht im Zentrum des schiit. Märtyrerkultes (→ ʿĀshūrāʾ). In der Islam. Republik Iran erhielt der Mythos des M. besonders während des Krieges gegen den Irak (1980–1988) große Bedeutung. Laut Ayatollah → Khomeini ist der Tod in einem Glaubenskrieg das höchste Glück, das einem Menschen widerfahren kann. Wer den Märtyrertod sterbe, dem würden alle Sünden verziehen und er werde im Jenseits den wahren Frieden und die ewige Glückseligkeit finden. *Pi-Ha*

Lit.: Abedi, M.: *Jihad and Shahadat. Struggle and Martyrdom in Islam*, 1986. – Khosrokhavar, F.: *L'islamisme et la mort. Le martyre révolutionnaire en Iran*, 1995. – Cook, D.: *Martyrdom in Islam*, 2007.

Mahdi (arab. *mahdī*, «der [durch Gott] Rechtgeleitete»). In islam. Eschatologien ist der M. die Figur, die in der muslim. Gemeinschaft vor dem →Jüngsten Gericht das →Recht wiederherstellt und sie bis zum Anbruch der Endzeit führt. Für die →Schiiten wird ihr «Verborgener Imam», bei den Zwölferschiiten der zwölfte Imam, bei den →Ismaʿiliten der siebente, als M. erscheinen. →Sunniten hingegen haben die Identität des M. nie eindeutig bestimmt. Somit konnten sich verschiedene Führer sozialreligiöser Bewegungen zum M. erklären, darunter der wohl bekannteste, der M. Muḥammad Aḥmad (gest. 1885), der im Sudan gegen die ägypt.-britische Kolonialherrschaft kämpfte. Auch der Gründer der →Aḥmadīya, Mīrzā Ghulām Aḥmad (ca. 1839–1908), hielt sich für den M., der zur Erneuerung seiner Zeit berufen sei. Auch in neuerer Zeit wurde die M.-Vorstellung propagiert. Etwa behauptete eine Gruppe fundamentalistischer Besetzer der Moschee von Mekka am 20. November 1979, dem Neujahrstag des islamischen Jahres 1400, dass der M. bald komme. Allerdings wurden die etwa 500 Apokalyptiker durch französische Einheiten besiegt. Auch der «Islamische Staat» verwendet Verweise auf den M. – Glauben, um seine Aktionen zu begründen. *El*

Lit.: Cook, D.: *Contemporary Muslim Apocalyptic Literature*, 2005. – Ourghi, M.: *Schiitischer Messianismus und Mahdī-Glaube in der Neuzeit*, 2008.

Maḥfūẓ, Nagīb (1911–2006), ägypt. Prosa-Schriftsteller, Autor zahlreicher Romane, Sammlungen von Kurzgeschichten und Filmdrehbücher. M. studierte 1930–1934 in Kairo Philosophie und arbeitete anschließend bis zu seiner Pensionierung (1971) als Angestellter bei verschiedenen Behörden des ägypt. Staates, seit Ende der 1950er Jahre v. a. in höheren Kultur-Ämtern, später auch z. B. in der Feuilleton-Redaktion der Tageszeitung *al-Ahrām* sowie in vielen Ehrenämtern. Nach den im Alten Ägypten spielenden ersten Romanen trat M. seit den 1940er Jahren mit Erzählwerken hervor, in denen er sich mit den Umbrüchen in der zeitgenöss. ägypt. Gesellschaft und speziell den städtischen Mittelschichten beschäftigt. Insbesondere für diese sozialrealist. Texte, darunter auch eine große Roman-Trilogie (1956–1957), wurde M. als erster arab. Schriftsteller 1988 mit dem Nobel-Preis für Literatur geehrt. Vom späteren Werk, in welchem sich M. religiösen, existentialist. und philosoph. Fragen widmet, ist über Ägypten hinaus wohl nur *Awlād ḥāritnā* («Die Kinder unseres Viertels») bekannter geworden – v. a., weil diese religionsphilosoph. Allegorie dem Autor den Vorwurf der

→ Blasphemie (sie wurde 1959 nach ersten Andrucken verboten und konnte seither nur außerhalb Ägyptens erscheinen) und zuletzt (Okt. 1994) sogar den Anschlag eines Islamisten auf sein Leben eintrug. Ein Großteil des erzähler. Werkes liegt inzwischen auch in deutscher Übersetzung vor. *Gu*

Lit.: Fähndrich, H.: *Nagib Machfus*, 1991.

Malcolm X (Malcolm Little, 1925–1965). Little wuchs in Omaha/Nebraska unter schwierigen sozialen Umständen und rassist. Übergriffen auf seine Familie auf. Anfang der 1940er Jahre kam er nach Boston, wo er als Kleinkrimineller (Zuhälterei, Erpressung und Drogenhandel) in Konflikt mit dem Gesetz geriet und 1946 zu sechs Jahren Haft verurteilt wurde. Während seiner Haft lernte er die Schriften Elijah Muhammads, des Oberhaupts der → Nation of Islam, kennen und konvertierte zum Islam. Nach seiner Entlassung 1952 avancierte er zum bedeutendsten Minister (Prediger) der Nation of Islam, deren Aufstieg unmittelbar mit ihm verbunden war. Anstatt einen «üblichen» islam. Namen anzunehmen, nannte er sich Malcolm X, eine Chiffre für die anonymen Schwarzen in den Ghettos. Intern strukturierte er die Nation of Islam zu einer disziplinierten, ihren Mitgliedern gegenüber repressiven Organisation mit eigenem paramilitär. Ordnungsdienst. Elijah Muhammads zahlreiche Verstöße gegen den Kodex der Nation of Islam führten 1963 schließlich zum Konflikt mit M., der daraufhin aus der Organisation ausgeschlossen wurde. In den verbleibenden zwei Jahren seines Lebens unternahm M. mehrere Reisen in die arab. Welt, u. a. eine → Pilgerfahrt nach Mekka. Auch distanzierte er sich von den synkretist. Inhalten der Nation of Islam und verwarf deren Vorstellung eines auf Rassenzugehörigkeit basierenden Separatismus. Gleichzeitig näherte er sich einer konservativeren sunnit. Form des Islams an und wurde zu einem frühen Vertreter der Dritte-Welt-Bewegung. M. wurde 1965 von Mitgliedern der Nation of Islam ermordet. Seit den 1990er Jahren – nicht zuletzt durch den biograph. Film von Spike Lee – ist das «geistige Erbe» M.s v. a. durch kommerzielle Vermarktung in der amerikan. Öffentlichkeit präsent. *Ep*

Lit.: Malcolm X/Haley, A.: *Malcolm X. Die Autobiographie*, 1992. – Marable, M.: Malcolm X: A Life of Reinvention, 2011.

Malerei. Trotz des → Bilderverbots spielte die M., zumeist Freskomalerei, bereits in der Frühzeit des Islams eine Rolle an den Herrscherhöfen, deren Machtanspruch sie unterstreichen sollte. Ob die mit M. ausgestatteten Räume öffentlich zugänglich waren, ist nicht bekannt. Zeugnisse finden sich z. B. in der Badeanlage von Quṣair ʿAmra (Jordanien, Anfang 8. Jh.). Themat. wurde mit Herrscherdarstellungen auf Vorbilder des spätantiken Repertoires zurückgegriffen. Durch die Literatur wissen wir, dass sich auch in späterer Zeit die Herrscher mit ihrem Hofstaat abbilden ließen. Tafelbilder mit der Darstellung von Herrschern, oft unter Einfluss europäischer M. entstanden, sind sowohl aus der Zeit der safawid. Dynastie (1502–1722, z. B. Cihil Sutun, Isfahan/Iran) als aus der Qājārenzeit (19. Jh. Iran) erhalten. Erot. Darstellungen spielten den Beschreibungen europäischer Reisender zufolge eine Rolle in einigen Palästen Tīmūrs in Samarkand (um 1400) oder am Hofe der Safawiden (Darstellung von Liebespaaren in ʿAlī Qapu, Cihil Sutun, Isfahan/Iran, 17. Jh.). Im 16.–17. Jh. entwickelt sich in Iran unter den Safawiden eine M., die auf kleinformatigen Blättern Portraits, Alltagsszenen und kunstvolle Kompositionen skizzenhaft festhält, die jeweils datiert und signiert sind. Die im 19. Jh. in Iran aufkommende höfische Tafelmalerei mit der portraithaften Darstellung des Herrschers, seiner Familie und der Großen des Reiches ist beeindruckend. Unter europäischem Einfluss entwickelte sich im 20. Jh. v. a. in der Türkei und im Irak eine eigene M. und Maltradition, die bis heute lebendig ist und v. a. für polit. Themen genutzt wird. Karikaturen, oft grotesk übersteigert, gehören zum Alltag einer jeden arab. und türk. Zeitung. (→ Buchmalerei) *Fi*

Lit.: Arnold, T. W.: *Painting in Islam. A Study of the Place of Pictorial Art in Muslim Culture*, 1928, Nachdr. 1965. – Canby, S.: *Persian Painting*, 1997. – Ettinghausen, R.: *Arabische Malerei*, 1962.

Marabout, die französisierte Fassung des arab. *murābiṭ* («einer, der in einem *ribāṭ*, einer klosterähnlichen Institution, lebt»). Der Begriff wurde von französ. Forschern der Kolonialzeit v. a. im Maghreb als allgemeine Bezeichnung für Sufis (→ Mystik) gebraucht. *El*

Maria und Josef (arab. Maryam und Yūsuf), die Eltern → Jesu. Der → Koran berichtet ausführlich von M.s jungfräulicher Geburt, ihrem Aufenthalt im Tempel sowie von ihrer Kindheit und Jesu Geburt; Sure 19 ist nach M. benannt. Als Quellen der jeweiligen Darstellung lassen sich v. a. apokryphe christliche Schriften ausmachen, z. B. das Protoevangelium Jacobi. In Sure 5:116 wird die christliche Trinität als Gott, Jesus und M. vorgestellt. An anderer Stelle wird M. mit Miriam, der Schwester Aarons und → Mose, gleichgesetzt; als ihr Vater wird ʿImrān genannt, parallel zu Amram, dem Vater Miriams in der → Thora. In der islam. Frömmigkeit spielt M., neben → Fāṭima, eine große Rolle. J. wird im Koran nicht erwähnt, aber sein Name ist in der islam. Überlieferung bekannt. *Schö*

Lit.: Hagemann, L.: *Maria, die Mutter Jesu, in Bibel und Koran*, 1992.

Maudūdī, Abū al-Aʿlā al- (1903–1979), bedeutender indisch-pakistan. Denker und Politiker, dessen Ideen zum Programm der v. a. in Pakistan, aber auch in Indien, Sri Lanka, Großbritannien und den USA agierenden *Jamāʿat-i islāmī* (Urdu «Islam. Organisation») wurden. M. war der Sprössling einer hochangesehenen Aurangabader Familie. Sein antibrit. eingestellter Vater hielt ihn ganz bewusst so lange wie nur möglich von europäischen Kultureinflüssen fern und versuchte, ihm in Form von Privatunterricht die eigene indomuslim. Tradition näherzubringen. Nach dem Tode seines Vaters beschloss M., eine journalist. Karriere einzuschlagen. Zusammen mit seinem Bruder ging er nach Delhi und nahm Kontakt zu Reformisten und Anhängern der Unabhängigkeitsbewegung auf. 1919 fand er sich in Jabalpur ein, um dort für das reformist. Magazin *al-Tāj* («Die Krone») zu schreiben. Während dieser Zeit begann auch sein Engagement für die *Khilāfat*-Bewegung, die sich nach dem Ersten Weltkrieg für die Aufrechterhaltung des → Kalifats einsetzte. Als die Zeitung *al-Tāj* ihr Erscheinen einstellte, kehrte M. nach Delhi zurück. Eine Zeitlang gab er die Zeitschrift *al-Jamʿīyat*, das Organ der *Jamʿīyat-i ʿulamāʾ-i hind* («Organisation der indischen Gelehrten»), heraus, doch stürzte ihn der Zusammenbruch der *Khilāfat*-Bewegung im Jahre 1924 in eine intellektuelle Krise. Aus diesem Grunde zog er sich 1928 zur Kontemplation und zum Schreiben nach Hyderabad zurück. Im Laufe der nächsten Jahre entwickelte er seine dezidiert reformist. Positionen: Der gegenwärtige Islam sei durch den Einfluss westlicher Vorstellungen verderbt und müsse von unlauteren Elementen gereinigt werden. Es müsse deutlich gemacht werden, dass der Islam selbst ein vollständiger Gesellschafts- und Lebensentwurf sei, der ohne auswärtige Hilfe auskomme. Eine notwendige Voraussetzung für eine wirkliche Läuterung und für die Rückkehr zur «wahren» Religion sei allerdings der Abbruch jeglicher Beziehungen zu den Hindus. 1932 kaufte M. das Journal *Tarjumān al-qur'ān* («Interpret des Korans»), das ihm bis zu seinem Tode als Forum seiner reformist. Ideen diente. Im August 1941 gründete er die reformist. Partei *Jamāʿat-i islāmī*. Ihr Hauptquartier befand sich anfangs in Pathankot, doch wurde sie nach der Teilung Indiens in zwei voneinander unabhängig agierende Organisationen gespalten. M. selbst übernahm den Vorsitz der pakistan. Partei in Lahore. Sein erklärtes Ziel war die Gründung eines Islam. Staates. In den folgenden Jahren übte M. großen Einfluss auf die Diskussion um die künftige ideolog. Orientierung Pakistans aus, und nicht zuletzt ihm war es zu verdanken, dass es in der ersten Verfassung von 1956 tatsächlich hieß, man wolle einen wahrhaft islam. Staat aufbauen, in dem sich alle Gesetze nach dem → Koran und der → Sunna richteten. Sein reformist. Aktionismus brachte ihn allerdings auch für geraume Zeit ins Gefängnis. Einmal wurde er sogar zum Tode verurteilt, später aber begnadigt und wieder freigelassen. Nach einer verheerenden Niederlage seiner Partei bei den Wahlen von 1970 trat M. als Vorsitzender zurück. Dennoch war er an dem Versuch der *Jamāʿat-i islāmī* im Jahre 1977 beteiligt, die Regierung von Zulfiqar ʿAlī Bhutto (1928–1979) zu stürzen. Am 22.9.1979 starb M., der zeit seines Lebens davon überzeugt war, dass der polit. Kampf in Pakistan in eine «Theokratie» oder ein «demokrat. Kalifat» münden würde, das in der Lage sei, breite gesellschaftliche Reformen durchzusetzen. Die Anwendung von Gewalt hat M. stets abgelehnt und stattdessen das Mittel der Erziehung favorisiert. (→ Reformislam, → Revolution) *Co*

Lit.: Adams, C. J.: *The Ideology of Mawlana Mawdudi*, in Smith, D. (Hg.): *South Asian Politics and Religion*, 1966, 371–396. – Ders.: *Mawdudi and the Islamic State*, in Esposito, J. L. (Hg.): *Voices of Resurgent Islam*, 1983, 99–133. – Hasan, M.: *Sayyid Abul Aʿala Maududi and his Thoughts*, 2 Bde., 1984.

Maulid. Der 12. Tag des islam. Monats Rabīʿ al-awwal wird seit dem 12. Jh., ausgehend vom fatimid. Ägypten, als Geburtstag (arab. *maulid*) des Propheten Muḥammad öffentlich gefeiert und ist in vielen islam. Ländern heute ein offizieller Feiertag. Im Mittelpunkt der Feiern steht die Rezitation eines Poems über Muḥammad (arab. *maulidīya*). Hunderte solcher Werke existieren, einige genießen besondere Verehrung, etwa das türkische sog. Mevlid des Süleyman Çelebi (verf. 1409). Sufische Andachtsübung (→ Dhikr) und Kerzen gehören in vielen Gegenden zur Feier. Maulidfeiern werden vielerorts außerdem lokalen Heiligen gewidmet, wobei häufig außerislam. Einflüsse deutlich werden. Maulidrezitationen werden auch zu privaten religiösen Feiern, namentlich unter Frauen, abgehalten. Die Praxis des M. wird von vielen Islamisten als Neuerung abgelehnt. *Ha*

Lit.: Kaptein, N. J. G.: *Muhammad's Birthday Festival*, 1993. – Schimmel, A.: *Und Muhammad ist sein Prophet*, 1995. – Katz, M.: *The birth of the prophet Muḥammad: devotional piety in Sunni Islam*, 2007.

Medina (arab. *Madīnat an-nabī*, «die Stadt des Propheten» bzw. *al-Madīna al-munawwara*, «die erleuchtete Stadt»), in vorislam. Zeit unter dem Namen «Yathrib» bekannt. Die Stadt in Saudi-Arabien gilt neben Mekka und Jerusalem als einer der heiligsten Orte des Islams. Dies rührt daher, dass hierher der Prophet im Jahre 622 die → Hijra (Auswanderung) von Mekka aus unternahm, nachdem die Mekkaner ihm und seinen Anhängern wegen des neuen Glaubens das Leben unmöglich gemacht hatten. Von M. gingen die späteren Aktivitäten des Propheten und seiner Nachfolger (Kalifen) zur Ausbreitung der neuen Religion und zu Bildung und Ausbau des jungen islam. Staates aus. M. gilt als die erste Hauptstadt des Islams. Die wichtigste Moschee ist die Moschee des Propheten, die von Muḥammad 623 gebaut wurde. Hier befindet sich sein Grab. Zu den Ritualen der → Pilgerfahrt gehört es, dass dem Grab des Propheten in M. ein Besuch abgestattet wird. Deswegen wurde die Moschee im Laufe ihrer wechselvollen Geschichte immer wieder erweitert. Die heutige Stadt hat ca. 290 000 Einwohner und verfügt über eine sehr gute Infrastruktur. Der Zutritt zu den heiligen Stätten ist für Nichtmuslime verboten. *Ra*

Medizin beruht in der islam. Welt auf drei unterschiedlichen Traditionssträngen, die jeweils eigene Legitimationsgrundlagen haben. Die Volksmedizin verwendet teils bis ins Altertum zurück verfolgbare Behandlungsmethoden wie Schröpfen, Aderlass und Kauterisierung, als Arzneien kommen allerlei Drogen in der Form von Salben und Elixieren zum Einsatz. Eine wichtige Ursache für Krankheiten wurde in den Aktivitäten der → Dschinn gesehen, dagegen boten → Amulette, bestimmte Steine und auch Zaubersprüche Schutz. Die zweite große Tradition stammt aus der griechischen Vorstellung von der Balance der Körpersäfte. Die Werke von Galen von Pergamon wurden im 9. Jh. zuverlässig ins Arabische übersetzt, was auch eigenständige arab. medizin. Forschungen auslöste. Avicenna (Ibn Sīnā, gest. 1037) fasste in seinem grundlegenden Werk *al-Qānūn fī aṭ-ṭibb* («Der Kanon der M.») das auf Galen basierende medizin. Wissen zusammen. Dessen latein. Übersetzung war maßgeblich für die Rezeption Galens in der mittelalterlichen westeuropäischen M. Galenische M., die v. a. in der urbanen Kultur der muslim. Welt tradiert wurde, wird in Indien und Pakistan bis heute gelehrt. Die dritte Tradition ist die sog. M. des Propheten. Analog zu → Moral und Rechtsprechungen basiert diese auf koran. Aussagen (z. B. über die Heilkraft des Honigs) und Prophetentraditionen (→ Hadith). Die größte Traditionssammlung auf diesem Gebiet wurde von Ibn Abī Shaiba (gest. 848) zusammengestellt. Einflussreich bis heute ist die Kompilation *ṭibb an-nabī* («Die M. des Propheten») des syrischen Rechtsgelehrten Ibn Qayyim al-Jauzīya (gest. 1350). Westliche M. verbreitete sich seit dem 19. Jh. Im frühen 20. Jh. wurden medizin. Einrichtungen wie auch die Ausbildung von Ärzten an den Hochschulen meist unter der Ägide staatlicher Organe institutionalisiert. Auch wenn sich in jüngster Zeit die Prophetenmedizin größerer Beliebtheit erfreut – die in den 1970er Jahren in Kuwait gegründete Islamic Medical Organization propagiert eine M. auf religiöser Grundlage und versucht, ihr einen islam. Moralkodex zugrunde zu legen –, werden westliche oder traditionelle Formen der M. nicht verdrängt. Es ist eher von einem pluralen Verständnis von M. auszugehen, das je nach Bedürfnissen, Finanz- und Glaubenslage des Patienten wie auch Ausbildung des Therapeuten vom Schreiben von Amuletten bis hin zur westlichen «Apparatemedizin» reichen kann. Die oft lückenhafte medizin. Versorgung insbesondere in den ärmeren muslim. Ländern lud gegen Ende des 19. und in der ersten Hälfte des 20. Jh. christliche, heute verstärkt muslim. religiöse Aktivisten dazu ein, neben der Bereitstellung erschwinglicher medizin. Versorgung ihre jeweiligen Ideologien zu verbreiten. *Sz*

Lit.: Brandenburg, D.: *Die Ärzte des Propheten. Islam und Medizin*, 1992. – Rosenthal, F.: *Science and Medicine in Islam*, 1990. – Sinclair, M. J.: A History of Islamic Medicine, 1978.

Mekka (arab. *Makka al-mukarrama*, «das geheiligte M.»), die Geburtsstadt des Propheten → Muḥammad mit bedeutenden islam. Heiligtümern. In Richtung auf das in der großen Moschee von M. befindliche Heiligtum der → Kaaba verrichten Muslime ihr Gebet (→ Qibla). Es ist ebenso wie andere heilige Orte im Umkreis von M. (der Brunnen Zamzam, Ṣafā- und Marwa-Hügel, Minā und Muzdalifa) Ziel der → Pilgerfahrt. Heute ist M. Hauptstadt der gleichnamigen Region Saudi Arabiens und besitzt etwa 350 000 Einwohner. Während der Pilgerzeit kommen in der Stadt 2–2,5 Mio. Menschen zusammen, eine enorme Zahl, die organisatorisch und sicherheitstechnisch von den Behörden viel Aufwand erfordert. Der Zutritt zur Stadt ist Nichtmuslimen verboten. *Ra*

Mensch. Nach dem Koran ist der M. (wie → Adam) aus Lehm erschaffen, dem Gott seinen Geist einblies (Sure 32:8 ff.). Die Entwicklung vom Samentropfen über den Embryo zum M., der reift und altert, ist in Sure 40:67 ff. angesprochen; seine Zeit im Diesseits ist begrenzt (Sure 23:12 ff.). Der M. ist also aus niedrigen Substanzen erschaffen worden (Suren 96:1, 75:36–39, 86:5–7). Andererseits durchläuft der M. im Mutterleib die drei Naturreiche (→ Weltbild) und gelangt über sie hinaus: Er ist das höchste Geschöpf, Gottes Stellvertreter (Sure 2:30). In der → Mystik gilt der M. als Mikrokosmos. Gott hat mit dem M. einen Bund geschlossen (Sure 7:172). Die ganze → Schöpfung soll ihm zum Besten dienen (Suren 55, 2:29 f.), andererseits ist die Welt nur der vergängliche Ort, an dem es das Jenseits zu erwerben gilt. Den Menschen zeichnen die Kenntnis der Namen Gottes (Sure 2:30–33), Rede und Intellekt aus. Aufgrund seiner Kreatürlichkeit entspricht die dienende Hinwendung (arab. *islām*) zu seinem Schöpfer seiner ursprünglichen Natur, nach der der M. zu Gott und zum Heil erschaffen ist (arab. *fiṭra*, im Gegensatz zum christlichen Konzept der Erbsünde). Aufgrund seiner intellektuellen Fähigkeiten ist der M. verführbar (→ Satan). Seine «Triebseele» (*nafs*) stachelt ihn zum Übel an (Sure 12:53). Obwohl alle Dinge von Gott bestimmt sind, wird der M. vor dem → Jüngsten Gericht für seine Werke zur Verantwortung gezogen. Diese

Verantwortlichkeit sowie die Gleichheit der M. werden in der Moderne zunehmend betont. *Ha*

Lit.: Le Gai Eaton, C.: Art. «Man», in Nasr, S. (Hg.): *Islamic Spirituality. Foundations*, 1987, 358–377. – Gimaret, D.: *Theorie de L'Acte Humain en Theologie Musulmane*, 2012. – Ritter, H.: *Das Meer der Seele. Mensch, Welt und Gott in den Geschichten des Farīduddīn ʿAṭṭār*, 1955.

Menschenrechte (arab. *ḥuqūq al-insān*, pers. *ḥuqūq-i insān*, türk. *insan hakları*). Schon früh wurden in islam. →Philosophie, →Theologie und im →Recht die Rechte des Individuums im Unterschied zu den Rechten der Herrscher festgestellt. Mit dem zunehmenden Kontakt zu Europa verbreiteten sich dann die Konzepte der Aufklärung und Vorstellungen der Französ. Revolution. Zur gleichen Zeit drängten bürgerliche Eliten im Osman. Reich angesichts von Zentralisierungsbestrebungen der Regierungen auf Verfassungen, die die Rechte von Individuen verbriefen. Das *Hatt-i şerif* («Großherrscherliches Handschreiben») von 1839 und die *Hatt-i hümayun* («Erlass des Sultans») von 1856 z. B. garantierten dem Individuum die Sicherheit von Leben, Ehre, Eigentum und einen fairen Prozess. Im *Hatt-i hümayun* wurde Diskriminierung aufgrund von Rasse und Sprache verboten. In der allerdings bald ausgesetzten und erst 1908 wiederbelebten Osman. →Verfassung von 1876 wurden im Abschnitt *Huquq-i umumiye* («Allgemeine Rechte») allgemeine Freiheiten garantiert, darunter auch das Recht der uneingeschränkten Religionsausübung. Als Mitgründer der Vereinten Nationen schlossen sich die meisten muslim. Staaten der Allgemeinen Erklärung der M. vom 10.12.1948 an. Große Unterschiede gibt es bei der Unterzeichnung verschiedener Menschenrechtsdeklarationen. Durch die gegenwärtig zunehmende Bedeutung von islam. Rechtssystemen als Identitätsmerkmal muslim. Staaten kommt es zu Konflikten zwischen naturrechtlichen Herleitungen der Rechte und der Unverletzlichkeit des Individuums einerseits sowie den auf dem Prinzip der Souveränität Gottes aufbauenden Rechtskonzepten andererseits. Von der Organisation der Islam. Konferenz wurde 1990 die «Kairoer Deklaration für M. im Islam» verabschiedet, die jedoch von dem folgenden Gipfeltreffen der Staatsoberhäupter nicht ratifiziert wurde. Diese wie auch andere Erklärungen zeigen, dass Muslime M. als normativ anerkennen und es Bemühungen zur Angleichung gibt. In der Erklärung werden viele Konzepte und Termini der Menschenrechtserklärung der Vereinten Nationen übernommen, jedoch gibt sie im Konfliktfall Vorschriften der → Scharia den Vorrang. Das Recht auf Leben und die Menschenwürde werden koran. legitimiert (Suren 6:151, 17:70, 33:72). Einschränkungen gegenüber den allgemeinen M. bedeuten folgende Punkte: Die Gleichheit von Frauen und Männern wird in Bezug auf ihre «Würde», nicht aber in ihren Rechten festgestellt (Artikel 6). Aufgrund des → Apostasie-Verbotes wird religiöse Freiheit so verstanden, dass lediglich Nichtmuslime ihre Religion wechseln können. Der Abfall vom Islam steht hingegen unter Strafe. Auch die Freiheit des Wortes wird unter dem Vorbehalt eines Blasphemieverbotes gestellt. *Sz*

Lit.: Krämer, G.: *Gottes Staat als Republik. Reflexionen zeitgenössischer Muslime zu Islam, Menschenrechten und Demokratie*, 1999.

Mihrab (arab. *miḥrāb*), Gebetsnische in einer → Moschee, die zusammen mit der gesamten Wand die Richtung des Gebets nach → Mekka anzeigt. Der → Imam nimmt für die Leitung des Gebetes Aufstellung vor dem M. Damit ist gleichzeitig für ihn ein «reiner Raum» bezeichnet, der für ein gültiges Gebet notwendig ist. Formal bildet der M. meist eine mehr oder minder große apsidiale Nische mit halbrundem oder rechteckigem Grundriss, kann aber auch als Steintafel mit der Darstellung einer Nische ausgebildet sein. Im andalus. und nordafrikan. Raum ist der M. oft als eigener kleiner Kuppelraum ausgestaltet (Moschee von Cordoba). Der Schmuck einer Moschee konzentriert sich im Allgemeinen auf den M. und auf die Zone um den M., damit gilt der M. als besonders sakraler Ort. Oft wird das Mihrabjoch mit einer Kuppel ausgestattet, die den Platz des Imam auszeichnet. In Zeiten besonders strenger religiöser Anschauungen wurde der reich geschmückte M. zerstört oder weiß übertüncht, um die Gläubigen nicht vom Gebet abzulenken. Als Kunstwerk wurde der M. in verschiedenen Materialien gestaltet: Marmor, Stuck, Holz und Fayencen. Inschriftenbänder mit bestimmten Suren aus dem Koran, die die Größe und Allmacht Gottes ausdrücken (Thronvers 225, Sure 2), sowie das Glaubensbekenntnis bilden die Begrenzung. Symbole wie die Darstellung einer Lampe, die nach Sure 24:35 als Zeichen für Gott steht, Lebensbaummotive oder der arab. Schriftzug «Allāh» verleihen der Nische zusätzlich einen sakralen Charakter. In den modernen Moscheen bevorzugt man die einfache, ungeschmückte Nische. Formal lässt sich die Mihrabnische aus dem spätantiken Formenkanon ableiten, wo sie ebenfalls als «Hoheitszeichen» diente. Der erste M. wurde in Nischenform in den Jahren 706/07 in der Moschee von → Medina erbaut und galt als «Neuerung». Vorher muss aber schon ein Zeichen bestanden haben, wahrscheinlich eine Tafel mit Bogenmotiv, die bis heute als M. ihre Gültigkeit bewahrt hat. Bereits in Medina soll der M. kostbar geschmückt gewesen sein und in der Nische den Stab des Propheten enthalten haben. *Fi*

Lit.: Kuban, D.: *Muslim Religious Architecture*, Bd. 1, 1971. – Papadopoulo, A. (Hg.): *Le mihrab dans l'architecture et la religion musulmanes, Actes du colloque international tenu à Paris en mai 1980*, 1980.

Minarett (arab. *manār* oder *mināra*, «Leuchtturm», auch *ma'dhana*, «Ort, von dem man den → Gebetsruf erschallen lässt»), ein zur → Moschee gehöriger Turm, der ausschließlich der Moschee vorbehalten ist. Im Mittelalter finden sich allerdings auch M. bei Medresen. Der Ursprung des M. ist nicht eindeutig. Die frühesten M. haben im 7. Jh. möglicherweise kleinen Ciboria geglichen, die auf der Außenmauer oder auf einem kurzen Turmstumpf saßen und über eine Treppe zu erreichen waren, das sog. «stair-case-minarett». Dieser Typ hat sich bis heute in Ostafrika und im Jemen erhalten. In der Frühzeit besaß nicht jede Moschee ein M., sondern nur die Freitagsmoschee. Von dem Turm aus wurde der → Gebetsruf von einem oder mehreren Muezzinen verrichtet, dies ist zumindest in der Frühzeit von der Moschee des Propheten in Medina nachgewiesen, die je einen Turm in den vier Ecken besaß. Später kam die Sitte auf, einer Moschee oder Medrese mehrere M. beizufügen, z. B. die Süleimaniya in Istanbul mit sechs M. (16. Jh.). Bei vielen Moscheen, v. a. in Iran, erklingt der Gebetsruf nicht von den hohen Türmen, sondern von einem kleinen ciborienartigen Aufbau über dem Portal, dem sog. *guldasteh*. Die Position des M. ist unterschiedlich, der Turm kann direkt angebaut sein oder unabhängig seitwärts stehen. In Iran entwickelten sich Moscheefassaden mit großen Portalen, die seitlich von schlanken Türmen eingefasst werden (Masjid-e Shāh-i Iṣfahān, 1616). Formal lassen sich zwei Typen von Türmen unterscheiden: M. mit einem quadrat. Schaft, deren Vorbild wahrscheinlich bei antiken Leuchttürmen zu suchen ist, und M. mit Rundschaft, die z. T. auf einen quadrat. Sockel gesetzt werden. Quadrat. Türme sind v. a. im Mittelmeerraum zu finden, Rundtürme in Iran, Indien, Zentralasien und der Türkei. Die Abstufung eines Turmschaftes in Geschosse mit unterschiedlichen Abschnitten entwickelte sich v. a. in Ägypten unter den Mamluken (13.–15. Jh.). Eine Ideallösung stellt das hohe, pfeilartige M. der osman. Moscheen dar, das bis heute – wenn auch unerreicht – Vorbildcharakter besitzt. Daneben dient häufig ein montierter Lautsprecher als «M.» für den Gebetsruf. *Fi*

Lit.: Bloom J.: *Minaret. Symbol of Islam*, 1989. – Schacht, J.: «Ein archaischer Minarett-Typ in Ägypten und Anatolien», *Ars islamica* 5 (1938), 46–54.

Minbar, Kanzel in einer → Moschee für die Freitagspredigt; formales Vorbild waren koptische Kanzeln. → Muḥammad wurde laut Überlieferung ein dreistufiger M. aus Äthiopien geschenkt, von dem aus er seine Ansprachen hielt. In der Frühzeit diente der M. möglicherweise als Richterstuhl. Die Kalifen erhöhten den M. um mehrere Stufen, die späteren M. besaßen meist bis zu sieben Stufen, konnten aber wie die osman. M. noch höher sein. Der M. befindet sich nach dem Vorbild der Prophetenmoschee in → Medina immer rechts vom → Mihrab. In den Moscheen des Westens, in Nordafrika und auch Andalusien lag rechts neben dem Mihrab ein Raum, in dem der M. verborgen und nur zu den Freitagsansprachen (→ Predigt) hervorgeholt wurde. Als für den Gottesdienst notwendiges Requisit wurde der M. oft als kostbar verziertes Kunstwerk gestaltet, wie etwa der Holzminbar in der Großen Moschee in Qairawan/Tunesien aus dem 9. Jh., der vermutlich aus dem Irak stammt. Verziert werden die Seitenwangen, Stufen und der Sitz, über dem sich ein Baldachin erhebt. Abgesehen von M., die aus Holz gefertigt wurden, gibt es auch aus Stein gemauerte M., v. a. in osman. Moscheen. *Fi*

Lit.: Becker, C.: «Die Kanzel im Kultus des alten Islam», in *Orientalische Studien, Festschrift Theodor Nöldeke*, 1906, 331–351. – Pedersen, J.: Art. «Minbar», *The Encyclopaedia of Islam, second edition*.

Mission (arab. *daʿwa*, Ruf, Einladung). Die islam. M. im 20. Jh. zielte nicht in erster Linie auf die Bekehrung von Ungläubigen ab, sondern war vielmehr auf eigene Glaubensbrüder ausgerichtet, die – vom westlichen Säkularismus und Materialismus verführt – vom rechten Wege abgekommen seien. So meinte etwa Ḥasan al-

Bannā (1906–1949), der Gründer der Muslimbruderschaft, dass die missionar. Tätigkeit bei einem selbst beginnen müsse. Erst dann könne man dazu übergehen, seine nähere Bekanntschaft, die Gemeinschaft, in der man lebt, das eigene Land, die muslim. Gesamtgemeinde (→ Umma) und schließlich den Rest der Welt zum wahren Islam zu führen. Auf gesellschaftspolit. Ebene werden verschiedene Möglichkeiten für eine reformist. Missionierung der vom richtigen muslim. Glauben Abgefallenen genannt: Aufbau von Organisationen wie der Liga der islam. Welt mit Sitz in Saudi Arabien, aktives Engagement für eine Islam. Ordnung im Alltag und in der Öffentlichkeit, Unterwanderung des bestehenden polit. Systems und Widerstand gegen die als unislam. angesehenen Praktiken und Prinzipien. Obgleich reformist. missionar. Bestrebungen dieser Art Teilerfolge (Re-Islamisierung) in einzelnen Ländern verbuchen können, ist der Versuch, überregionale missionar. Vereinigungen zu etablieren, bisher nicht sehr erfolgreich gewesen. *Co*

Lit.: Piscatori, J. P.: *Islam in a World of Nation-States*, 1986. – Schulze, R.: *Islamischer Internationalismus im 20. Jahrhundert. Untersuchungen zur Geschichte der Islamischen Weltliga*, 1990. – Poston, L.: *Da'wah in the West. Muslim Missionary Activity and the Dynamics of Conversion to Islam*, 1992.

Modernismus, Strömung innerhalb der muslim. intellektuellen Auseinandersetzung um die richtige Entgegnung auf die europäische Herausforderung, deren Träger sich bei der theoret. Fundierung ihres Gesellschaftsentwurfes auch auf westliche («moderne») Konzeptionen stützen. Die überwiegende Mehrheit der Modernisten leitet ihr Weltbild – im Gegensatz zu den Anhängern des → Reformislam oder des → Traditionalismus – gleichberechtigt aus islam. und europäischen Vorstellungen ab. Sie wollen die für sie offenkundige Rückständigkeit der muslim. Welt überwinden. Das polit. Mittel zum Erreichen dieses Zieles wird in der Beschneidung autoritärer Herrschaftsformen durch die Einführung eines konstitutionellen, parlamentar. Regierungssystems (→ Demokratie) gesehen. Hinzu kommen Forderungen nach größerer individueller Freiheit und besseren Ausbildungsmöglichkeiten. Einige Modernisten wollen Religion und Politik voneinander trennen und den Islam zur Privatsache erklären. Solche Säkularisten (al- ʿAẓm) machen allerdings nur einen verschwindend kleinen Teil dieser Strömung aus. Die meisten Modernisten möchten die islam. Grundorientierung ihrer Gesellschaften nicht ändern. Zu Beginn des 20. Jh. waren – v. a. in Syrien und Ägypten – viele Modernisten arab. Christen, die Europa und die Aufklärung als Bestandteile ihrer eigenen Kultur ansahen. Der Westen war nicht ihr Feind, sondern nachahmenswertes Vorbild. Einige Ideen dieser Christen wurden im Laufe der Zeit von muslim. Modernisten aufgegriffen. Im Zentrum ihrer Überlegungen stand die Wiedergewinnung der polit. Freiheit im Rahmen von Nationalstaaten. So propagierten z. B. in Ägypten die Modernisten Aḥmad Luṭfī as-Sayyid (1872–1963) und Rafīq al-ʿAẓm (gest. 1925) die intellektuelle Befreiung von der arab. Überfremdung unter Betonung einer eigenen ägypt. «Persönlichkeit» und «Mentalität». Ende der 1920er Jahre gingen Schriftsteller wie Ṭāhā Ḥusain (1889–1973) und Muḥammad Ḥasanain Haikal (1888–1956) daran, das authent. ägypt. kulturelle Erbe unter ständigem Rekurs auf europäische Vorstellungen wiederzubeleben und ihm als Essenz ägypt. Selbstverständnisses künstler. Ausdruck zu verleihen. Solche modernist. Ideen fassten in der Zwischenkriegszeit nicht nur in Ägypten, sondern auch in anderen islam. Ländern Fuß. Überall kam es zur Herausbildung von «Nationalgeschichten», «Nationalkulturen» und «Nationalliteraturen». Als in den 1930er und 1940er Jahren einerseits die von Modernisten ins Leben gerufenen Parteien bei dem Versuch scheiterten, ihre demokrat. und liberalen Positionen polit. durchzusetzen und sich andererseits nach dem Zweiten Weltkrieg in zahlreichen Staaten des Nahen Ostens der «Arab. Sozialismus» durchsetzen konnte, gerieten viele Modernisten in eine tiefe Orientierungskrise. War daher in den 1970er Jahren eine Annäherung der Modernisten an die Vorstellungen der Vertreter des gemäßigten → Reformislam zu spüren, so drehen sich die modernist. Debatten seit Mitte der 1980er Jahre wieder vermehrt um die Frage, ob und wie es gelingen kann, bestimmte als modern definierte Werthaltungen, Verhaltensweisen und Institutionen zu übernehmen und dennoch der eigenen Tradition treu zu bleiben. Letztlich geht es bei diesen Diskussionen um die (alte) Frage, wie eine modernist. Identität aussehen könnte. Diskutiert wird weiterhin über die Schlüsselbegriffe Erbe (arab. *turāth*) bzw. Authentizität (arab. *aṣāla*) einerseits und europäisches Denken bzw. Kontemporaneität (arab. *muʿāṣara*) andererseits: «Wie», so der ägypt. Modernist Zakī Najīb Maḥmūd (gest. 1993), «bringen wir jenes hereinkommende Denken (arab. *al-fikr al-wāfid*), ohne dass uns unsere Epoche entgleitet und umgekehrt, in Übereinstimmung mit unserem Erbe, ohne dass uns unsere Arabizität entgleitet und umgekehrt?» *Co*

Lit.: Boullata, K.: *Trends and Issues in Contemporary Arab Thought*, 1990. – Ferjani, M.-C.: *Islamisme, laïcité, et droits de l'homme. Un siècle de débat sans cesse reporté au sein de la pensée Arabe contemporaine*, 1991. – Scheffold, M.: *Authentisch arabisch und dennoch modern? Zaki Najib Mahmuds kulturtheoretische Essayistik als Beitrag zum euro-arabischen Dialog*, 1996.

Moral, im Sinne von sittlichem Handeln, in der islam. Normativität (→ Scharia) als Ergänzung, nicht als Gegensatz zur äußerlichen Befolgung der Gesetze verstanden. Sie äußert sich vorrangig in der Verantwortung gegenüber Gott in einem inneren Bereich (Gewissen, *forum internum*), welcher jenseits des von der islam. Gerichtsbarkeit (→ Kadi) erfassbaren äußeren Bereichs des Augenscheins liegt und daher von Gerichten nicht beurteilt werden kann. Der ganzheitliche Charakter wird etwa in der fünfstufigen religiös-rechtlichen Bewertung von Handlungen deutlich, die von notwendigen, empfehlenswerten, erlaubten zu verwerflichen und verbotenen Handlungen reicht. *Mü*

Lit.: Johansen, B.: «Die sündige, gesunde Amme. Moral und gesetzliche Bestimmung (*ḥukm*) im islamischen Recht», *Welt des Islam* 28 (1988), 264–282.

Moschee (arab. *masjid*, «Ort, an dem man zum → Gebet niederfällt»). Das täglich fünfmalige Gebet ist obligator. für jeden erwachsenen Muslim, ebenso die Teilnahme am gemeinsamen Freitagsgebet. Demgemäß gibt es Freitags- oder Versammlungsmoscheen und kleine M. für das tägliche Gebet. In der Freitagsmoschee wird die → Predigt gehalten, die bis heute nicht nur religiösen, sondern auch polit. Charakter hat, weshalb die Freitagsmoscheen oft der Ausgangspunkt für Revolutionen waren. Ursprünglich leitete der Kalif das Freitagsgebet, delegierte dies aber bereits im 10. Jh. an einen → Imam. Der Bau einer Freitagsmoschee beinhaltet demgemäß stets eine polit. Absicht, die sich im Laufe der Geschichte in der → Architektur ausdrückte. Eine M. ist ein Versammlungsraum ohne spezifisch sakralen Charakter, der sich zudem durch den Akt des Schuhe-Ablegens der reinen Profanität entzieht. Die → Mihrabnische hat schon im Laufe der Zeit einen sakralen Charakter angenommen und wird als bedeutsamer Ort des Raumes empfunden.

Als weitere Innenausstattung finden sich in einer Freitagsmoschee ein → Minbar und eine Dikka, eine Art Plattform, auf welcher der → Muezzin zum gemeinsamen Gebet am Freitag den → Gebetsruf vollzieht. Mit der M. verbunden sind stets Waschanlagen, die die rituelle Reinheit für das Gebet gewährleisten (→ Unreinheit). In der Frühzeit des Islams befanden sich diese Waschanlagen stets außerhalb der eigentlichen M., eine Sitte, zu der man heute wieder zurückkehrt. Der Brunnen im Hof oder das Wasserbecken dienten früher nicht den Waschungen, sie enthielten reines Trinkwasser. Das → Minarett ist für eine Moscheeanlage nicht obligator., meist aber mit einer Freitagsmoschee verbunden. Bereits zur Zeit Muḥammads gab es M., deren Architektur wir jedoch nicht kennen. Typisch für die Frühzeit des Islams sind einfache Gebetshallen mit vielen Stützen, Marmor- oder Holzsäulen (hypostyle M.), denen ein Hof vorgelagert sein konnte. Gebetsraum und Hof bildeten eine Einheit, zumal der Hof oft von Arkadengängen eingefasst war. Eine zusätzliche Schutzzone (arab. *ziyāda*) umgab häufig eine M., die mit einer großen Zahl von Türen ringsum offen stand. Diese Bauweise breitete sich mit den Eroberungszügen der Muslime in den verschiedenen Ländern aus. Der Bau und die Konstruktionstechnik unterscheiden sich gemäß der Bautradition der unterschiedlichen islam. Länder mit ihren jeweiligen Werkstoffen wie Backstein, Lehmziegel, Stampflehm und Stein. In den Ländern des Vorderen Orients gibt es Stützenmoscheen mit und ohne Hof, Kuppelmoscheen mit einem großen Kuppelraum oder solche mit mehreren Kuppeljochen. Im persischen Gebiet sind Iwanmoscheen verbreitet (ein Iwan ist ein dreiseitig geschlossener tonnenüberwölbter Raum, der sich zum Hof hin öffnet). Vier-Iwanmoscheen, bei denen Iwane die vier Seiten des Hofes begrenzen oder nur zwei Iwane einander gegenüberstehen, sowie Kuppelmoscheen sind für den persischen Raum verbindlich. In den von Osmanen beherrschten Gebieten findet sich v. a. die Kuppelmoschee. In der modernen Architektur werden häufig traditionelle Formen übernommen und in eine moderne Sprache übersetzt, z. B. die al-Ghadir-M. in Teheran (1977–1987) oder die M. von Neu-Gurna/Luxor (1948). *Fi*

Lit.: Frishman, M. (Hg.): *Die Moscheen der Welt*, 1995. – Hillenbrand, R.: *Islamic Architecture*, 1994. – Holod, R.: *The Mosque and the Modern World. Architects, Portraits and Designs since the 1950s*, 1997. – Kuban, D.: *Muslim Religious Architecture* Bd. 1, 1971, Bd. 2, 1985. –Korn, L.: Die Moschee, 2012.

Moses (arab. Mūsā), der neben → Abraham und → Jesus wichtigste islam. → Prophet. M. ist die im Koran am häufigsten erwähnte Figur der → Thora. In vielen Aspekten wurde sein Prophetentum als Parallele zu → Muḥammads Wirken verstanden: der Kampf gegen den Polytheismus (M. als Widersacher des Pharao), der Exodus (→ Hijra-Motiv), die Rolle als Gesetzgeber und Empfänger einer göttlichen → Offenbarung. Das islam. Mosesbild greift v. a. auf das Alte Testament und die jüd. Haggada zurück; im Koran nehmen die aus der → Bibel bekannten Motive breiten Raum ein: M. als Findelkind, sein Konflikt mit dem Pharao, die Plagen über Ägypten, der Durchzug durchs Rote Meer und die Wunder (Speisung in der Wüste). *Schö*

Lit.: Prenner, K.: *Muhammad und Musa*, 1986. –Tottoli, R.: *Biblical prophets in the Qur'ān and Muslim literature*, 2002.

Mufti, der Aussteller eines Rechtsgutachtens (→ Fatwa). *Mü*

Muḥammad (ca. 570–632), der Prophet des Islams. Er gehörte der Sippe der Hashimiten (aus dem Stamm der Quraish) an. Die islam. Tradition schildert ausführlich M.s Geburt in → Mekka, die bis heute gefeiert wird (→ Festtage); auch um seine Amme Ḥalīma ranken sich Geschichten. Laut Tradition verlor er früh seine Eltern Āmina und ʿAbd Allāh (der vielleicht noch vor M.s Geburt starb) und wuchs als Waisenkind bei seinen Verwandten auf. In seiner Jugend führte er teils ein Hirtenleben – eine Parallele zu → Moses –, teils unternahm er mit seinem Onkel Handelsreisen nach Syrien. Christliche Mönche, etwa Baḥīrā, sagten dort M.s Prophetentum voraus. Später lebte er als Kaufmann in Mekka und heiratete Khadīja, seine erste Frau und Mutter der → Fāṭima. Mit 40 Jahren, im Jahr 609 oder 610, empfing M. zum ersten Mal die → Offenbarung Gottes, in einer Bergeshöhle nahe Mekka. Die Zahl 40 ist dabei eine symbol. Zahl: Sie ist mit dem Exodus-Motiv (→ Hijra) verknüpft, und 40 Jahre gelten im Koran als reifes Mannesalter (Sure 46:15). Wenig später begann M. die öffentliche Predigt gegen die mekkan. Polytheisten; daneben stand er in Kontakt mit den dort ansässigen Juden, Christen u. a. Monotheisten. Die Hauptthemen seiner ersten Predigttätigkeit sind aus dem → Koran bekannt und betreffen v. a. das → Jüngste Gericht und das Bekenntnis zu einem strikten Monotheismus. In Mekka stieß M. damit auf Ablehnung und Widerstand, nur wenige Vertraute, darunter → ʿAlī, glaubten an seine Berufung. Einige seiner Anhänger flohen ins christliche Äthiopien, doch die feindselige Haltung der Quraish nahm zu. M. warb deshalb in benachbarten Städten für seine Botschaft, zunächst ohne Erfolg. Schließlich aber gelang eine Einigung mit den Bewohnern Medinas, die ihm Gefolgschaft schworen und ihn und seine Anhänger in ihrer Stadt aufnehmen wollten. So kam es im Jahr 622 zur → Hijra, der Übersiedlung nach Medina; M.s mekkan. Periode war beendet. Das folgende Jahrzehnt bis zu seinem Tod im Jahr 632, die sog. medinens. Periode, verbrachte M. in Medina. Dort hatte sich eine völlig neue Situation ergeben: M. war nicht mehr ein angefeindeter, wehrloser Prophet, sondern der geachtete Anführer eines Gemeinwesens (→ Umma), dessen Ordnung bald durch einen Vertrag geregelt wurde. Diese *umma* bestand aus den Einwohnern Medinas (den «Helfern», arab. *anṣār*) und den mekkan. «Emigranten» (arab. *muhājirūn*), anfangs auch aus den Juden. In Medina wurden die ersten → Moscheen des Islams errichtet, die Gebetsrichtung (→ Qibla) und weitere islam. Pflichten (→ Almosen, → Fasten) wurden festgelegt Der Konflikt mit dem → Judentum verschärfte sich; aus einer theolog. Auseinandersetzung entwickelte sich ein kriegerischer Konflikt, nachdem die Juden (tatsächlich oder vermeintlich) mit den polytheist. Mekkanern paktiert hatten, um gemeinsam gegen M. vorzugehen. Nacheinander belagerten und überwältigten die Muslime schließlich die drei jüd. Stämme Medinas. Zwei von ihnen wurden vertrieben, die Männer des dritten getötet, ihre Frauen und Kinder in die Sklaverei verkauft. Diese Episode wird von Nichtmuslimen oft als schwarzer Fleck in der Geschichte des frühen Islams gesehen; für manche islam. Ideologen, speziell im Rahmen des Palästinakonflikts, ist sie ein willkommenes Exempel. Doch nicht nur die Juden, auch die Mekkaner ließen sich auf die militär. Auseinandersetzung mit der Gemeinde M.s ein. Eine Schlacht (bei Badr, 624) endete siegreich, eine andere (bei Uḥud, 625) ging verloren; ohne Erfolg blieb die Belagerung Medinas im sog. «Grabenkrieg» (627). Danach waren die Kriegsparteien erschöpft, doch die islam. Gemeinde hatte in diesen Auseinandersetzungen eher an Stärke gewonnen, die Mekkaner hingegen wurden zunehmend uneins. Im Jahr 628 unternahm M. einen ebenso gewagten wie überraschenden Schritt: Er pilgerte zur → Kaaba nach Mekka. Zwar scheiterte diese Wallfahrt noch am Widerstand der Mekkaner, aber bei dem Ort al-Ḥudaibiya wurde eine Waffenruhe und die Wallfahrt des Propheten für das kommende Jahr vereinbart. M.s Position war gefestigt; er überfiel eine Reihe jüd. Ansiedlungen im Umland Medinas, und die vereinbarte Pilgerfahrt fand 629 statt. Ein Jahr später war der Widerstand der Mekkaner soweit erloschen, dass sie M. die fast kampflose Einnahme Mekkas ermöglichten. Der Prophet ließ die Kaaba von allen polytheist. Symbolen reinigen und richtete sie als Zentrum der → Pilgerfahrt ein. Daneben war er bestrebt, den Islam unter den Stämmen Arabiens zu verbreiten, v. a. durch Gesandtschaften; gelegentliche Raubzüge führten die Muslime nun bis zum Persischen Golf und an die Grenzen Syriens. Im Jahr 632 unternahm der Prophet seine letzte Pilgerfahrt, die sog. «Abschiedswallfahrt»; sie sollte zum wichtigsten Vorbild für den Ritus der Pilgerfahrt werden. Im selben Jahr starb M. in Medina. Sein Tod wird in den Quellen ausführlich geschildert, und sein Grab in der Prophetenmoschee von Medina ist seit jeher ein bedeutender Wallfahrtsort, der von den Muslimen in der Regel im Anschluss an die Pilgerfahrt nach Mekka besucht wird. – Die bisherige Darstellung fußt auf den arab. Quellen, der islam. Überlieferung (→ Hadith) und der Prophetenbiographie (arab. *sīra*). Diese sind von der westlichen Orientalistik eingehend untersucht worden, bisher mit einem ernüchternden Ergebnis: So ist es zwar möglich, die Geschichtlichkeit der Überlieferung in vielen Punkten anzuzweifeln, aber eine alternative Rekonstruktion der Prophetenbiographie scheint unmöglich. – Dank der Überlieferung über M., die ihn gemäß dem islam. Verständnis als Mensch mit allen Stärken, aber auch Schwächen zeichnet, sind wir über alle großen und kleinen Details seines Aussehens, seiner Persönlichkeit und seines Lebens informiert; wir kennen die Namen seiner Reittiere, die Form seiner Sandalen, seine Lieblingsspeise und die Art, wie er weinte und lachte. Seine Handlungen und Aussprüche (→ Sunna) sind vieltausendfach überliefert und bilden die Grundlage des islam. → Rechts. Für den Einzelnen ist er das «gute Vorbild» der Lebensführung, die islam. Gemeinde gewinnt durch seine Person ihre Identität. Mit M.s Wirken vollendet sich die islam. → Heilsgeschichte. Obwohl er «nur» Mensch war, beglaubigte Gott sein Prophetentum mit zahlreichen → Wundern, als deren größtes der → Koran gilt, neben der (zeitweiligen) Spaltung des Mondes in zwei Hälften und der → Himmelsreise M.s. Am Tag des → Jüngsten Gerichts wird M. für die Gläubigen Fürbitte leisten, bevor er als erstes Geschöpf das Paradies betritt; diese Fürbitte ist eines der Hauptanliegen der Prophetenlobdichtung, die seit vielen Jahrhunderten blüht und als die charakterist. Form islam. religiöser Dichtung gelten kann. – Das M.-Bild in Europa war lange Zeit geprägt von roher Polemik: «Mahound» als Lügenprophet, Anti-Christ, Götzenanbeter, Verrückter oder Epileptiker. In der Aufklärung wurden positive Seiten seiner Gestalt als Provokation der Kirche entdeckt, im Romantizismus und dem damit zusammenhängenden Geniekult betonte man die Kraft von M.s prophet. Sendung. Seit dem 19. Jh. wurde sein Wirken von westlichen Islamforschern verschieden interpretiert: als gesellschaftlicher Reformversuch, als genuin religiöse Verkündigung, als Ausdruck der arab. Volkswerdung. Heutige islam. Darstellungen übernehmen, je nach Ausrichtung, die westlichen Interpretationen oder lehnen sie, im Namen eines «unverfälschten Islam», explizit ab. *Schö*

Lit.: Andrae, T.: *Mohammed. Sein Leben und sein Glaube*, 1932 (mehrfach nachgedruckt). – Bobzin, H.: *Mohammed*, 2000. – Buhl, F.: *Das Leben Muhammeds*, 1961. – Cook, M.: *Muhammad*, 1983. – Jansen, H.: *Mohammed. Eine Biographie*, 2008. – Miehl, M.: *Muhammad*, 2000. – Paret, R.: *Mohammed und der Koran*, 2005. – Schimmel, A.: *And Muhammad is His Messenger. The Veneration of the Prophet in Islamic Piety*, 1985. – Schoeler, G.: *Charakter und Authentie der muslimischen Überlieferung über das Leben Muhammeds*, 1996. – Schöller, M.: *Exeget. Denken und Prophetenbiographie*, 1998.

Mullah (pers. *mollā*), islam. → Gelehrter, Lehrer, Prediger und Geistlicher niederen Ranges oder Theologiestudent. *Pi-Ha*

Lit.: → Gelehrte

Musik. Der aus dem Griechischen stammende arab. Begriff *mūsīqā* bezeichnete bis zu Anfang des 20. Jh. vornehmlich die spekulative Musiktheorie. Für die Musikpraxis verwendete man arab. Begriffe wie z. B. *ghināʾ* («Gesang»), *samāʿ* («Hören») oder *ṭarab* («durch M. hervorgerufener transformativer Status»). Das vorderoriental. Tonsystem kennt im Gegensatz zum temperierten europäischen System neben Ganz- und Halbtonschritten auch Intervalle, die kleiner als ein Halbton sind und mit ihm zusammen die für diese M. typischen Dreivierteltonschritte ergeben. Die tonräumliche Organisation wird durch *maqāmāt* (sg. *maqām*) geregelt; *maqāmāt* bezeichnen die oriental. Modi, die sich hinsichtlich ihrer Tonstruktur und dem ihnen zugeschriebenen emotionalen Gehalt voneinander unterscheiden. Ein *maqām* ist durch die Kombination von verschieden großen Sekundschritten und durch die unterschiedliche Rolle, die Töne innerhalb der musikal. Ausgestaltung einnehmen, gekennzeichnet. Analog zur griechischen Affektenlehre sollen *maqāmāt* verschiedene Gefühlszustände hervorrufen. Heute sind etwa dreißig *maqāmāt* in Gebrauch, weitaus mehr sind theoret. bekannt. Jedes Musikstück steht in einem bestimmten Grund-*maqām*, doch können innerhalb des Stücks beliebig viele Modulationen auftreten. Ein guter Musiker vermag durch geschickte Melodieführung und hohe Improvisationskunst, die Spannungsverhältnisse zwischen Tönen zutage treten zu lassen und seine Zuhörer zu emotionalen Reaktionen zu bewegen. Dies kann durch ein Soloinstrument – v. a. Laute, Flöte, Geige, Zither – oder vokal geschehen und wird metrisch frei ausgeführt. In vielen musikal. Genres heute wird *maqām* oft nur als Vorrat an Gebrauchstönen begriffen und unter Einfluss europäischer Musiktheorie als Skala von sieben Tönen in jeweils unterschiedlichen Intervallen dargestellt. Die zeitliche Organisation der M. geschieht durch rhythm. Pattern, die aus einer wiederkehrenden Abfolge von betonten und unbetonten Schlägen sowie Pausen bestehen. – Der Islam bedient sich musikal. Klangs zur Überhöhung religiöser Texte, doch wird in der Begriffsbildung streng unterschieden zwischen M. im weltlichen und religiösen Kontext. Letztere wird nicht als M. verstanden, obwohl strukturell kaum Unterschiede bestehen: Koranrezitation, Gebetsruf und viele rezitativ vorgetragene Gebete folgen den Regeln der *maqām*-Darstellung. Der *maqām* ist dabei frei wählbar, die Rezitationen werden metrisch frei und ohne begleitende Instrumente vorgetragen. Zur M. im religiösen Kontext zählen weiterhin Genres innerhalb religiöser Riten und Lieder mit religiösem Inhalt (→ nasheed/ *nashīd*). Die Diskussion um die Zulässigkeit von M. setzt beim bloßen Hören von M. (arab. *samāʿ*) an. An der sog. *samāʿ*-Polemik beteiligten sich nicht nur Rechtsgelehrte und Theologen, sondern auch Literaten, Mystiker und selbsternannte Hüter von Ordnung und Moral. Die Positionen reichen von absoluter Verwerfung von M. bis zu ihrer Inkorporation in religiöse Praktiken. Beim → Dhikr als mystischem Ritual spielen Text, M. und Bewegung (→ Tanz) eine Rolle. Vokal- und Instrumentalstücke entsprechen dabei weitgehend den musikal. Erscheinungsformen der praktizierten Kunstmusik des jeweiligen Landes. Der Einsatz von Musikinstrumenten hängt vom Orden und dem Ort der Zeremonie ab. Im einfachsten Fall werden nur Rahmentrommeln benutzt, einige Orden verwenden Längsflöte und Pauken, dazu können zusätzlich Kniegeige, Laute, Beckenpaare, heute auch Akkordeon oder Klavier kommen, wie in einigen Gemeinden in den Vereinigten Staaten. – Der *maqām* als zentrales Element der Kunstmusik ist vom arab. Raum über Zentralasien bis Westchina zu finden. Dabei bezeichnet *maqām* bzw. seine sprachlichen Varianten sowohl modales Ordnungsprinzip als auch eine zyklische Aufführungsform verschiedener instrumentaler und vokaler Genres. Die traditionelle Kunstmusik ist modal ausgerichtet und damit primär melod. Sie wird heterophon begleitet, d. h. die Instrumente umspielen die melod. Linie, verzieren sie und wiederholen einzelne Phrasen, so dass nicht nur eine Mehrstimmigkeit, sondern auch ein filigranes Gewebe um einzelne Töne und melod. Linien herum entsteht. Typisch für die Melodieführung sind kleine Tonschritte auf engem Raum und wenig Sprünge. Die Volksmusik der verschiedenen Regionen ist weitaus heterogener. Geographisch weit verbreitet ist der Epengesang, oft ausgeführt von einem sog. Dichtermusiker, welcher für die poet. wie musikal. Gestaltung zuständig ist und sich selbst auf einem Saiteninstrument begleitet. – Bis auf einzelne Ausnahmen hat keine der oriental. Musikkulturen vor dem 19. Jh. eine Notation besessen. Nur die komplexe Theorie wurde schriftlich niedergelegt, die M. selbst sowie das Regelwerk ihrer Ausführung dagegen wurden mündlich tradiert. Europäische Einflüsse, nach denen die Anerkennung einer musikal. Tradition im Wesentlichen in ihrer unveränderbaren schriftlichen Niederlegung bestand, waren die hauptsächliche Motivation für die Entwicklung von Notationssystemen. Daneben spielte die Angst vor Verlusten durch soziale Veränderungen eine Rolle. Seit Ende des 19. Jh. haben viele Musikkulturen eine nach ihren jeweiligen Bedürfnissen leicht modifizierte europäische Notenschrift übernommen. In fast allen Staaten existiert heute formaler Musikunterricht an Schulen und Konservatorien, wo neben der eigenen M. auch europäische M. gelehrt wird. – Kulturelle Kontakte, Massenmedien und Veränderungen im sozialen Leben haben einen Wandel im ästhet. Empfinden sowie der sozialen Funktionen von M. bewirkt. Sie führten gleichzeitig zur Herausbildung neuer

Stile und Genres, sowohl in der sog. klassischen wie auch in der populären M., die nebeneinander genutzt werden. Mit der Welle der sog. «Weltmusik» sind regionale Stile wie → Rai internationalisiert worden oder Fusionen mit anderen Richtungen wie → Jazz eingegangen. Auch in der Bundesrepublik Deutschland sind viele der beschriebenen Musikformen vertreten, von der M. innerhalb religiöser Praktiken über traditionelle Formen bis zur Popmusik. Ausgeprägt transkulturell sind die Musikstile einiger Jugendkulturen ausgerichtet (Techno, → Rap), wo durch die Technik des Sampling verschiedene musikal. Versatzstücke neu zusammengesetzt werden. *Wi*

Lit.: Danielson, V./S. Marcus/D. Reynolds (Hg.): *The Garland Encyclopedia of World Music*, vol. 6, *The Middle East*, 2002. – Fariborz, A.: *Rock the Kasbah. Popmusik und Moderne im Orient*, 2010.

Muslim. Der Begriff bedeutet im Arabischen «einer, der sich unterwirft»; gemeint ist die Unterwerfung unter → Gott. Die gelegentlich gebrauchte Bezeichnung «Mohammedaner» lehnen M. im Allgemeinen ab, da nach ihrem Glauben der Prophet → Muḥammad zwar Verehrung verdient, aber nicht den hohen Stellenwert einnimmt wie → Jesus im Christentum. Als grundlegende Bedingung für jeden M. sehen muslim. → Gelehrte den Glauben an Allāh, seinen Propheten Muḥammad und daran, dass der → Koran als Gottes Wort unbedingte Gültigkeit hat. Darüber hinausgehende Bedingungen waren schon in der islam. Frühzeit umstritten und bilden zentrale Fragen der → Theologie. Debattiert wird auch immer wieder die Lebenspraxis von M. Wenn auch theoret. das ganze Leben nach der → Scharia ausgerichtet werden soll, so halten sich viele M. nicht immer daran. Viele Fundamentalisten werfen diesen M. → Apostasie vor, die meisten Gelehrten und Intellektuellen aber sehen in minderschweren Verstößen gegen die Scharia lediglich eine Sünde. *El*

Mystik (auch Sufismus, arab. *taṣawwuf*). Verschiedene Ziele der islam. M. werden von ihren Vertretern, den Sufis, beschrieben: u. a. das Entwerden des Ich, die Versenkung in Gott und den Propheten, die Verinnerlichung der → Scharia, die Erlangung gnostischen Wissens. Mystische → Philosophie – als ihr wichtigster Vertreter gilt Ibn ʿArabī (gest. 1240) – beschäftigt sich mit Fragen der Metaphysik und der Anthropologie und schafft so die theoret. Grundlagen für die sufische Ethik und Praxis. Manche Sufis lehnen die Befolgung äußerer Gebote der Scharia ab. Andere sehen diese als erste und unverzichtbare Stufe auf dem sufischen Weg an und formulieren auf der Grundlage des islam. Rechts auch die Normen für das Verhalten des Mystikers. Der Weg wird oft metaphor. als Reise beschrieben: Am Beginn bereut der Adept seine Sünden, dann bemüht er sich, immer höhere Stufen hin zum Ziel der Entwerdung zu beschreiten. Dabei helfen ihm verschiedene Praktiken: die zeitweilige Absonderung, intensives → Fasten, nächtliches Wachen, → Dhikr u.a. Die meisten Sufis betonen, dass jeder Adept einen Meister (→ Scheich) braucht, der ihn auf dem Weg leitet. In der islam. Frühzeit gab es lose Meister-Schüler-Verhältnisse, aus denen später → Bruderschaften wurden. Durch die gesamte islam. Geschichte zieht sich die Kritik an unorthodoxen Theorien und Praktiken innerhalb des Sufismus, die von → Gelehrten, aber auch von Sufis selber geäußert wird. Dennoch bildet die M. seit der Frühzeit einen zentralen Teil der islam. Kultur und ist sowohl in Unterschichten als auch bei Herrschenden und Gelehrten verbreitet. Im 19. Jh. wurde der Sufismus von vielen Vertretern des → Reformislam pauschal als «Aberglaube» oder unrechtmäßige Neuerung (arab. *bidʿa*) abgelehnt. Jedoch werden bis heute sufische Lehren und Praktiken von zahlreichen Muslimen geschätzt. Viele Konvertiten, auch in Deutschland, finden den Weg zum Islam über die Verbindung zu einer sufischen Bruderschaft. *El*

Lit.: Frembgen, J. W.: *Reise zu Gott. Sufis und Derwische im Islam*, 2000. – Schimmel, A.: *Mystische Dimensionen des Islam. Die Geschichte des Sufismus*, 1985. – Dies.: *Sufismus*, 2000.

N

Naqshbandīya, eine mystische → Bruderschaft, entstanden im 14. Jh. in Zentralasien und in den folgenden Jahrhunderten weit verbreitet. Sie spielte eine wichtige Rolle in islam. Reformbestrebungen im 17. und 18. Jh. und gehört bis heute zu den bedeutendsten mystischen Gemeinschaften im Islam. Die Gründungsfigur, Bahāʾ ad-Dīn Naqshband (1318–1389) aus Buchara, steht in einer Reihe berühmter zentralasiat. «Meister» (pers. *khwājagān*), die bis ins 12. Jh. zurückreicht und aus der auch andere mystische Gemeinschaften hervorgingen. Der «Weg der Meister» (pers. *ṭarīqa-yi khwājagān*), der tadschik. wie turkmen. Muslime anzog, bildete ein wichtiges Element sozialer Integration im zentralasiat. Islam, besonders unter der Herrschaft Tīmūrs und seiner Nachkommen (ca. 1370–1507) in Samarkand, Buchara und Herat. In diese Zeit fällt auch der Aufstieg der Nachfolger Naqshbands, deren Gemeinschaft, die N., in den folgenden Jahrhunderten die übrigen Gruppen teils verdrängte, teils in sich aufnahm. – Die mystische Praxis der N. beruht auf der engen emotionalen Bindung (arab. *rābiṭa*) des Schülers an den Meister, dessen Bild sich in der Meditation dem eigenen Herzen einprägen soll. Zwischen beiden wird auch in der Abwesenheit eine starke innere Beziehung gepflegt. Der Meister vertritt den Propheten und soll durch ihn die Präsenz Gottes immer tiefer im Herzen des Schülers verankern. Im Mittelpunkt der Lebensführung stehen elf Grundprinzipien, von denen acht bereits auf den «Weg der Meister» zurückgehen. Es wird ein lautloser → Dhikr praktiziert, der mit der bewussten Kontrolle von Atem und Gedanken sowie mit der regelmäßigen Rechenschaft über die eigenen Taten verbunden ist. Die Konzentration auf das Gottesgedenken soll auch das Alltagsleben durchdringen und schließlich zur «Einsamkeit in der Menge» und zur inneren «Reise in der Heimat» führen. Das innere Leben ist dabei von einer minutiösen Ausrichtung an den Normen der → Scharia begleitet. Die N. zeigte sich mit ihrer Tendenz zur religiösen Durchdringung des Alltags und zur kontrollierten Lebensführung als weltzugewandte Gemeinschaft, die in vielen Gebieten großen polit., wirtschaftlichen und kulturellen Einfluss gewann. Zu ihren berühmtesten Vertretern zählten Khwāja ʿUbaid Allāh Aḥrār (gest. 1490), der mit seiner zahlreichen Anhängerschaft und seinen ausgedehnten und wohlorganisierten religiösen Stiftungen zu den mächtigsten Männern im timurid. Zentralasien gehörte, sowie ʿAbd ar-Raḥmān Jāmī (gest. 1492), der bedeutendste persische Dichter seiner Zeit. Auf dem indischen Subkontinent konnte sich die N. unter der Herrschaft der timurid. Moguln ebenfalls großen Einfluss verschaffen. Hier begründete Aḥmad Sirhindī (gest. 1624) eine eigene Gemeinschaft, die ihn als islam. «Erneuerer» (arab. *mujaddid*) des zweiten islam. Jahrtausends ansah und die schließlich auch in den Heiligen Stätten und im Osman. Reich viele Anhänger fand. Seit dem 18. Jh. hat diese Mujaddidīya die übrigen Zweige der N. weitgehend überlagert. Ihre Anhänger waren maßgeblich an den ersten Bemühungen zur Reform des Osman. Reiches im frühen 19. Jh. beteiligt. – Die heutigen Affiliationen der N. im Nahen Osten gehören weitgehend zur Khālidīya. Diese geht auf Maulānā Khālid al-Baghdādī (gest. 1827) zurück, einen Scheich der Mujaddidīya kurdischer Herkunft, der sich schließlich in Damaskus niederließ. Seine Schüler und Nachfolger machten sie zur populärsten Bruderschaft in Anatolien, Kurdistan und schließlich auch im Kaukasus (Daghestan, Tschetschenien), wo die Imame der Jihad-Bewegung im Kampf gegen das Zarenreich (1830–1859) eng mit der Khālidīya verbunden waren. – Die N. spielt bis heute eine bedeutende Rolle im religiösen Leben im Nahen Osten, insbesondere in der Türkei, wo sie trotz des offiziellen Verbotes der Bruderschaften auch öffentlich mit einigen erneuerten Zentren und Bewegungen präsent ist und wo prominente Politiker wie Turgut Özal und Necmettin Erbakan enge Beziehungen zu dem Naqshbandī-Scheich Mehmet Zahid Kotku (gest. 1980) unterhielten. Auch die Bildungsbewegungen der Nurcu Cemaatı und der Süleymanci haben ihre Wurzel in der N. In Syrien stand der Großmufti des Landes, Aḥmad Kaftārū (1912–2004), an der Spitze eines eigenen Zweiges dieser Bruderschaft, mit einem großen internationalen Bildungszentrum in Damaskus. In Deutschland wie in den USA sind besonders die Anhänger des zypriot. Scheichs Muhammad Nazim al-Qubrusi al-Haqqani (1922–2014) aktiv. Er hinterließ einen größeren Zirkel deutscher Konvertiten zum Islam, die einen eigenen Verlag unterhielten und seine Schriften in deutscher

Übersetzung herausbrachten. In den USA sind sie mit einer eigenen Stiftung, der «Haqqani Foundation», vertreten, die verschiedene Niederlassungen, einen Verlag und ein eigenes Studienzentrum in Michigan unterhält. – In Usbekistan hat das histor. Erbe der N. nach dem Ende der Sowjetunion eine bedeutende Aufwertung erfahren. Ihre Ethik wird von offizieller Seite als zentrales Element der nationalen Kultur und als einheim. Gegengewicht zu internationalen islamist. Strömungen herausgestellt und propagiert. Das Grab von Bahāʾ ad-Dīn Naqshband bei Buchara ist zum Nationaldenkmal geworden; zugleich dient es mittlerweile als internationales Pilgerzentrum für Naqshbandīs aus aller Welt. *Reich*

Lit.: Meier, F.: *Zwei Abhandlungen über die Naqšbandiyya*, Bd. 1: *Die Herzensbindung an den Meister*, Bd. 2: *Kraftakt und Faustrecht des Heiligen*, 1994. – Özdalga, E. (Hg.): *Naqshbandis in Western and Central Asia. Change and Continuity*, 1999. – Paul, J.: *Die politische und soziale Bedeutung der Naqsbandiyya in Mittelasien im 15. Jahrhundert*, 1991. – Böttcher, A.: *Mit Turban und Handy. Scheich Nāẓim al-Qubrusī und sein transnationales Sufinetzwerk*, 2011

Nashīd, bezeichnet zum einen ein Vokalstück innerhalb des religiösen Gesangs, dessen Hören und Singen zu einer eigenen Frömmigkeitsform werden kann. Oft rein vokal ausgeführt, wird N. ggf. auch durch Trommel oder Klatschen begleitet. Als N. werden zum anderen die patriotischen Hymnen bezeichnet, die Anfang des 20. Jahrhunderts in arab. nationalistischen Bewegungen entstanden. Sie verwenden Elemente aus der Militärmusik wie geraden Takt, rasches Tempo, typische Motive wie punktierte Viertel- und Achtelnote, Fanfaren; häufig oszillieren die Stücke zwischen orientalischen Modi und europäischer Dur/Moll-Tonalität. In der Begleitung dominieren Blechbläser und Trommeln. Hymen dieser Art werden heute von islamistischen Gruppen verwendet; die Texte handeln dann von Aufrufen zum Kampf, religiöser Selbstvergewisserung, Gotteslob und Gebeten. Besonders letztere Texte bedienen sich auch musikalischen Materials aus der ersten Gruppe, d. h. ohne Instrumente und z. T. in stark rezitativem Stil. Schließlich ist N. auch der Terminus für eine Gruppe von religiösen Liedern, die stilistisch dem globalen Pop zuzuordnen sind und massenmedial verbreitet werden. Sie dauern drei bis fünf Minuten, weisen die für Popsongs typischen harmonischen Schemata auf, sind überwiegend wortzentriert, aber mit musikalischer Untermalung. Zuweilen treten hier Versionen desselben Songs je nach Zielpublikum auf, z.B. nur mit Percussion oder ganz ohne Instrumente. Die Texte sind neu geschrieben oder Vertonungen klassischer Poesie, z.B. in Originalsprachen wie Arabisch oder Türkisch; insgesamt aber sind alle Sprachen vertreten. Sie beinhalten Prophetenlob, Gebetsformeln (oft mit arabischen Passagen) oder Anleitungen zum vorbildhaften Leben. *Wei*

Nation of Islam, auch «Black Muslims» genannt. Der Prozess der Industrialisierung und Urbanisierung führte zu Beginn des 20. Jh. zu einer Binnenmigration schwarzer Landarbeiter aus dem Süden der USA in die industriellen Zentren des Nordens (Chicago, Detroit, New York). Kulturelle Entwurzelung, soziale Deklassierung, Konkurrenz zu den europäischen Emigranten und virulenter Rassismus der weißen Bevölkerung förderten die Herausbildung einer eigenen schwarzen Identität, die sich zunächst durch die gemeinsame Erfahrung der Sklaverei und die gemeinsame afrikan. Herkunft konstituierte. Anfang des 20. Jh. formten sich erste islam. Organisationen unter der schwarzen Bevölkerung, wobei «Islam» zunächst als eine Chiffre für kulturelle Abgrenzung zur christlichen weißen Bevölkerung stand. Ihren Ursprung hatte die Bewegung der Black Muslims im Ghetto von Detroit, wo seit 1930 der selbsternannte Minister (Prediger) Wallace Fard unter der schwarzen Bevölkerung missionar. wirkte. Fards Lehre bestand aus dem Verbot bestimmter Nahrungsmittel, v. a. sah er es als seine Aufgabe, den Schwarzen ihre vermeintlich authent. islam. Identität wiederzugeben. Allerdings beschränkte sich der islam. Charakter seiner Lehre auf bestimmte Termini und enthielt keineswegs konkrete Inhalte. Fard verschwand unter ungeklärten Umständen 1932, worauf sein engster Vertrauter, Elijah Muhammad, die Führung der Bewegung übernahm. Unter ihm erfolgte die Systematisierung der Lehre, die er in dem Pamphlet *Message to the Blackman in America* zusammenfasste. So konstruierte er eine bizarre Kosmogonie und Mythologie, die zwar islam. Elemente und Begriffe enthält, in wesentlichen Teilen jedoch auf ein biblisches Repertoire zurückgreift, das unter den chiliast.-apokalypt. baptist. Sekten im Süden weit verbreitet war. Die N. I. vertrat zunächst einen konsequenten Separatismus von der weißen Bevölkerung und verwarf den Mythos des American way of life. Bis zum Ende der 1950er Jahre war die Organisation ein von der Öffentlichkeit weitgehend unbeachtetes Phänomen. Dies änderte sich schlagartig, als → Malcolm X zu einem der engsten Vertrauten Elijah Muhammads aufstieg und als charismat. Prediger der Organisation eine kontroverse, aber wirkungsvolle Stimme gab. Zwischen 1959 und 1963 avancierte die N. I. zu einem aggressiven Gegenpol zur universalist. ausgerichteten schwarzen Bürgerrechtsbewegung unter Martin Luther King, die eine gleichberechtigte Integration der Schwarzen in die amerikan. Gesellschaft forderte. Elijah Muhammad und v. a. Malcolm X denunzierten die Bürgerrechtsbewegung als Vertreter der bereits assimilierten schwarzen Mittelschicht und forderten einen strikten, rassist. begründeten Separatismus. Ihre Mitglieder rekrutierten sich v. a. aus sozial schwachen Schichten in den großen Industriestädten, besonders erfolgreich war auch die Missionierung von Strafgefangenen. 1963 überwarf sich Malcolm X mit seinem Mentor Elijah Muhammad, was zu seinem Ausschluss aus der N. I. führte. Nach seiner Ermordung (1965) durch Mitglieder der N. I. verebbte das öffentliche Interesse an der Organisation. Nach dem Tod Elijah Muhammads (1975) kam es unter seinem Sohn Wallace Fard Jr. zu einem grundlegenden Kurswandel und einer Annäherung an den sunnit. Islam konservativer Prägung. So wurden Gottesdienste in Arabisch gehalten, der islam. Mondkalender verwendet und die Bewegung in «Islam. Mission in Amerika» umbenannt. Zudem wurden die paramilitär. Gruppen abgeschafft und der bis dato als göttlich verehrte Fard zu einem Vertreter der islam. → Mystik uminterpretiert. Im Februar 1981 kam es unter einem ehemaligen Vertrauten Elijah Muhammads, Louis Farrakhan, zur Wiedererstehung der N. I. Die sozialen Rahmenbedingungen der frühen 1980er Jahre ermöglichten, dass die Organisation v. a. unter den «gangs» in Los Angeles und New York zahlreiche Mitglieder rekrutieren konnte. Neben dem bereits unter Elijah Muhammad vorhandenen Separatismus kam unter Farrakhan ein zunehmender Antisemitismus hinzu, der Ende der 1980er Jahre zu kontroversen Diskussionen in der amerikan. Öffentlichkeit führte. In den 1990er Jahren verfolgte Farrakhan einen moderateren Kurs. 2010 führte Farrakhan die Schriften und Lehren der Scientology Sekte in die N. I. ein. Die N. I. hat heute nach divergierenden Schätzungen 20 000–50 000 Mitglieder. Viele Rap-Musiker, etwa Public Enemy (Professor Grip, Chuck D.), Ice-T, Ice Cube, Snoop Dog oder Sister Souljah, stehen bzw. standen der Organisation nahe. *Ep*

Lit.: Gardell, M.: In the Name of Elijah Muhammad: *Louis Farrakhan and the Nation of Islam*, 1996.

Nationalismus, Ideologie, welche eine durch gemeinsame Sprache, Herkunft und Siedlungsgebiet definierte Nation als höchste Form der Gemeinschaft ansieht und teilweise die eigene Nation über alle anderen stellt. In der islam. Welt kamen nationalist. Ideen Ende des 19. Jh. im Rahmen des → Modernismus auf. Sie bildeten eine Grundlage der neuen Staaten, welche aus den zerfallenden europäischen Kolonialreichen bzw. dem Osman. Reich im Balkan und später dem Maschrek hervorgingen. Daneben wurden auch überstaatliche N. wie der Panturkismus und der Panarabismus entwickelt. Eine jüngere Welle von N. löste die Unabhängigkeit zahlreicher ehemaliger Sowjetrepubliken in Zentralasien aus. Der N. widerspricht in gewisser Weise der islam. Idee einer Umma, welche alle Muslime umschließt (→ Panislamismus). Andererseits ist er für in der islam. Welt lebende Nichtmuslime attraktiv; arab. Christen z. B. forderten auf der Basis einer gemeinsamen arab. Nationalität und Sprache eine den Muslimen gleiche Stellung ein. Der islam. → Fundamentalismus entwickelte verschiedentlich eine Mehrphasenstrategie, in deren Rahmen zunächst innerhalb eines Nationalstaates eine islam. Ordnung etabliert werden soll, später erst in einer zu schaffenden Umma. Bedeutende Vertreter des N. waren Jamāl ʿAbd an-Nāṣir (Nasser, 1918–1970) in Ägypten sowie die Baʿth-Partei (arab. «Erweckung») in Syrien und dem Irak für die arab. Länder und Atatürk für die Türkei. *El*

Lit.: Schulze, R.: *Geschichte der islamischen Welt im 20. Jahrhundert*, 2016.

Naturwissenschaften. Griechisch-hellenist. und indisches naturwissenschaftliches Wissen wurde in der islam. Kultur hoch geschätzt und durch Übersetzungen zahlreicher Werke (Galens Medizin, Aristoteles' Zoologie) in das Arabische angeeignet. Eine wichtige Rolle spielte dabei die Förderung durch verschiedene Herrscher; herausragend etwa war die Einrichtung des *bait al-ḥikma* (arab. «Haus der Weisheit») unter dem ʿAbbasiden-Kalifen al-Maʾmūn in

Bagdad (830). Es bestand aus einer öffentlichen Bibliothek, einem berühmten Übersetzerbüro, einer Akademie und einem Observatorium. Eigenständige Forschungen betrieben Wissenschaftler des islam. Kulturkreises, sowohl Muslime als auch Juden und Christen, unter anderen in den Bereichen Medizin, Alchimie, Astronomie und Astrologie, Mathematik, Zahlenlehre, Geometrie, Geographie, Physik und Optik. Dabei koexistierten und konkurrierten magische Welterklärungsmodelle (→ Weltbild), Prinzipien der Kausalität (→ Philosophie) und experimentelle N. Viele der originalen arab. naturwissenschaftlichen Werke wurden ebenso wie die ins Arabische übertragenen antiken Texte von Europäern in das Lateinische übersetzt, wobei besonders die Übersetzerschule von Toledo in Spanien während des 12. Jh. große Bedeutung erlangte. Arab. N. besaß eine hohe Autorität im mittelalterlichen und frühneuzeitlichen Europa. Einer der herausragenden Naturwissenschaftler im islam. Raum war Jābir ibn Ḥayyān (721–815), der als der Begründer arab. Alchimie und Chemie gilt. In Bagdad wirkte der Mathematiker und Astronom al-Khwārizmī (780–850), dessen *Kitāb al-jabr wa al-muqābala* («Das Buch über Integration und Gleichungen») über die Grundelemente der Mathematik die Algebra begründete. Auf sein nur in der latein. Übersetzung erhaltenes Buch *Algoritmi de numero Indorum* («al-Khwārizmī über die indische Kunst des Rechnens») geht der Begriff «Algorithmus» zurück. Daneben verfasste er astronom. Tabellen, die auf indischen, teils auch griechischen Vorbildern beruhen. Meist waren Naturwissenschaftler Universalgelehrte wie al-Bīrūnī (973–1048), der sich u. a. mit Astronomie, Mathematik, → Kalender-Berechnung, Physik, Medizin, Geschichte und Volkskunde beschäftigte. Er diskutierte zustimmend die Theorie, dass die Erde sich um ihre Achse dreht und berechnete mit bemerkenswerter Exaktheit Breiten- und Längengrade. Der Astronom al-Battānī (vor 858–929, latein. Albategni oder Albatenius) beschäftigte sich intensiv mit den Bahnen von Mond und Sonne und war in der Lage, die Existenz von ringförmigen Sonnenfinsternissen zu beweisen. Ibn al-Haitham (965–1040, latein. Alhazen) gilt als einer der herausragenden Physiker und Optiker. Er entdeckte die Gesetze der Lichtbrechung und untersuchte die Spektralfarben des Lichts, entwickelte physikal. Theorien zu Schatten, dem Regenbogen, erklärte das Phänomen der camera obscura und den Vorgang des Sehens, wobei er wie Epikur davon ausging, dass Lichtstrahlen von dem Objekt in das Auge gelangen und so wahrgenommen werden können. Seine Vorgehensweise bei der Forschung zeigt, dass er von einer systemat. Beziehung zwischen Beobachtung, Hypothese und Verifizierung ausging. Umstritten ist in der Forschung, warum die Entwicklung der N. in der islam. Welt nach dem 14. Jh. weitgehend zum Stillstand kam. Im 19. Jh. forderten islam. Reformer wie Jamāl ad-Dīn al-→ Afghānī und Muḥammad → ʿAbduh die Übernahme westlicher Methoden und Institutionen naturwissenschaftlicher Forschung. Naturwissenschaftliche Fakultäten sind heute an allen Universitäten der islam. Welt selbstverständlich. Internationale Organisationen wie die Organisation der Islam. Konferenz gründeten und unterhalten Institutionen zur Förderung der Natur- und Humanwissenschaften wie die Islamic Academy of Sciences (IAS, gegründet 1986) mit Hauptsitz in Jordanien. Dass Forschung dort weniger spektakulär ist, liegt an mangelnden finanziellen Ressourcen und der Abwanderung begabter Forscher in den Westen. Seit den 1970er Jahren gibt es Versuche, islam. Glaubensansichten mit westlicher N. in Einklang zu bringen. Der Neologismus «Islam. Wissenschaft» steht für die These, dass diese Wissenschaft eine umfassendere metaphys. Qualität besäße, anders als die auf das Materielle reduzierte «westliche Wissenschaft». Wahre Islam. Wissenschaft könne allein aus dem «ersten Intellekt» stammen. Dieser Ansatz konnte sich in den N. nicht durchsetzen, besitzt aber in den Humanwissenschaften als islam. Anthropologie einige Attraktivität. Ein anderer Weg zur Harmonisierung von Glaube und N. ist die wissenschaftliche → Koranexegese (arab. *tafsīr ʿilmī*), mit der bewiesen werden soll, dass im Offenbarungstext der Muslime wesentliche Entdeckungen der modernen Wissenschaft vorhergesagt sind. *Sz*

Lit.: Huff, T. E.: *The Rise of Early Modern Science. Islam, China and the West*, 1993. – Nasr, S. H.: *Science and Civilization in Islam*, 1968. – Morrison, R.: *Islam and Science: The Intellectual Career of Nizam al-Din al-Nisaburi*, 2007.

Newroz (pers. *naurūz*), das iran. Neujahrsfest, das den Beginn des Frühlings am 21.3. markiert. Auch in der Islam. Republik Iran wird dieses traditionelle Fest von der Bevölkerung gefeiert. In der Türkei – und hin und wieder in Deutschland – sind die kurdischen Newrozfeiern Manifestationen einer eigenständigen kurdischen Kultur und werden nicht selten zu polit. Demonstrationen. *Pi-Ha*

Nomadismus, spezialisierte und an Umweltbedingungen angepasste Form von mobiler Weidewirtschaft, wobei Weide- und Siedlungsplätze period. oder saisonal verlegt werden. N. im eigentlichen Sinn beinhaltet somit nicht die bloße Verlegung von Herden unter Beibehaltung eines festen Wohnortes (Almwirtschaft). Nomad. Lebensformen finden sich in Anatolien, auf dem iran. Hochland und in Zentralasien, weiter bei den → Beduinen und den berber. Tuareg. Die Nomaden im Vorderen Orient halten v.a. Schafe und Ziegen, als Reit- und Nutztiere sind Pferde und Kamele von Bedeutung. Histor. spielte N. v.a. in Kombination mit tribaler Organisation eine Rolle (→ Stamm), wodurch Nomaden immer wieder als wichtige Akteure im Prozess der Neubildung von Staatswesen auftraten (Araber, Mongolen). Auch der Antagonismus zwischen N. und sesshafter Bevölkerung ist ein wiederkehrendes Merkmal in der Geschichte der Islam. Welt. Im Vorderen Orient ist zu unterscheiden zwischen nomad. Weidewirtschaft in Ebenen (Flächennomadismus zwischen Gegenden mit begrenzten Niederschlägen) und in Bergregionen (Taurus, Zagros), wo Migration zwischen Hoch- und Tiefland stattfindet (Sommer- und Winterweiden). Das Einkommen aus Fleisch, Milchprodukten und Wolle der Nutztiere ergänzen viele Nomaden durch eigenen landwirtschaftlichen Anbau und zunehmend auch durch jahreszeitliche Lohnarbeit. Nomad. Lebensformen gerieten im 20. Jh. unter Druck. N. wurde als Anzeichen von Rückständigkeit angesehen, Weidewirtschaft galt als unrentabel gegenüber intensiver Landwirtschaft, und Nomaden schienen unkontrollierbar und waren von staatlicher Infrastruktur nicht erreichbar. Direkte und indirekte Maßnahmen zur Sesshaftmachung finden sich daher in vielen modernen Staaten des Vorderen Orients. Heute noch existierender N. ist meist in verschiedensten Mischformen mit anderen Lebens- und Wirtschaftsweisen anzutreffen. *Wer*

Lit.: Scholz, F.: *Nomadismus. Theorie und Wandel einer sozio-ökologischen Kulturweise*, 1995. – Paul, J. (Hg.): *Nomad Aristocrats in a World of Empires*, 2013.

O

Offenbarung (arab. *waḥy*, «Eingebung», oder *tanzīl*, «Herabkunft»). Im Islam gilt der → Koran als die letzte und endgültige O. → Gottes, die → Muḥammad durch die Vermittlung des → Engels Gabriel empfing. Als erste O. werden traditionell die Suren 74 und 96 angesehen; die sog. «Nacht des (göttlichen) Ratschlusses» (arab. *lailat al-qadr*, 26./27. → Ramadan) erinnert an den Beginn der O. und wird bis heute festlich begangen. *Schö*

Opfer, rituelle Darbringung (real oder symbol.) wertvoller Güter an und/oder für eine Gottheit oder Heilige. Das für die islam. Religion bedeutendste O. ist die Schlachtung eines Tieres (in der Regel eines Schafes) am 10. Tag des Monats Dhū al-Ḥijja (→ Kalender, → Pilgerfahrt, → Festtage) als Teil der Pilgerfahrtsriten. Dieses Tieropfer soll die Gläubigen an Abrahams Bereitschaft zur Opferung seines Sohnes und an die Schlachtung eines Hammels an dessen Stelle erinnern. Andere, sehr vielfältige und häufig sehr lokalspezifische Opferarten gehören in den Bereich des Brauchtums. Dazu zählen z. B. Tieropfer, mit denen für Nachwuchs, insbesondere erstgeborene Söhne, gedankt wird (→ Geburt), und Votivgaben an Heilige als Bitte um oder zum Dank für deren Segen. – Seit ca. Anfang der 1980er Jahre (Iran-Irak-Krieg) gewinnt der Gedanke einer Opferung bzw. Selbstopferung als für die Sache des Islams erlittenes Martyrium (→ Märtyrer) zunehmend an Bedeutung in jihadist. Ideologien (→ Jihad). Die in jüngster Zeit häufigen sog. «Selbstmordattentate» lassen sich, aus der Täterperspektive, als Selbst-«O.» deuten. Sie sind jedoch häufig von der Führung und Strategen militanter islamistischer Gruppen geplante und angeforderte, gezielt eingesetzte militärtaktische Maßnahmen, weshalb (mit Takeda) auch von «O.-Attentaten» zu sprechen ist. Letzteres kann man von der Selbstverbrennung des tunes. Gemüsehändlers Mohamed Bouazizi, die den Volksaufstand gegen Präsident Ben Ali auslöste und damit am Anfang des sog. «Arab. Frühlings» stand, kaum sagen; die Verzweiflungstat wurde jedoch z. T. gleichfalls als

Selbst-«O.» gedeutet und erlangte wohl eben deshalb ihre eigentliche Wirkungmacht als Protest eines O. des Unrechtsregimes. *Gu*

Lit.: Bonte, P.: *Sacrifices en Islam. Espaces et temps d'un rituel*, 1999. – Combs-Schilling, M.E.: *Sacred Performance. Islam, Sexuality, and Sacrifice*, 1989. – Takeda, A.: «Das regressive Menschenopfer. Vom eigentlichen Skandalon des gegenwärtigen Terrorismus», *Vorgänge* 1/2012, 116–129.

Orientalistik. Die Beschäftigung mit dem Islam setzte in Europa schon kurz nach seiner Entstehung ein. Die erste latein. Koranübersetzung stammt allerdings erst aus dem 12. Jh. In dieser Zeit fand auch eine breite Rezeption der von den Muslimen weiterentwickelten antiken Kulturtradition (→ Philosophie, → Naturwissenschaften) statt. Wurden Muslime wegen ihres dem europäischen überlegenen Kulturstandards geschätzt, so war das Verhältnis zu ihnen doch von religiöser Feindschaft geprägt, welche eine unvoreingenommene Beschäftigung mit dem Islam weitgehend ausschloss. Eine wissenschaftliche, von der Theologie emanzipierte Islamforschung entstand erst im 18. Jh., als auch das Bild des «Orients» viele positive Züge trug. Basis der Forschung wurde seit dem 19. Jh. eine große Welle von Editionen und teilweise Übersetzungen von Texten aus der islam. Welt (→ Rückert). Unter den histor.-kritisch arbeitenden Interpreten dieses Materials sowie der häufig nach Europa importierten Handschriften ragen Ignaz Goldziher (1850–1921), Theodor Nöldeke (1836–1930) und Silvestre de Sacy (1758–1838) hervor, deren Werke teilweise bis heute gültig sind. Katalysator der Islamforschung wurde der → Kolonialismus, da den europäischen Mächten an einer Kenntnis der von ihnen unterworfenen Gesellschaften lag. England und Frankreich, aber auch die Niederlande (C. Snouck Hurgronje, 1857–1936) und Deutschland (C.H.Becker, 1876–1933) förderten in diesem Rahmen eine Forschung, die nicht allein nach Textkenntnis strebte, sondern auch ethnolog. ausgerichtet war. In der akadem. Islamforschung überwog jedoch das philolog. Interesse, wobei dem Schrifttum bis etwa zum 13. Jh., welches als Ausdruck der «klassischen» Periode galt, besondere Aufmerksamkeit zuteil wurde, während man die spätere Zeit als Verfallsepoche betrachtete. Große Umwälzungen fanden seit den 1970er Jahren statt. Zum einen wurde das Interesse an gegenwärtigen islam. Gesellschaften und an sozialwissenschaftlichen Fragestellungen im Allgemeinen stärker. Zum anderen geriet das

Selbstverständnis der Forscher ins Wanken. Der palästinens.-amerikan. Literaturwissenschaftler Edward Said veröffentlichte im Jahre 1978 ein Buch, in dem er bedeutenden Islamforschern vorwarf, sie hätten ein Bild eines wesensmäßig klar bestimmten «Orients» konstruiert, welches sie als «Wissenschaft» verkauften, das aber v.a. der Festigung europäischer Macht über diese Region diente. Mehr als die von islam. fundamentalist. Kreisen geäußerte Kritik an den Orientalisten (arab. *al-mustashriqūn*), die angeblich durch ihre histor.-kritische Hinterfragung des Korans u.a. grundlegender islam. Texte den Islam zerstören wollen, löste in der westlichen Orientalistik Saids Vorwurf merkliche Irritation aus. War man vielleicht bei bester Absicht doch in einem alten, vom Kolonialismus zementierten «Diskurs» gefangen? Fragestellungen interkultureller Hermeneutik rückten nunmehr verstärkt in das Blickfeld. Derzeit ist die Islamforschung zu einem großen Teil gegenwartsbezogen ausgerichtet. Quantitativ liegt der Schwerpunkt in den USA, aber auch in Deutschland steigt die Zahl der Wissenschaftler. Neben die 1845 gegründete «Deutsche Morgenländ. Gesellschaft» (DMG) ist mit der «Deutschen Arbeitsgemeinschaft Vorderer Orient» (DAVO) im Jahre 1993 eine Vereinigung getreten, deren Mitglieder sich vor allem Fragen der aktuellen Politik, Wirtschaft und Gesellschaft widmen. Der von ihnen bearbeitete geograph. Raum beschränkt sich weitgehend auf die islam. Welt, während die DMG auch Japanologen und Sinologen einbezieht und damit in gewisser Hinsicht den Orientbegriff des 19. Jh. fortführt. Allerdings ist allseits die Problematik der Bezeichnung des Faches bekannt. Statt «Orientalistik» wird im gegenwärtigen akadem. System in Deutschland oft «Islamwissenschaft» eingesetzt bzw. dem angelsächs. Vorbild folgend eine regionalbezogene Bezeichnung (z.B. «Westasiat. Geschichte») verwendet. Mehr noch als die Kollegen in den USA u.a. Ländern Europas stehen deutsche Orientalisten, wie auf dem 28. Deutschen Orientalistentag 2001 in Bamberg noch einmal geäußert wurde, dem Problem gegenüber, dass sie in der breiten Öffentlichkeit zu wenig wahrgenommen werden. Rufe nach dem Verlassen des «Elfenbeinturms» und vor allem mehr gesellschaftlicher «Relevanz» der Forschung werden lauter, wobei man andererseits aber auch betont, dass die Erforschung außereuropäischer Kulturen bewahrt und vor polit. Sparanstrengungen geschützt werden muss, auch wenn sie nicht unmittelbar wirtschaftlich nutzbar ist.

Gewichtige Forschungslücken bestehen etwa in der arab. Kultur- und Literaturgeschichte der Zeit zwischen dem 14. und 18. Jh. *El*

Lit.: Mangold, S.: *Eine «weltbürgerliche Wissenschaft». Die deutsche Orientalistik im 19. Jahrhundert*, 2004. – Irwin, R.: *For lust of knowing: The Orientalists and their enemies*, 2006.

Ornamentik gehört zu den Kennzeichen der islam. Kunst, weshalb in Europa der Begriff der «Arabeske» aufkam. Das Ornament kann in rhythm. Abfolge eine Fläche in jedwedem Material vollkommen überziehen. Ebenso sind die Muster allseitig verwendbar, es gibt keine materialspezifischen Ornamente. Zweifelsohne ist die hohe Kultur des Ornaments auf das → Bilderverbot zurückzuführen. Die künstler. Phantasie konzentrierte sich auf dieses Ausdrucksmittel und schuf damit eine Formensprache, die dem muslim. Betrachter verständlich war und ihn ästhet. befriedigte. Zwei Grundtypen des Ornaments sind zu unterscheiden: das vegetabile und das geometr. Beide Typen können miteinander verflochten und durch Schrift bereichert werden. Die → arab. Schrift kann auch unabhängig zu einem Ornament gestaltet werden (→ Kalligraphie). Neu in der islam. Kunst ist – im Gegensatz zur antiken Kunst – die Strukturierung des vegetabilen Ornaments durch geometr. Raster im quadrat. oder hexagonalen System, das sich damit endlos vervielfältigen lässt, und die Geometrisierung der vegetabilen Form selbst. Neu ist auch die Entwicklung eines mathemat. hochkomplizierten Systems für die Schaffung des geometr. Ornaments, das die Kenntnis der von der Antike ererbten mathemat. Konstruktionen weit übertrifft. Bereits im 10.–11. Jh. lassen sich Ornamente beobachten, die die seit der Antike bekannten Möglichkeiten übertrafen. Als einer der Höhepunkte lässt sich der sog. «Kassettenstil» ansehen, der sich formal als ein Sternengeflecht über einem hexagonalen Grundsystem darbietet. Dieses Ornament beherrscht die islam. Kunst von der Koranillumination bis zur → Architektur im 11.–16. Jh. Als eine in der islam. Kunst einmalige Schöpfung ist die Erfindung der Muqarnasformen anzusehen. Hier wird ein geometr. Grundmuster mit Hilfe von plastischen geometr. Elementen in die Dreidimensionalität überführt, wie z. B. das sphärische Dreieck. Damit ergibt sich die Möglichkeit, Gewölbe zu schaffen, deren Grundstruktur ein geometr. Muster darstellt, oder Übergänge zu bilden. Muqarnasgewölbe beherrschten die islam. Architektur vom 11.–17. Jh. in den Kernländern des Islams (z. B. auch in der Alhambra, Granada/Spanien, 13.–15. Jh.). Musterbücher verbreiteten Ornamentmotive und waren den Künstlern allgemein zugänglich. In bestimmten Zeiten, etwa der Epoche der Timuriden (→ Dynastien) im 15. Jh., wurden die Ornamente in einer Hofwerkstatt erfunden und verbreitet. Die Bedeutung eines Ornaments erschließt sich heute nicht ohne Weiteres. Das traditionelle Lebensbaummotiv z. B. in den → Mihrab-Nischen gehört zu den leichter verständlichen Ornamenten. *Fi*

Lit.: Aga Khan Programme for Architecture, 1988. – Baer, E.: *Islamic Ornament*, 1998. – Golombek, L.: *The Function of Decoration in Islamic Architecture. Theories and Principles of Design in the Architecture of Islamic Societies*, 1987. – Grabar, O.: *The Mediation of Ornament*, 1992. – Kühnel, E.: *Die Arabeske*, 1949. – El-Said, I./Parman, A.: *Geometric Concepts in Islamic Art*, 1976.

Osmanisches Reich, islam. Großreich in Europa, Asien und Nordafrika unter Herrschaft der Nachfahren des turkmenischen Stammesführers Osman (gest. 1324). Anfangs nur ein kleines Fürstentum im westlichen Kleinasien, brachten die Osm. im 14. und 15. Jh. Anatolien und weite Teile des Balkans und Schwarzmeerraums unter ihre Kontrolle. Mit der Einnahme Konstantinopels 1453 endete das Byzantinische Reich und Istanbul wurde zur Hauptstadt des Osm. Reichs (vorher Bursa, Edirne). 1516–1517 eroberten die Osm. den Maschrek und die Arabische Halbinsel, bald darauf den Maghreb außer Marokko. 1529 und 1683 belagerten sie Wien. Im 19. Jh. verloren die Osm. die Kontrolle über große Gebiete, es kam zur Ausbildung von Nationalstaaten auf dem Balkan und dem Ausgreifen der europäischen Kolonialmächte in den arabischen Provinzen. Die Niederlage des Osm. Reichs im Ersten Weltkrieg beendete die Herrschaft der Dynastie Osman und führte zur Schaffung der Staatenwelt auf dem Balkan und im Nahen Osten, wie sie bis heute im Wesentlichen fortbesteht. Die Republik Türkei wurde nach einem nationalen «Unabhängigkeitskrieg» unter der Führung → Atatürks 1923 gegründet. – Die Jahrhunderte währende Stabilität des Osm. Reichs gewährleistete eine durch Steuerbefreiung privilegierte, dem Sultan loyale Elite, welche Militär, Verwaltung und Justiz kontrollierte. Diese rekrutierte sich in der Phase der Eroberungen vorwiegend aus im Balkan ausgehobenen christlichen Jungen, die für den Palast- und hohen Staats- sowie den Militärdienst ausgebildet wurden und dem charismatischen Sultan direkt verbunden waren. Zwischen der Mitte des 16. und dem späten 18. Jh., als sich Krisen- und Stabilisierungsphasen abwechselten, lenkten einflussreiche Wesire und Paschas in Istanbul und den Provinzen das Reich, während sich die Sultane oft aus der Tagespolitik zurückzogen und primär als übergeordnete Legitimationsinstanz dienten. Wirtschaftlicher und gesellschaftlicher Wandel, Dezentralisierungstendenzen und die expandierenden europäischen Mächte machten einschneidende Reformen notwendig und führten im 19. Jh. erneut zu einer Konzentration der Macht in den Händen des Monarchen und zur Schaffung einer an westlichen Vorbildern angelehnten Bürokratie sowie eines modernisierten Militärs. Die in den Führungspositionen tätigen Absolventen ebenfalls westlich orientierter Bildungseinrichtungen konnten sich als neue intellektuelle Schicht neben der traditionellen Gelehrtenschaft etablieren. Ihr entstammten die wichtigsten Verfechter konstitutioneller Ideen. Mit der Revolution der Jungtürken 1908 und der Absetzung Sultan Abdülhamids II. (reg. 1876–1909) verlor die osm. Dynastie faktisch ihre Macht im Staat. 1922 wurde das Sultanat offiziell abgeschafft. – Die islam. Dynastie der Osmanen herrschte über eine Bevölkerung unterschiedlicher religiöser, ethnischer und kultureller Zugehörigkeiten. Die Islamisierung des vor allem von christlichen Griechen und Armeniern besiedelten Anatolien begann bereits in vor-osm. Zeit mit dem Eintreffen turkmenischer Stämme im späten 11. Jh. und wurde getragen durch mystische → Bruderschaften. Mit der osm. Eroberung der arab. Provinzen im frühen 16. Jh. und dem Ausbau staatlicher Verwaltung und Justiz verfestigte sich der islam. Charakter des Reiches. Die Rolle der sunnit. → Gelehrten erstarkte, heterodoxe Vorstellungen wurden zunehmend bekämpft und die hanafit. → Rechtsschule erlangte offiziellen Status. Als Herren der Heiligen Stätten in Mekka und Medina konnten sich die Sultane zu Hütern des Islams stilisieren; seit dem 18. Jh. bedienten sie sich durchgängig des Kalifentitels und signalisierten bis zur Abschaffung des → Kalifats 1924 so ihren Vertretungsanspruch für die Gemeinschaft aller Muslime (→ Umma). Nicht-muslim. Gemeinschaften genossen eine gewisse Autonomie, insbes. in der Rechtsprechung, waren aber zur Entrichtung der Kopfsteuer (*cizye*) verpflichtet. Dies änderte sich mit den Neuordnungen des 19. Jh., die u. a. die Gleichbehandlung aller

Männer des Reiches unabhängig von Religion und sozialem Stand vorsahen und aus Untertanen des Sultans loyale osm. Staatsbürger machen sollten. – Während sich nach dem Zerfall des Osm. Reichs alle Nachfolgestaaten um Abgrenzung zur osm. Vergangenheit und die Konstruktion eines unabhängigen «nationalen» Erbes bemühten, erfährt die osm. Epoche in den letzten Jahrzehnten wieder verstärkt Aufmerksamkeit. Die Nationalgeschichtsschreibungen vieler Staaten v.a. auf dem Balkan, aber auch in den arab. Ländern beschrieben die osm. Epoche lange als unterdrückerische Fremdherrschaft und unterschlugen gezielt insbes. die prominente Rolle der lokalen Eliten bei der Herrschaftsausübung und die zahlreichen Übernahmen und Symbiosen, zu denen es über die Jahrhunderte des Zusammenlebens kam. Das Gegennarrativ der «Pax Ottomanica» verklärt das Osm. Reich als Paradebeispiel für Toleranz und friedliches Zusammenleben der verschiedenen Religionen und Ethnien und negiert insbes. die institutionalisierten Ungleichheiten und die Anwendung von Gewalt bei der Herrschaftsausübung. Diese Sicht erfährt im Rahmen des «Neo-Osmanismus» in der Türkei der letzten Jahre eine neue Blüte und sorgt regelmäßig für außenpolitischen Sprengstoff, v.a. in der Frage der Anerkennung des Genozids an den Armeniern während des Ersten Weltkriegs. Auch innenpolitisch birgt der Umgang mit dem osm. Erbe in vielen Nachfolgestaaten des Osm. Reichs sowohl Identifikations- als auch Konfliktpotential. Die vermehrte Behandlung der osm. Epoche in Schulen und Universitäten, die verstärkte osm. Präsenz im Stadtbild und in der Populärkultur durch Restaurierungen und Wiederaufbauten historischer Gebäude sowie die Vermarktung osm. Literatur, Musik und Küche hat zu einer Neuentdeckung und oft Neuidentifikation mit der osm. Vergangenheit geführt. Während sich pseudo-historische Seifenopern und Wasserpfeifencafés über die Türkei hinaus an Beliebtheit erfreuen, sind die türkische Geschichtspolitik und Erinnerungskultur gleichzeitig Anlass heftiger und z.T. gewalttätiger Auseinandersetzungen (z.B. die «Gezi Park-Proteste» anlässlich der osmanisierenden Neugestaltung des Taksim-Platzes in Istanbul 2013). Kritiker betrachten das erwachte Interesse offizieller türkischer Stellen für das osm. Erbe nicht nur als Ausdruck des veränderten Selbstverständnisses einer neuen türkisch-isl. Elite, sondern auch als ein Mittel zur Durchsetzung politischer und wirtschaftlicher Interessen. Die Erhaltung osm.

Kulturgüter ist dabei eng mit dem Tourismus verknüpft, der einen bedeutenden Faktor der türkischen Wirtschaft darstellt und vielerorts vom osm. Erbe lebt. *Kl*

Lit.: Kreiser, K. / Neumann, C. K.: *Kleine Geschichte der Türkei*, 2009. – Finkel, C.: *Osman's Dream: The History of the Ottoman Empire*, 2005.

P

Panarabismus, eine arab.-nationalist. Ideologie, die als einigendes Identitätsmerkmal eines anzustrebenden gemeinsamen arab. Nationalstaates die arab. Sprache zugrundelegt. Damit konkurriert der theoretisch überkonfessionelle P. mit panislam. Ideen (→ Panislamismus). Die Revolte von → Scharif Ḥusain gegen das Osman. Reich (1917) und die Einrichtung eines arab. Königtums (1917–1924) im Hedschas (Arab. Halbinsel) gelten als erste Ergebnisse dieser ideolog. Strömung. Der bedeutendste Vordenker des P. war Sāṭiʿ al-Ḥuṣrī (1880–1961). Zunächst Anhänger der Bewegung der Jungtürken, entwickelte er ab 1919 den arab. Nationalismus, wobei er sich auch auf Nationalisten der Deutschen Romantik bezog. 1945 wurde die Arab. Liga gegründet, die panarab. Ziele verfolgte. Unter Jamāl ʿAbd an-Nāṣir (Nasser) erhielt der arab. Nationalismus in Ägypten den Rang einer Staatsideologie, während die wesentlich von Michel Aflaq (1910–1989) entwickelte Idee der arab. Wiedergeburt, die Baʿth-Ideologie, in Syrien und Irak zur Staatsdoktrin wurde. Nasser propagierte einen vereinigten arab. Staat als einen «Dritten Weg» zwischen den damaligen beiden Supermächten USA und UdSSR. Die kurzfristige Vereinigung von Syrien und Ägypten 1958–1961 scheiterte wie auch Verhandlungen über eine Vereinigung mit dem Irak. Durch die finanzielle Abhängigkeit vieler arab. Staaten vom Ölreichtum Saudi-Arabiens, welches die populären islam. Ideologien unterstützt, verliert die panarab. Idee zunehmend an Bedeutung. *Sz*

Lit.: Speer, S.: «Der Pan-Arabismus – eine gescheiterte staatenübergreifende Idee?», in Rüdiger Robert/Daniela Schlicht/Shazia Saleem (Hg.): *Kollektive Identitäten im Nahen und Mittleren Osten. Studien zum Verhältnis von Staat und Religion*, 2010, 75–93.

Panislamismus. Gemeinschaft und Solidarität der Muslime wurden in der islam. Welt schon seit jeher beschworen. Der P. ist demgegenüber eine Ideologie, die als Antwort auf das europäische Vordringen im Nahen Osten und auf dem Indischen Subkontinent seit ca. 1870 insbesondere in Kreisen osman. Intellektueller entstand und einen ihrer Hauptvertreter in Jamāl ad-Dīn al- → Afghānī hatte. Unter Abdülhamid II. (reg. 1876–1909) wurde P. zur osman. Staatsdoktrin, mit welcher der osman. → Sultan, der sich auch als Kalif und damit als spirituelles und weltliches Oberhaupt aller Muslime verstand, nationalist. Tendenzen entgegenwirken wollte. Im Ersten Weltkrieg bemühten die Osmanen panislam. Propaganda vergeblich zur Unterstützung der Achsenmächte. Nach 1918 ging die Bedeutung der panislam. Ideen zurück, auch bedingt durch die Abschaffung des → Kalifats (1924) als einigendes Symbol durch die Türk. Republik. Es kam zwar noch zu verschiedenen Konferenzen über die Perspektiven des P., 1924 in → Mekka, 1926 in Kairo und Mekka, 1931 in Jerusalem und 1935 in Genf, jedoch war er gegenüber nationalist. u. a. Ideologien in der Zwischenkriegszeit benachteiligt. Der P. gewann nach dem Zweiten Weltkrieg erneut an Attraktivität, und v. a. Saudi-Arabien nutzte ihn, um dem säkularen → Panarabismus, besonders in Form des Nasserismus, entgegenzuwirken. Zu diesem Zweck wurde 1962 die Liga der islam. Welt als Dachorganisation für islam. Nichtregierungsorganisationen gegründet. Auch die Organisation der Islam. Konferenz (gegründet 1969) hat zum Ziel, die Solidarität der islam. Staaten und die Verbreitung der panislam. Idee zu fördern. *Sz*

Lit.: Landau, J.: *Panislam*, 1990. – Robert, R. u. a. (Hg.): *Kollektive Identitäten im Nahen und Mittleren Osten. Studien zum Verhältnis von Staat und Religion*, 2010.

Persische Literatur. Die frühesten Belege einer (neu-)persischen, d. h. mit arab. Lettern geschriebenen Literatur (→ Persische Sprache) sind Gedichte aus der Mitte des 9. Jh. Mit der Wende vom 10. zum 11. Jh. setzte in den nordöstlichen Provinzen Khorasan und Transoxanien eine umfangreiche literar. Produktion in persischer Sprache ein. Um 1000 n. Chr. bearbeitete Firdausī die Geschichte Irans von mythischen Anfängen bis zur Islamisierung in dem oft als «Nationalepos» bezeichneten *Shāhnāme* (50–60 000 Verse). Das frühe persische Prosaschrifttum besteht v. a. aus historiograph. und Fürstenspiegelliteratur. Die gereimten Gattungen mit strengen formalen Regeln waren bis ins 20. Jh. hinein dominant. Grundeinheit ist der Doppelvers (pers. *bait*), der in der klassischen Dichtung auch die Sinneinheit bildet. Das *mathnavī* (reimende Doppelverse) wird als Langgedicht v.a. für Epen verwendet; Kassiden (pers. *qaṣīde*, erster Doppelvers mit Binnen-, die übrigen mit Endreim) sind häufig panegyrische, aber auch elegische und Spottgedichte; lyrische Dichtung findet sich in Form des Ghasels (arab./pers. *ghazal*, ca. 7–15 Doppelverse, Reimschema wie die Kasside); als Robai (*rubāʿī*, Vierzeiler) werden spontane Kurzgedichte und Epigramme gereimt. Die poetolog. Regeln wurden aus dem Arabischen adaptiert, und es entwickelte sich ein für die persische Dichtung spezifisches bildersprachliches System. Die bekanntesten Vertreter klassischer persischer Dichtung sind neben Firdausī (gest. 1021) ʿUmar Khayyām (gest. 1138), der für seine Vierzeiler berühmt wurde; Niẓāmī (gest. 1209), der fünf Epen teils romantischen, teils philosophisch-didaktischen Inhalts schuf; ʿAṭṭār (gest. ca. 1220), unter dessen religiös-mystischen Epen *Manṭeq al-ṭayr* (dt. Die Konferenz der Vögel, 2013) das bekannteste ist; Jalāl ad-Dīn Rūmī (gest. 1273), dessen *Mathnavi-ye maʿnavī* («Geistiges Mathnawi») einen Grundtext islamisch-mystischer Dichtung darstellt; Saʿdī (gest. 1292), dessen unterhaltend-belehrende Anthologie Gūlistān («Rosengarten») eines der populärsten Werke im persischen Sprachraum ist; → Ḥāfiẓ (gest. 1389/90) und der Dichter und Mystiker Jāmī (gest. 1492). Auch außerhalb Irans (Osman. Reich, Zentralasien, Indien) bedienten sich berühmte Dichter der persischen Sprache, z.B. Amīr Khusrau Dihlavī (gest. 1325 in Delhi) und Bēdil (gest. 1721 in Delhi). Der indo-pakistanische Dichter Muḥammad Iqbal (1877–1938) dichtete noch im ersten Drittel des 20. Jh. auf Persisch. Die auffallendsten Entwicklungen im 20. Jh. in Iran sind eine verstärkte Hinwendung zur Prosa und ein freierer Umgang mit den prosod. Regeln. Die Konstitutionelle Revolution (1905–1911) förderte politische und sozialkritische Inhalte in der Dichtung. Während die traditionellen Muster in Gebrauch blieben, brachen innovative Dichter und Dichterinnen die strengen formalen Regeln auf und fanden zu einer neuen Bildersprache und Thematik (Nīmā Yūshīj, 1895–1951; Forūgh Farrokhzād, 1935–1967). Die moderne persische Prosaliteratur entwickelte sich vor dem Hintergrund traditioneller Erzählungen vom Typ → Tausendundeine Nacht, des im 19. Jh. florierenden Memoirenschrifttums (Reiseberichte, Autobiographien) und Übersetzungen aus westlichen Sprachen (v.a. Französ. und Russisch). Als erste Sammlung moderner Kurzgeschichten gilt der Band *Yekī būd yekī nabūd* («Es war einmal»,

1921) von Muḥammad ʿAlī Jamālzāde (1892–1997). Die erfolgreichste Prosaform war bis in die 1970er Jahre die Kurzgeschichte, und die bekannten Autoren der Pahlavizeit (1925–1979) haben sich mit dieser Gattung einen Namen gemacht. Ṣādegh Hedāyat (1903–1951) hinterließ ein umfangreiches Prosaschrifttum, als sein Hauptwerk gilt die surrealistische Novelle *Būf-e kūr* (1936; dt. Die blinde Eule, 1990). Als erste Prosaautorin wurde Sīmīn Dāneshvar (1921–2012) mit dem Roman *Savūshūn* (1969) bekannt. Daneshvars Ehemann Jalāl Āl-e Aḥmad (1923–1969), ein bedeutender Autor und Essayist, hat mit *Gharbzadegī* («[Erkrankt an der] Verwestlichung», 1962) einen Schlüsseltext der Islamischen Revolution (1979) geschrieben. Hūshang Golshīrī (1937–2000), einer der aktivsten Schriftsteller und öffentlichen Vertreter der literar. Szene, hatte 1969 mit seinem ersten, in stream-of-consciousness-Technik geschriebenen Kurzroman *Shāzde Eḥtejāb* (dt. Prinz Ehtedschab, 2001) auf sich aufmerksam gemacht. Viele Autoren nahmen in ihren Werken kritisch zu den polit. und sozialen Zuständen in Iran Stellung (engagierte Literatur). In den letzten zwei Jahrzehnten des 20. Jh. sind vermehrt Autorinnen in Erscheinung getreten, z. B. Shahrnush Pārsīpūr, geb. 1945, mit *Ṭūbāva maʿnā-ye shab* («Tuba und die Bedeutung der Nacht», 1989; dt. Tuba, 1997). Außerdem hat der Roman an Boden gewonnen, der auch internationale Strömungen wie den magischen Realismus und postmodernes Schreiben aufnimmt. Die staatliche Zensur beherrscht das literar. Leben bis auf kurze Ausnahmephasen bis heute. Mit der Emigration iranischer Autorinnen und Autoren entstand in Europa und Nordamerika eine umfangreiche Exilliteratur, die teils auf persisch, teils in der Sprache des Gastlandes (z. B. die Graphic Novel Persepolis (frz.) von Marjane Satrapi, geb. 1969) erscheint. Die dramat. Literatur des 20. Jh. entwickelte sich unter dem Einfluss des europäischen Dramas. Indigene Vorbilder sind das religiöse Passionsspiel Taʿzīye (→ ʿĀshūrāʾ), volkstümliche komische Aufführungsformen und die szenischen Darbietungen professioneller Erzähler. Zu den bekanntesten modernen Dramatikern zählen Gholam Hoseyn Saʿedi (1936–1985) und Bahram Beyzaʾi (geb. 1938), der sich auch als Drehbuchautor und Filmemacher einen Namen machte. *Ha-Hi*

Lit.: Behzad, F./Bürgel, J. C./Herrmann, G.: *Iran (Moderne Erzähler der Welt)*, 1978. – de Bruijn, J. T. P. (Hg.): *General Introduction to Persian Literature*, 2009 (*A History of Persian Literature,* Bd. 1). – Enderlein, V./Sundermann, W.:

Schāhnāme. Das persische Königsbuch. Miniaturen und Texte, 1988. – Fotouhi, S.: *Literature of the Iranian Diaspora*, 2015. – *Nizami: Chosrou und Schirin*, übers. von J. C. Bürgel, 1980. – Rypka, J.: *History of Iranian Literature*, 1968. – Scharf, K. (Hg., Übers.): *Der Wind wird uns entführen. Moderne persische Lyrik*, 2006. – Talattoff, K.: *The Politics of Writing in Iran*, 2000. – Yarshater, E.: *Persian Literature*, 1988.

Persische Sprache. Die p. S. gehört zur Gruppe der iran. Sprachen, die wiederum einen Teil der indogerman. Sprachen bilden. Weitere lebende iran. Sprachen sind das Paschtu (Afghanistan) und das Ossetische (Kaukasus). Das heute in drei Hauptvarianten (Dari, offizielle Sprache Afghanistans, Tajik in Tadschikistan und Farsi im Iran) vorkommende Neupersische leitet sich vom Altpersischen (bis 4./3. Jh. v. Chr.) sowie dem darauf aufbauenden mittelpersischen Pahlawi (250 v. Chr – 700. n. Chr.), der Hauptsprache des von den Muslimen zerschlagenen Sassanidenreiches, her. Die arab. Eroberung führte zu einer Dominanz der → arab. Sprache, da diese nicht nur Idiom der Herrscher, sondern auch sakrale Sprache war und mit der → arab. Schrift eine von Muslimen ebenfalls als sakral angesehene Form der Fixierung besaß. Die ältere p. S. konnte sich aber behaupten, indem sie sich islamisierte und sich damit zum Neupersischen wandelte. Ein offensichtlicher Aspekt dieser Wandlung war die Übernahme der arab. Schrift, die mit neuen Zeichen versehen wurde, um dem Lautbestand der p. S. Rechnung zu tragen. Zweitens fand die Übernahme vieler religiöser Termini statt, die ihre orthograph. Gestalt beibehielten. Die Einbindung von Fremdworten ermöglichte die p. S. durch das ihr eigene Phänomen der komplexen Verben. Dabei kann ein Hilfsverb wie *kardan* («machen») mit jeglichen Nomina verbunden werden. Waren es zunächst arab. Begriffe, so kam im 13.–16. Jh. auch eine Zahl an mongol. und türk. Begriffen hinzu sowie seit dem 19. Jh. europäische Worte. Allerdings behielt die p. S. einen hohen Grad an Eigenständigkeit. Manche islam. Termini wie «Gebet» (arab. *ṣalāt*, pers. *namāz*) wurden nicht arabisiert. Des Weiteren ist die p. S. durch die von dem semit. Arabisch stark abweichende Grammatik getrennt. Sie ähnelt in dieser Hinsicht eher den roman. oder german. Sprachen. Ein früher neupersischer Text ist die Interlinearübersetzung des Korans aus Maschhad (10. Jh.). Später entstanden große Werke der → persischen Literatur, dennoch hat die p. S. das Prestige der arab. Sprache als Träger islam. Kultur nicht erreicht, wurde aber als zweite Sprache anerkannt. Das Neupersische erlangte Modellcharakter für die Islamisierung z.B. des türkischen Osmanisch und die Bildung des Urdu (Pakistan), die beide neben dem arab. einen großen persischen Wortschatz aufweisen. Mehr noch als in geschriebener Form war die gesprochene p.S. als *lingua franca* jahrhundertelang im Osten der islam. Welt verbreitet. Viele Nichtmuttersprachler beherrschten sie, was u.a. durch ihre einfache Morphologie, Nominal- und Verbalflexion erleichtert wurde. Die erheblichen Probleme der Syntax betreffen vor allem die höhere Schriftsprache. Gefördert wurde die p.S. auch dadurch, dass sie zur Hofsprache (Dari, «Höfisch») bedeutender → Dynastien avancierte. Besonders die persischstämmigen Samaniden (819–1005) verhalfen ihr zu großer Blüte im ostiran. Raum. Die größte Verbreitung erlangte die p.S. dann seit dem 13. Jh. im Mongolenreich. Auf dem Indischen Subkontinent war sie offizielle Sprache bis 1835, als die Amtssprache Englisch wurde. Im Kaukasus wurde sie erst durch die Sprache der russischen Eroberer und verschiedene Turksprachen, in Xinjiang durch das Chinesische verdrängt. *El*

Lit.: Fragner, B.: *Die «Persophonie». Regionalität, Identität und Sprachkontakt in der Geschichte Asiens*, 1999.

Personennamen werden bei der → Geburt verliehen und entsprechen in etwa europäischen Vornamen. Aufgrund der zentralen Stellung des Arabischen als Kultsprache sind islam. P. meist arab. Ursprungs. Bei der → Konversion zum Islam wird ebenfalls ein arab. Name angenommen. Nichtarab. muslim. Völker verwenden oft einheim. und arab. P. nebeneinander. Ein vollständiger arab. Name konnte früher aus fünf Teilen bestehen. In der Neuzeit sind derartig komplizierte Namen aufgegeben worden, und es wird meist nur noch zwischen Familien- und Vornamen unterschieden. Daneben wird der Ehrenname (arab. *kunya*), eine Zusammensetzung von Abū «Vater von» bzw. Umm «Mutter von» verbunden mit dem Namen des ersten Sohnes, volkstümlich anstelle des Vornamens gebraucht. Als Vornamen sind Namen bedeutender Persönlichkeiten der islam. Geschichte wie → Muḥammad, → ʿAlī, → Ḥusain, → Aischa oder → Fāṭima beliebt. Andere P. sind mit «Allāh» oder anderen Namen Gottes zusammengesetzt, z.B. ʿAbd Allāh «Diener Gottes» oder ʿAbd ar-Raḥmān «Diener des Barmherzigen» (→ Gottesnamen), oder auch mit *dīn* «Religion» wie Jamāl ad-Dīn «Schönheit der Religion». Manche arab. P. wurden in den entlehnenden Sprachen umgeformt, so wird etwa Muḥammad im Türkischen zu Mehmed. *Sto*

Lit.: Schimmel, A.: *Von Ali bis Zahra. Namen und Namengebung in der islamischen Welt*, 1989. – Dies.: *Herr Demirci heißt einfach «Schmidt». Türkische Namen und ihre Bedeutung*, 1992.

Philosophie (arab. *falsafa*). Die islam. P. versuchte, die koran. Auffassung von Gott und dem Sein mit einer auf die griechische P. zurückgehenden Sichtweise in Einklang zu bringen. Zentrale Fragen sind u. a. der Rang von → Offenbarung und Vernunft bei der Wahrheitsfindung, Erkenntnistheorien, → Ethik und Staatstheorien. Neben der manchmal konfliktreichen Beziehung zur → Theologie war die islam. P. aufgrund der angewandten Methoden eng mit → Medizin und → Naturwissenschaften verbunden. Seit dem 8. Jh. wurden – gefördert durch einige Kalifen, insbesondere al-Maʾmūn (reg. 813–833) – von syrisch sprechenden christlichen Gelehrten griechische Philosophen übersetzt. Im Mittelpunkt der Rezeption standen Aristoteles und Platon, für die → Mystik die alexandrin. Neuplatoniker. Frühester islam. Philosoph ist al-Kindī (800–ca. 870), der im Einklang mit der muslim. Offenbarung die Erschaffung der Welt ex nihilo zu beweisen suchte. Er führt einen aristotel. Gottesbeweis und argumentiert, dass das wahre Eine bewegungslos, zeitlos und nicht prädikabel sei und so die Ursache des Daseins. Ar-Rāzī (865–925 oder 932, latein. Rhazes) dagegen geht im Sinne des Atomisten Demokrit und der Epikureer von einer Ewigkeit der Materie aus, welcher der göttliche Schöpfungsakt Ordnung und Form verleiht. Ar-Rāzī stellt eine der zentralen Fragen islam. P. und Theologie, nämlich ob die Welt durch einen Zwang in der göttlichen Natur geschaffen wurde, was er verneint. Er entwirft eine philosoph. Ethik, die eine rationale Kontrolle der Leidenschaft fordert. Erlösung ist durch den philosoph. Weg möglich. Auf dieser Annahme beruht seine Ablehnung der Notwendigkeit des Prophetentums. Al-Fārābī (870–942) entwickelt eine neuplaton. emanative Kosmologie, die von den meisten späteren Philosophen übernommen wird. Das Eine ist der Gott des Aristoteles, Intelligenzen und Sphären sind Emanationen von Gott. Al-Fārābīs polit. Denken geht von dem Menschen als kleinem Universum aus. Als *zoon politikon* sollte er in einem von der Vernunft regierten Gemeinwesen leben. Es ist erforderlich, dass als erster Herrscher ein Philosophen-König, der gleichzeitig → Prophet ist, regiert. Dieser kann die Symbole der Offenbarung in theoret.-rationaler Form interpretieren. Daher gibt es al-Fārābīs Ansicht nach keinen Widerspruch zwischen P. und Religion. Die Sprache der Offenbarung sei – im Unterschied zur P. – figurativ, um von der Mehrheit der Menschen verstanden zu werden. Ibn Sīnā (980–1037, latein. Avicenna) vertritt wie al-Fārābī die aristotel. Theorie von der Ewigkeit der Welt. Auch in seinen Ansichten über das Prophetentum kommt er denen al-Fārābīs nahe. Da Propheten mit dem Göttlichen in Kontakt stehen, sind sie gleichzeitig Mystiker. Seine Gedanken leben in der von as-Suhrawardī (gest. 1191) begründeten Ishrāqī (Erleuchtungs-) Schule der persischen Philosophen fort. Der bedeutende Gelehrte und Anhänger der ashʿarit. → Theologie al-Ghazzālī (1058–1111, latein. Algazel) gilt als der einflussreichste Kritiker der islam. Philosophen. Er missbilligte in seinem *Tahāfut al-falāsifa* (Destructio philosophorum, «Der innere Widerspruch der Philosophen») v. a. die philosoph. Ansichten über die Ewigkeit der Welt, über das Prophetentum und Gott und erklärte deren Vertreter zu Ungläubigen. Al-Ghazzālīs Kritik bewirkte einerseits eine zunehmende Auseinandersetzung mit P. unter den sunnit. Gelehrten, andererseits brachte sie die philosoph. Debatte voran. Gegen ihn schrieben die spanischen Philosophen Ibn Bājja (gest. 1138, latein. Avempace), Ibn Ṭufail (1105–1185, latein. Abubacer) und insbesondere Ibn Rushd (1126–1198, latein. Averroes), der als der wichtigste Aristoteliker unter den islam. Philosophen gilt und dessen Schriften für die europäische Aristotelesrezeption von großer Bedeutung waren. Seine Erwiderung auf al-Ghazzālīs Kritik, *Tahāfut al-tahāfut* (Destructio destructionis, «Der innere Widerspruch von ‹Der innere Widerspruch der Philosophen›»), verteidigt P. rechtlich und theolog. und untersucht die Natur der Kausalität, womit er sich gegen den ashʿarit. Occasionalismus (→ Schöpfung) wendet. Die Forschung betrachtet das Werk des Averroes als Höhepunkt der islam. P. Im 20. Jh. werden in der arab. Welt zum einen die Synthesen Ibn Rushds für eine islam. P. wiederentdeckt, mit der Rationalität und Offenbarung in Einklang gebracht werden sollen. Zum anderen finden, teils in eklekt., teils auch synthet. Weise, positivist., hegelian., marxist. und existentialist. Gedanken Widerhall. V. a. maghrebin. Denker beziehen sich auf postmoderne französ. P. Islamist. Denker sehen in der P. oft ein Werkzeug des Westens zur Zerstörung von Wertesystem und Weltanschauung des Islams. *Sz*

Lit.: Kügelgen, A. v.: *Averroes & die arabische Moderne. Ansätze zu einer Neubegründung des Rationalismus im Islam*, 1994. – Leaman, O./Nasr, S. H. (Hg.): *A History of Islamic Philosophy*, 1993. – Rudolph. U.: *Islamische Philosophie. Von den Anfängen bis zur Gegenwart*, 2004.

Pilgerfahrt (arab. *ḥajj*) nach → Mekka im islam. Monat Dhū al-Ḥijja («Monat des *ḥajj*») stellt eine der → Fünf Säulen, d. h. Grundpflichten der Muslime, dar. Einmal in seinem Leben soll jeder Muslim, der dazu körperlich und finanziell in der Lage ist, die P. zu den heiligen Stätten unternehmen. Die Pilger müssen sich vor Beginn der Riten des *ḥajj* in einen Zustand der rituellen Weihe (arab. *iḥrām*) versetzen. Äußerliches Zeichen dafür ist u. a. ihre aus weißen Tüchern bestehende Bekleidung. In Mekka angekommen, verrichten die Pilger die siebenmalige Umschreitung der → Kaaba (arab. *ṭawāf*), die obligatorisch ist, aber nicht zu den eigentlichen *ḥajj*-Riten gehört. Unter diesen sind folgende besonders hervorzuheben: Am 8. Dhū al-Ḥijja versammeln sich die Pilger in dem Ort Minā (oder Munā) östlich von Mekka, wo sie die Nacht verbringen. Am nächsten Tag wandern sie zum Berg ʿArafāt in der gleichnamigen Ebene. Dort verweilen sie, hören eine Predigt und beten. Wieder zurück in Minā dienen Steinwürfe an festgesetzten Stellen der Verwünschung des Teufels. Am 10. Dhū al-Ḥijja findet das Opferfest (→ Opfer) statt. Den Abschluss der obligator. Riten bildet ein weiterer *ṭawāf*. Von Teilnehmern wird die P. als großes spirituelles Erlebnis beschrieben. Nach der Rückkehr werden die Pilger in ihren Heimatorten besonders geehrt, oft bemalen Nachbarn ihre Häuser mit Bildern der heiligen Stätten oder auch der Flugzeuge, welche die Pilger beförderten. Ein Muslim wird, wenn er die obligator. P. absolviert hat, mit dem Ehrentitel *ḥājj* angesprochen; eine Muslimin wird *ḥājja* genannt. Die P. nach Mekka außerhalb des Monats Dhū al-Ḥijja (arab. *ʿumra*) hat nicht den verpflichtenden Charakter des *ḥajj*, gilt aber als verdienstvoll. *El*

Lit.: Faroqhi, S.: *Herrscher über Mekka : die Geschichte der Pilgerfahrt*, 1990. – Schimmel, A.: *Das islamische Jahr. Feste und Zeiten*, 2001.

Predigt (arab. *khuṭba),* begleitet das gemeinschaftliche Gebet am

Freitag sowie Gebete an den beiden kanon. Festtagen. Die P. kann prinzipiell von jedem Muslim gehalten werden, wird aber wenn möglich durch den Vorbeter (→ Imam) oder einen besonderen Prediger (arab. *khaṭīb*) auf einer erhöhten Kanzel (→ Minbar) in der → Moschee vorgetragen. Sie enthält neben verschiedenen Gebetsformeln moral. Ermahnungen und Geschichten zur Erbauung. Schon seit frühen Zeiten hat die P. auch eine polit. Funktion. Teil der P. war und ist teilweise bis heute die Nennung des regierenden Herrschers, wodurch dessen Legitimität bestätigt wird. Prediger können sich aber auch kritisch zu Politik und sozialen Umständen äußern. *El*

Lit.: Antoun, R. T.: *Muslim Preacher in the Modern World. A Jordanian Case Study in Comparative Perspective*, 1989. – Schreiber, C.: *Inside Islam. Was in Deutschlands Moscheen gepredigt wird*, 2017.

Presse. Frühe Formen der period. P. in oriental. Sprachen entstanden zwischen 1828 und 1858 in verschiedenen Städten der islam. Welt (Kairo 1828, Istanbul 1831, Teheran 1837, Beirut 1858) und gingen auf staatliche Initiativen zurück. Eine Vielzahl von privaten Zeitschriften wurde in der zweiten Hälfte des 19. Jh. gegründet. Neben Nachrichten aus dem In- und Ausland enthielten sie Meldungen über technolog. und wirtschaftliche Entwicklungen sowie Leserbriefe mit Anfragen und Diskussionsbeiträgen zu einem breiten Themenspektrum. Heute existieren in allen Ländern mehrere Tageszeitungen und eine große Vielfalt an Zeitschriften, wobei Auflagenhöhe und Verbreitungsgrad regional große Unterschiede aufweisen. Viele Presseorgane sind staatlich, und fast alle kämpfen gegen strenge Zensurbestimmungen an. Schwerpunkt von Tageszeitungen ist die nationale und internationale Politik, dazu kommen Nachrichten aus Kultur, Wirtschaft, Sport sowie lokale Meldungen. Das Spektrum bewegt sich weniger zwischen links und rechts als zwischen regierungsnah und oppositionell. Zeitungen und Zeitschriften sind oft Forum für lebhafte Diskussionen über Politik, Kultur und Gesellschaft. Daher sind es vielfach Journalisten, die wiederholt Angriffsziel von Seiten des Staates oder islamist. Organisationen werden. Nur die wenigsten Zeitungen haben eigene Korrespondenten im Ausland, und so werden überwiegend die Meldungen internationaler Presseagenturen ausgewertet. Von Gründungszeiten an unterhalten einige Periodika eine Rubrik, in der Leserinnen und Leser einen muslim. Gelehrten um ein Rechtsgutachten (→ Fatwa) in persönlichen Angelegenheiten bitten. Die Themen reichen von alltäglichen Problemen über Scheidung, pädagog. Fragen bis zu öffentlichen Rechtsstreitigkeiten. Öffentliche Fatwa-Anfragen werden heute zunehmend ins → Internet verlagert. Ein breites Spektrum von Zeitschriften umfasst die Bereiche Literatur, Kultur, Wissenschaft, Religion und Politik. Darunter befindet sich eine Vielfalt an Kolumnen oder eigenen Zeitschriften, die sich mit der sozialen Rolle der Frau auseinandersetzen (→ Feminismus). Einige islamist. Organisationen sowie polit. Gruppierungen unterhalten eigene Presseorgane. Viele der großen Zeitungen und Magazine sind auch in Deutschland erhältlich und werden teilweise in Europa gedruckt. Daneben sind die meisten von ihnen auch im Internet vertreten. *Wei*

Lit.: Herzog, C. u. a. (Hg.): *Presse und Öffentlichkeit im Nahen Osten*, 1995. – Mellor, N.: *The Making of Arab News*, 2005.

Propheten (arab. *al-anbiyāʾ*, sg. *an-nabī*). Im → Koran finden sich wiederholt Prophetenlisten (Suren 4:163 ff., 6:83 ff.). Neben den bedeutenden P. der → Thora (→ Abraham, → Moses) und → Jesus kennt der Islam drei arab. P.: Hūd, Shuʿaib und Ṣāliḥ; Noah gilt als erster Strafprophet (Sure 11:36). Nach islam. Verständnis wurden P. an alle Völker ausgesandt (Suren 13:7, 35:24). Bedeutende jüd. P. wie Amos, Elias, Jeremia, Jesaja und Ezechiel werden im Koran nicht erwähnt. Die arab. und alttestamentlichen P. sowie Jesus besaßen für → Muḥammad eine wichtige Modellfunktion: Sie waren seine Vorgänger, und Muḥammad selbst steht am Ende dieser langen Kette als ihr Beglaubiger, als «Siegel der P.» (Sure 33:40). Auch der anfängliche Misserfolg der Sendung Muḥammads wurde typolog. mit den Schicksalen früherer P. in Beziehung gesetzt (Sure 5:70). Die islam. Tradition enthält reiches Material besonders zu den P. der Thora. Dieses wurde in einer eigenständigen arab. Literaturgattung gesammelt, den «Geschichten von den P.» (arab. *qiṣaṣ al-anbiyāʾ*). *Schö*

Lit.: Hagemann, L.: *Propheten. Zeugen des Glaubens. Koranische und biblische Deutungen*, 1985.

Prostitution. Nach islam. → Recht ist jeder außereheliche Geschlechtsverkehr verboten (ausgenommen ist hiervon im vormodernen Recht das Konkubinat, d.h. die Beziehung eines Eigentümers mit seiner Sklavin) und kann im speziellen Fall der «Unzucht» (arab. *zinā*; → Strafrecht) sogar mit der Todesstrafe geahndet werden. Da jedoch die → Ehe – im Gegensatz zum → Christentum – keine religiöse Verbindung, sondern ein privatrechtlicher Vertrag ist, stellt P. kein primär moral., sondern ein rechtliches Problem dar. Die → Schiiten kennen mit der Zeitehe (arab. *mutʿa*) eine Rechtsform, in der eine Ehe auf eine im Voraus begrenzte Zeit (von einer Stunde bis zu 99 Jahren) gegen ein festgesetztes Entgelt für die Frau ohne weitere Verpflichtungen geschlossen wird. Sie berufen sich hierbei auf den Koran (Sure 4:24). Die → Sunniten interpretieren diesen Koranvers anders und lehnen die zeitliche Begrenzung des Hochzeitsvertrags ab. Allerdings sind Abmachungen über die zeitliche Begrenzung der Ehe außerhalb des Hochzeitsvertrags – etwa in Form einer bereits im Voraus ausgesprochenen → Scheidung – durchaus rechtens und ermöglichen auch hier die rechtliche Absicherung von P. *Mü*

Puppenspiel. Sowohl das Spiel mit Stab- oder Handpuppen als auch Marionetten- und Schattenspiel finden sich in der islam. Welt als Unterhaltungsdarbietung. Besonders Südostasien besitzt eine reiche Tradition an P. Vorgetragen werden Epen, Legenden und Märchen in lokalen Dialekten. Stabpuppen und Marionetten sind etwa 75 cm hoch und aus Holz geschnitzt. Figuren und Rollen sind typisiert, ebenso wie die musikal. Stücke, welche das Spiel begleiten. So gibt es Stücke, die bestimmten Rollen, Bewegungen, Emotionen oder Handlungen zugeordnet sind. Verschiedene Arten von Trommeln und Gongs sind dabei die hauptsächlichen Instrumente, dazu kommen Beckenpaare, Oboe oder ein Streichinstrument. Es wird vermutet, dass das Schattenspiel aus Südostasien seinen Weg in den Nahen Osten gefunden hat. Aus Ägypten sind die Handschriften des Muḥammad ibn Danyāl mit Texten von drei Spielen aus dem 13.Jh. überliefert, was jedoch nicht ausschließt, dass es vorher schon Schattenspiel gegeben hat. Die schriftliche Überlieferung von Texten ist ansonsten selten, und erst wieder in neuerer Zeit werden Texte schriftlich fixiert und archiviert. Die Spiele werden in improvisierter Form, aber um vorgegebene Plots herum aufgeführt. Dabei stehen der Puppenspieler und sein Assistent hinter einer von unten angeleuchteten Leinwand. Daneben befinden sich zwei bis drei Musiker mit Trommeln, Oboe oder Flöte. Die Schattenfiguren – Menschen, Tiere, phantast. Figuren und Kulissen – sind zweidimensional und aus farbigem Leder hergestellt. Die Spielfiguren sind zwischen 20 und 60 cm hoch und werden durch an einem oder mehreren Gelenken befestigte, etwa 50 cm lange Stöcke bewegt. Auch hier gibt es stereotypisierte Figuren und Handlungen. Die bekannteste Figur ist Karagöz (türk.: «Schwarzauge»), Leitfigur des türk. Schattenspiels, welche auch in arab. Spiele Eingang gefunden hat. Zusammen mit seinem Partner Hacivad erlebt er Abenteuer, bei denen er durch seine Schlitzohrigkeit immer als Sieger hervorgeht. Die Stücke sind von Märchen oder dem Alltag inspiriert und verwenden meist den Dialekt, sowohl in Prosa als auch in Versen. Schattenspiel diente als Unterhaltungsform im → Ramadan oder bei sozialen Anlässen und wurde in → Kaffeehäusern oder privaten Salons vorgetragen. Heute wird diese Form oft von staatlicher oder privater Seite aus gepflegt und in Theatern oder auf Freiluftbühnen aufgeführt. *Wei*

Lit.: Guo, L.: *The Performing Arts in Medieval Islam. Shadow Play and Popular Poetry in Ibn Dāniyāl's Mamluk Cairo*, 2011. – Spitzing, G.: *Das indonesische Schattenspiel*, 1981.

Q

Qibla (von arab. *qābala*, «Gegenübertreten»), die Richtung gen → Mekka, in der Muslime sich im obligator. → Gebet verbeugen. In → Moscheen ist die Q. durch eine Nische (arab. → *miḥrāb*) in der Wand angezeigt. Wenn Muslime außerhalb von Moscheen, etwa auf der Reise, beten, sind sie darauf angewiesen, die Richtung zu schätzen, etwa mit Hilfe eines Kompasses. *El*

Quṭb, Sayyid (1906–1966), Kritiker, Schriftsteller, Dichter, einer der führenden muslim. Intellektuellen, auf dessen Schriften sich nicht nur die gemäßigten, sondern v. a. auch die militanten Gruppen des → Reformislam stützen. Der in Oberägypten geborene Q. absolvierte in Kairo eine Lehrerausbildung, um sich anschließend für vier Jahre (1930–1934) an der westlich orientierten Universität *Dār al-ʿulūm* einzuschreiben. Von 1933 bis 1951 verdiente Q. seinen Lebensunterhalt als Angestellter im Erziehungsministerium. In dieser Zeit entstanden auch seine belletrist., poet. und literaturkrit. Werke. 1948 schickte ihn die Behörde in die USA, damit er dort westliche Unterrichtsmethoden kennenlerne. Letztlich bewirkte der dreijährige Aufenthalt in den Vereinigten Staaten einen Umschwung im Denken Q. s. Zwar hatte er auch schon früher mit reformist. Ideen sympathisiert, doch entschloss er sich nun dazu, sich religiös zu engagieren. Um 1951 trat er der Muslimbruderschaft bei und gab für einige Jahre ihre Zeitschrift *al-Ikhwān al-muslimūn* («Die Muslimbrüder») heraus. Innerhalb kurzer Zeit stieg er zum führenden Ideologen der Gruppierung auf. Nach 1952 verschlechterten sich die Beziehungen zwischen den Muslimbrüdern und den Machthabern angesichts der Meinungsverschiedenheiten bezüglich der Stellung des Islams in Ägypten und der Art der Beziehungen zu Großbritannien. Als Nasser (1918–1970) im Oktober 1954 nur knapp einem Attentat entkam, machte er die Muslimbruderschaft für den Anschlag verantwortlich. Die Organisation wurde verboten, und es kam zu Massenverhaftungen und Repressalien. Auch Q. wurde verhaftet und ins Gefängnis geworfen. Hier radikalisierte sich sein

Islamverständnis. Sein 1964 erschienenes Hauptwerk *Maʿālim fī ṭ-ṭarīq* («Meilensteine») kreist um den Begriff der *jāhilīya*. Gemeint ist die «vorislam. Zeit der absoluten Unwissenheit und Ignoranz», in der unzivilisierte Tyranneien die Menschen knebelten und knechteten. In der zweiten Hälfte des 20. Jh. befänden sich sowohl die nichtislam. Welt wie auch die meisten muslim. Länder im Zustand der *jāhilīya*. Die Regierungen dieser unlauteren islam. Gesellschaften gelte es zu stürzen, um eine neue, nunmehr wahrhaft islam. Ordnung zu errichten. Diesen Sturz könne man nur mittels eines → Jihad (Heiligen Krieges) erreichen. Zwar ist nicht klar, ob Q. hiermit in erster Linie aggressiv-militante Mittel meinte, doch hat ihn eine Reihe militanter Aktivisten in den 1970er Jahren dahingehend interpretiert und ihren gewaltsamen Aktionismus gegen die ägypt. Regierung unter Sādāt (reg. 1970–1981) unter Berufung auf seine Schriften zu legitimieren versucht. Im Mai 1964 wurde Q. freigelassen, aber bereits im August 1965 wieder festgenommen und wenig später zum Tode verurteilt. Am 29.8.1966 erfolgte seine Hinrichtung. *Co*

Lit.: Moussalli, A.: *Radical Islamic Fundamentalism. The Ideological and Political Discourse of Sayyid Qutb*, 1992. – Damir-Geilsdorf, S.: *Herrschaft und Gesellschaft. Der islamistische Wegbereiter Sayyid Quṭb und seine Rezeption*, 2003.

R

Rai (von arab. *raʾī*, «Meinung») bezeichnet einen Musikstil, der in Nordafrika beheimatet ist und sich durch seinen charakterist. Rhythmus auszeichnet. Wie der Name andeutet, liegt sein Ursprung in sozialkrit. Liedern, die zu verschiedenen sozialen Anlässen gesungen werden. Träger dieser Musik sind der sog. *shaikh* bzw. die *shaikha* (→ Scheich), hier eine Bezeichnung für die Kenner und Ausführenden der lokalen Poesie und Musiktradition *milḥūn*. Anfangs ausschließlich von Flöte und Trommeln sowie einem Ansager (arab. *barrāḥ*) begleitet, kamen ab den 1920er Jahren Instrumente wie Klavier, Akkordeon, Banjo oder Blechbläser hinzu, vor allem durch Einfluss der städtischen Musikkultur in Oran (Algerien). Obgleich viele Texte sich für die nationale Unabhängigkeit engagierten, wurde R. nach deren Erlangen in Algerien zunächst aus dem offiziellen Musikleben verbannt, weil mit ihm sexuelle Freizügigkeit und → Alkohol assoziiert wurden. Oran war Ende der 1970er Jahre wiederum der Geburtsort einer Form des R., die international populär wurde, indem sie eine Synthese mit aktuellen Strömungen der Popmusik einging. Träger dieser Richtung wurden dieses Mal die sog. chebab (arab. *shabāb* «Jugendliche»); «cheb» bzw. «chaba» wurde Teil des Namens der Sänger bzw. Sängerinnen. Zunächst lokal als Kassettenkultur im Umlauf, wurde der sog. elektron. oder Pop-R. dann von internationalen Plattenfirmen aufgegriffen, und Sänger wie Cheb Khaled oder Cheb Mami eroberten die internationalen Charts. Die Musik wurde durch Synthesizer, E-Bass und elektron. Beats ergänzt und ging eine Verbindung mit Richtungen wie Disco, Funk, Soul oder Reggae ein. Oft enthalten auch diese Stücke traditionelle Elemente wie die metrisch freie Einleitung, vokale Improvisationen und komplizierte rhythmische Pattern. R. wurde wichtiger Bestandteil einer Jugend-Subkultur, und das nicht nur in nordafrikan. Städten, sondern zunehmend auch in Frankreich, wo Marseille zu einem zweiten Zentrum des R. geworden ist. Obgleich R. in dieser Form ein überwiegend männlich dominiertes Genre ist, gibt es auch weibliche

Sängerinnen wie Chaba Fadela oder Cheikha Rimitti (gest. 2006), die grande dame des traditionellen R., die bis zuletzt ohne elektron. Instrumente und zusammen mit einem *barrāḥ* auftrat. *Wei*

Lit.: Tenaille, F.: *Die Musik des Raï*, 2003.

Ramadan, der muslim. Fastenmonat. → Kalender, → Fasten

Rap, Gesangstechnik, die im Hip-Hop verwendet wird. Hip-Hop, in den USA unter den sozial marginalisierten Schichten als musikal. Ausdruckskraft derer entstanden, die von den geltenden Werten eines Systems abweichen oder zur Seite gedrängt werden, wurde in Deutschland seit den 1980er Jahren für Angehörige der sog. zweiten Generation von Einwanderern zum Mittel, ihre Identität zu formen und zu begreifen. Die Texte handeln von Rassismus und Gewalt, teilweise im Kampf gegen einen Staat, der ihnen Rechte vorenthält, aber auch von individuellen Themen. Gerappt wird auf Deutsch, Englisch und Türkisch, wie von der türk. Vorzeige-Rapperin Aziza A. und Gruppen, bei denen viele Namen auf ein zunehmendes Selbstbewusstsein dieser Generation deuten, wie «Islamic Force» aus Berlin, die Pioniere des «Oriental Hip-Hop», «Kanaks with Brain», «Sons of Gastarbeita» u. a. Von Deutschland aus wanderte der türkische Rap nach Istanbul. Rap im Nahen Osten hat erst durch die arabischen Aufstände 2011 in der breiten Öffentlichkeit Aufmerksamkeit erfahren, doch war Rap nur eine Musikform von vielen, die die Ereignisse begleiteten und formten. Rap startete Ende der 1990er Jahre im Nahen Osten; stark beteiligt waren daran palästinensische Jugendliche. Zu unterscheiden ist zwischen Rappern, deren Texte überwiegend persönlich und politisch sind, und solchen Künstlern, die ihre Musik als Ausdruck einer dezidiert muslimischen Identität begreifen oder religiöse Themen in den Vordergrund stellen. Einige Künstler vermeiden den Begriff Hip-Hop mit seinen umfassenderen kulturellen Bezügen und bevorzugen, sich als Rapper zu bezeichnen. Sie verweisen auf verbale arabische Kunstformen wie Dichterwettstreite und Formen der Volkspoesie, die auf ähnlichen Prinzipien fußen: kompetitiver Charakter, improvisierend, rhythmusbetont. *Wei*

Lit.: Gonzalez-Quijano, Y: «Rap, an Art of the Revolution or a Revolution in Art?», in v. Hees, S./N. v. Maltzahn und I. Weinrich (Hg.): *Inverted Worlds:*

Cultural Motion in the Arab Region. doi: http://www.perspectivia.net/content/publikationen/orient-institut-studies/2-2013. – Solomon, Th.: «Hardcore Muslims: Islamic Themes in Turkish Rap in Diaspora and in the Homeland», *Yearbook for Traditional Music* 38 (2006), 59–78.

Recht. Das islam. R. beruht nach muslim. Verständnis auf der von Gott gesetzten Ordnung (→ Scharia). Diese regelt nicht nur das Verhältnis der Menschen untereinander, sondern auch das zu ihrem Schöpfer. Sie umfasst nicht nur rechtliche, sondern auch moral. Komponenten (→ Moral). Im Folgenden ist diese Ordnung als «islam. Normativität» bezeichnet. Die islam. Normativität wurde von → Gelehrten im Verlauf der Geschichte zu einem Rechtssystem, dem sog. *fiqh* ausgestaltet. Fiqh bedeutete ursprünglich allgemein «geistige Erkenntnis, Erfassung». Der Begriff wurde schließlich im Sinne von «Erkenntnis der islam. Normativität» nur noch als Bezeichnung für das islam. Juristenrecht verwendet. Vieles von dem, was heute in den Ländern Nordafrikas, des Nahen und Mittleren Ostens sowie Südostasiens als spezifisch «islamisch» gilt, beruht auf dem islam. Juristenrecht. Daher lohnt sich ein kurzer Blick auf seine histor. Entwicklung und heutige Ausprägung. Nach einer heute nicht mehr vollständig rekonstruierbaren Frühphase wurde die Rechtsmaterie in zunächst lokalen Gelehrtenzirkeln gepflegt und weiterentwickelt. Hieraus entstanden seit der zweiten Hälfte des 8. Jh. die teilweise heute noch existierenden → Rechtsschulen. Obwohl sie jeweils unabhängig voneinander argumentieren, erkennen sich die vier sunnit. Rechtsschulen gegenseitig als legitim an. Sie weisen Differenzen im → Gebetsritus und in einzelnen Rechtssätzen auf. Trotz dieser Vielfalt überwiegen die grundlegenden Gemeinsamkeiten im islam. R.: Übereinstimmendes Merkmal der sunnit. Rechtsschulen ist der Bezug auf die rechtsphilosoph. Lehre von den Grundlagen der Rechtserkenntnis (arab. *uṣūl al-fiqh*). Sie beruft sich auf göttliche Offenbarung (→ Koran) und das Vorbild der Lebenspraxis des Propheten Muḥammad (→ Sunna) sowie auf eng begrenzte intellektuelle Erkenntnismethoden: den Analogieschluss, die Übereinstimmung der Gelehrten in einer Frage sowie teilweise die individuelle geistige Anstrengung (→ *ijtihād*). Die schiit. Gruppen betonen darüber hinaus die Bedeutung der Lehrmeinungen ihrer Führer (→ Imam). Anders als früher in der Forschung behauptet, war das traditionale islam. R. keineswegs nach seiner grundlegenden Fixierung im 8. und 9. Jh. starr und unflexibel. Vielmehr veränderte es sich langsam, aber stetig im Wechselverhältnis mit den sich wandelnden sozialen Gegebenheiten. Weitgehend unabhängig von der Rechtsphilosophie entwickelte sich die Kasuistik, die eine gewisse Flexibilität des R. gewährleistete. Diese ermöglichte – vergleichbar dem kanon. Kirchenrecht in Europa – eine Anpassung einzelner Rechtsvorschriften an die sozialen Erfordernisse ohne Veränderung der als «heilig» angesehenen Fundamente. Deren Verletzung wurde hingegen als «ungesetzliche Neuerung» (arab. *bidʿa*) betrachtet. Die stetige, wenngleich langsame und konservierende Anpassung des islam. Juristenrechts in vielen Rechtsbereichen war Voraussetzung für dessen Funktion als angewandtes R. vormoderner muslim. Gesellschaften. In der gerichtlichen Praxis traten genügend neu zu regelnde Fälle auf, so dass das «sakrale» R. nicht zu einem liturg. Text verkam und die Rechtsordnung muslim. Gesellschaften über Jahrhunderte hinweg prägen konnte. Neben dem sakralen R. hat es im Lauf der Geschichte immer auch obrigkeitliche Rechtssatzung gegeben. Diesem staatlichen R. fehlte jedoch die religiöse Legitimation, wodurch ihm immer der Charakter eines Notbehelfs anlastete. Das traditionelle islam. Juristenrecht wurde seit Mitte des 19. Jh. grundlegend verändert. Auslöser hierfür waren neben dem zunehmenden militär. Druck und wachsendem ökonom. Einfluss der europäischen Kolonialmächte auch interne Modernisierungsanstrengungen, etwa des Osman. Reichs. Das osman. Zivilgesetzbuch von 1869, die sog. *Mecelle*, war der erste Versuch eines islam. Staates, das Juristenrecht in Paragraphen zu kodifizieren und als staatliches R. anzuwenden. Hierbei wurden neben Rechtsvorschriften der dominanten hanafit. Rechtsschule auch Bestimmungen aus anderen Rechtsschulen verwendet, die den Erfordernissen der Zeit besser entsprachen. Diese als «Auswahl» (arab. *takhayyur*) und «Vermischung» (arab. *talfīq*) bezeichneten Formen der Rechtsfindung waren wesentliche Elemente auch späterer rechtlicher Reformbestrebungen. Eine andere Forderung der Modernisierer bestand darin, die individuelle jurist. Argumentation jenseits der traditionellen Lehre einer Rechtsschule zuzulassen. Die Leistung muslim. Juristen, aus dem klassischen kasuist. Einzelfallrecht einen nach Paragraphen und generalisierenden Prinzipien organisierten Gesetzeskodex zu schaffen, ist nicht hoch genug einzuschätzen. Das vom ägypt. Juristen ʿAbd ar-Razzāq as-Sanhūrī (1895–1971) kodifizierte Zivilgesetzbuch gilt heute mit kleineren Abweichungen in vielen arab. Ländern. Mit der Einführung eines auf islam. Normen beruhenden staatlichen R., welches Gültigkeit für alle Staatsbürger gleichermaßen, einschließlich der Nichtmuslime, beansprucht, wurde eine weitere Änderung vollzogen: Die rechtlichen Bestimmungen zur Religionsausübung konnten nicht Teil dieses R. sein und wurden ausgeklammert. Damit aber sind die im traditionellen Juristenrecht bestehende Einheit von Ritus und Vertragsrecht sowie die Verschränkung von religiös-rechtlichen Bewertungsmaßstäben mit der rein jurist. Gültigkeit von Handlungen aufgekündigt. In den heutigen Rechtsordnungen islam. Länder besitzt der Staat die Kontrolle über die Gesetzgebung sowie über die Ausbildung und Zulassung der Juristen zum Gerichtswesen. Nach einer Phase der radikalen Neuordnung und Übernahme europäischer Rechtsordnungen in den meisten muslim. Ländern seit Mitte des 19. Jh. mehren sich seit den 1970er Jahren diejenigen Stimmen, die eine «Rückkehr» zum reinen islam. R., der Scharia, fordern. Als Hintergrund dieser Forderung sind u. a. die Korrumpierung der Herrschenden sowie die wachsenden sozialen Probleme zu sehen, welche in weiten Bevölkerungskreisen einen westlich orientierten «Fortschritt» diskreditiert haben und die Errichtung einer islam. Ordnung als Lösungsmöglichkeit erscheinen lassen. Angesichts der Vielgestaltigkeit islam. R. bietet diese Forderung allerdings selbst viel Raum für polit. und jurist. Auseinandersetzungen. (→ Kadi, → Fatwa, → Strafrecht) *Mü*

Lit.: Johansen, B.: *Contingency in a Sacred Law. Legal and Ethical Norms in the Muslim fiqh*, 1999. – Nagel, T.: *Das islamische Recht. Eine Einführung*, 2001. – Rohe, M.: *Das islamische Recht. Geschichte und Gegenwart*, 2011.

Rechtsschulen (arab. *madhāhib*, sg. *madhhab*), verschiedene Richtungen der Auslegung des islam. → Rechts. Die heute noch existierende Form der überregionalen R. entwickelte sich seit der zweiten Hälfte des 8. Jh. aus lokalen Juristenzirkeln. Die einzelnen R. führen sich auf Gründungsväter zurück, deren Namen sie tragen. Die → Sunniten erkennen vier R. an: die Hanafiten (nach Abū Ḥanīfa, gest. 767), die Malikiten (nach Mālik ibn Anas, gest. 795), die Shafiʿiten (nach ash-Shāfiʿī, gest. 820) und die Hanbaliten (nach Aḥmad ibn Ḥanbal, gest. 855). Daneben existieren mehrere schiit. R. In der Vergangenheit waren die R. mit ihrem informellen Lehrer-

Schüler-Verhältnis verantwortlich für die Tradierung und Ausgestaltung des islam. Rechts. Jede Rechtsschule folgt einem eigenen Lehrsystem, welches auf in Nuancen unterschiedlichen Grundsätzen der Rechtsauslegung basiert. Diese können aber durchaus zu gravierenden Unterschieden bei einzelnen Rechtsbestimmungen führen, etwa bei der Rechtmäßigkeit von Bedingungen im Hochzeitsvertrag (→ Ehe), unter denen eine Frau selbständig ihre → Scheidung einklagen kann. Im → Reformislam wurde seit dem Ende des 19. Jh. die teilweise Überwindung der R. praktiziert, indem man bei der Ausarbeitung des kodifizierten Rechts die Übernahme von Rechtssätzen aus verschiedenen Schulen sowie die individuelle Meinungsbildung (→ *ijtihād*) für legitim erklärte. Obwohl die R. heutzutage ihre überragende Bedeutung als alleinige Träger islam. Rechts verloren haben, bleibt die Zugehörigkeit eines jeden Muslims zu einer Rechtsschule in Fragen der Religionsausübung von großer Bedeutung. Aus histor. Gründen sind die Hanafiten v. a. in den Kernländern des ehemaligen Osman. Reichs, der Türkei, Syrien, Irak und Ägypten verbreitet. Die Malikiten dominieren in Nordafrika. Shafiʿiten finden sich v. a. im Jemen, am Horn von Afrika sowie in Südostasien, und die Hanbaliten in Saudi-Arabien, den Golfstaaten und teilweise in Syrien und Jordanien. *Mü*

Lit.: Melchert, C.: *The Formation of the Sunni Schools of Law*, 1997.

Reformislam. Vielen muslim. Intellektuellen machte am Ende des 19. Jh. nicht nur die materielle Überlegenheit des Westens zu schaffen, sondern auch das Minderwertigkeitsgefühl, das sie angesichts der ideolog. Diffamierung der islam. Gesellschaften durch den Westen empfanden. Wie manche andere Europäer auch war der französ. Philosoph Ernest Renan (gest. 1892) der Auffassung, dass die Muslime aufgrund ihrer Religion intellektuell nicht in der Lage seien, Fortschrittsdenken im westlichen Sinne zu entwickeln. Islam und Wissenschaft sowie Islam und Zivilisation seien prinzipiell miteinander unvereinbar. Die «Gründungsväter» des islam. Reformismus, Jamāl ad-Dīn al-→ Afghānī, Muḥammad → ʿAbduh, Rashīd → Riḍā und ʿAbd ar-Raḥmān al-Kawākibī (1854–1902), die sich gegen diese Herabwürdigung zur Wehr setzten, gingen von der Grundannahme aus, dass die vermeintliche intellektuelle Rückständigkeit ihre Ursachen in einem verkrusteten, inflexiblen Islamverständnis habe, welches v.a. auf einem blinden Gehorsam (arab. *taqlīd*) gegenüber den von der islam. Jurisprudenz ausgearbeiteten und mittlerweile überholten Normensystemen beruhe. Sie plädierten daher für eine innere Reform des Islams: Mittels rationaler Überlegung sollte eine freiere, der Zeit angepasste Auslegung der islam. Grundtexte → Koran und der prophet. Überlieferung im → Hadith (→ *ijtihād*) möglich werden, eine Forderung, die allerdings schon von früheren Reformern erhoben worden war. Die Reformisten suchten die Antworten auf ihre Fragen durch die Neubetrachtung der koran. Aussagen und die gezielte Auswahl und Auslegung der als gültig befundenen Hadithe zu erhalten. Sie wollten so an den wahren Islam der Altvorderen anknüpfen, wobei mit Hilfe der neugewonnenen Prinzipien eine Reformierung innerhalb der Gesellschaft und mit Zustimmung der polit. Herrschaft, ohne also einen revolutionären Umsturz zu propagieren, angestrebt wurde. Da die Reformisten allerdings durch ihre Kritik an der islam. Jurisprudenz die Stellung der islam. → Gelehrten als alleinige Sachwalter der → Scharia radikal untergruben, erfuhren sie von dieser Seite einen erbitterten Widerstand. Bis heute ziehen sich die Fragestellungen, die dem reformist. Bestreben nach einer Neuinterpretation des Islams zugrunde lagen, durch die Debatten innerhalb der polit. Öffentlichkeit in den islam. Ländern: 1) Wie ist es zum Niedergang der islam. Zivilisation gekommen? Dass der Islam als Abschluss der → Offenbarungen die letztgültige Religion ist, stand gänzlich außer Zweifel. Es ging den Reformisten allein darum, die ehemals gegebene, ideale Umsetzung der islam. Ordnungsvorstellungen auf Erden wiederzubeleben. 2) Wie soll man mit der arroganten Überlegenheit des Westens umgehen? Die Reformisten wiesen entschieden die unterschiedlichen Herabsetzungen durch den Westen zurück. Dem Westen komme weder aus ethnischen noch aus intellektuellen Gründen eine Vorrangstellung zu. Der intellektuellen Diffamierung durch den Westen, die Muslime seien aufgrund ihrer Religion geistig nicht imstande, ähnliche Leistungen hervorzubringen, wurde aufs Heftigste widersprochen. Im Grunde – so die Reformisten – habe Europa nur wissenschaftliche und gesellschaftliche Ansätze weiterentwickelt, die schon lange vorher von den Muslimen formuliert und ausgearbeitet worden seien. 3) Wie muss man dem europäischen Imperialismus entgegentreten? Durch die Besetzung islam. Länder durch europäische Mächte und die wirtschaftliche Abhängigkeit von diesen schlug die anfängliche Bewunderung des Westens – z. B. durch Muḥammad ʿAlī, Ismāʿīl, Rifāʿa aṭ-→Ṭahṭāwī oder ʿAlī Mubārak (1824–1893) – bei den Reformisten in eine feindselige Haltung um. Das einzige, was man vom Westen wollte, war der Erwerb von Kenntnissen, die den Zugang zu Mitteln erleichterten, mit denen man sich gegen den europäischen Imperialismus zur Wehr setzen konnte. 4) Wie kann eine islam. Einheit, eine muslim. →Umma wiederhergestellt werden? Es war eines der Hauptziele der Reformisten, dem europäischen Imperialismus eine starke muslim. Einheit entgegenzustellen. So wurde in verschiedenen Ländern das Konzept des →Panislamismus formuliert, mit dem man die Europäer zurückschlagen könne. Gleichzeitig wurde der Gegensatz von →Christentum und Islam betont, der es erlaubte, das Konzept des Heiligen Krieges wiederzubeleben. – Die Ansätze und Ideen von al-Afghānī und Muḥammad ʿAbduh waren für viele Intellektuelle der kommenden Generationen anregend und befruchtend. Ein großer Teil hielt an diesen Grundprinzipien fest, ging aber dann daran, sie auf unterschiedliche Weise auszuarbeiten und zu interpretieren. Obgleich heutzutage der Reformismus nicht mehr die inhaltliche Geschlossenheit und unbeirrbare Dynamik der Zwischenkriegszeit hat, sorgt er dennoch ständig für neue Impulse innerhalb der von Muslimen geführten Debatte um die rechte Interpretation der Offenbarung und die daraus abzuleitenden gesellschaftlichen Konsequenzen. (→Traditionalismus, →Modernismus) *Co*

Lit.: Conermann, S.: *Mustafa Mahmud (geb. 1921) und der modifizierte islamische Diskurs im modernen Ägypten*, 1996. – Sharabi, H.: *Arab Intellectuals and the West. The Formative Years, 1875–1914*, 1970. – Steppat, F.: *Die politische Rolle des Islam*, in Ders. (Hg.): *Vorträge zum XXI. Deutschen Orientalistentag*, 1983, 22–36.

Revolution (arab. *thaura*, pers. *enqelāb*, türk. *inkilap*). Die Bezeichnung greift im Kontext der islam. Welt sehr weit und schließt auch Befreiungs- und Unabhängigkeitsbewegungen ein. In diesem Sinne werden so unterschiedliche Ereignisse wie die →Mahdi-Bewegung im Sudan des 19. Jh., die ʿUrābī-Revolte in Ägypten, der Sieg der Jungtürken (1908), die Unabhängigkeitsbewegungen in Ägypten (1919), Irak (1920) und Syrien (1925–1927), der Befreiungskrieg in Algerien (ab 1954) oder die Protestbewegungen in Palästina als R. verstanden. Im engeren Sinne sind R. erfolgreiche, schnelle, oft mit Gewalt einhergehende und tiefgreifende Umwälzungen im gesellschaftlichen und polit. System eines Landes. Sie sind von Staatsstreichen, Revolten und Aufständen zu unterscheiden, die entweder frühzeitig scheitern oder nur oberflächliche Veränderungen mit sich bringen. Paradebeispiele für R. liefert Iran mit der Verfassungsrevolution von 1905–1911 und der «Islam. R.» von 1979. Schwieriger sind histor. Zäsuren einzuordnen, die zwar nicht alle obigen Merkmale erfüllen, aber dennoch im histor. Gedächtnis als R. wahrgenommen werden und zur Identitätsstiftung beitragen, wie der Staatsstreich Nassers in Ägypten von 1952. In vielen islam. Ländern wird der Begriff «R.» inflationär gebraucht und ist oft integraler Bestandteil der Propaganda eines Regimes, ob es sich um die «Weiße R.» Mohammad Reza Shāhs in Iran der 1970er Jahre oder den «Revolutionsführer» Gaddafi in Libyen handelt. Kommunist. R. waren 1944 in Albanien und 1969 im Süd-Jemen erfolgreich. Die Iran. R. von 1979 gilt bisweilen als Idealtypus einer islam. R., wobei häufig übersehen wird, dass die ursprüngliche Basis der R. wesentlich breiter war und ihr Erfolg auf der Einbindung säkularer, liberaler und linker Kräfte beruhte. Bedenklich ist auch der Versuch, die Entwicklungen in Afghanistan seit 1978 als «islam.» R. einzuordnen. *Wer*

Lit.: Gerber, H.: *Islam, Guerilla War, and Revolution*, 1988. – Munson, H.: *Islam and Revolution in the Middle East*, 1988. – Alianak, S. L.: *The transition towards revolution and reform. The Arab Spring realised?*, 2014.

Riḍā, Rashīd (1865–1935), einer der einflussreichsten arab. Vertreter des → Reformislams. Das Licht der Welt erblickte R. in einem Dorf bei Tripoli/Libanon. Zuerst besuchte er eine örtliche Koranschule, kam dann jedoch auf die von dem reformist. orientierten Scheich Ḥusain al-Jisr (1845–1909) im Jahre 1879 gegründete *madrasa waṭanīya*. Al-Jisr glaubte, dass sich die muslim. Gemeinde in erster Linie durch eine Synthese von religiöser Erziehung und westlichen Wissenschaften reformieren, weiterentwickeln und von den verderblichen sufischen Praktiken befreien könne. Mit diesen Vorstellungen stellte al-Jisr sich in eine Reihe mit Muḥammad → ʿAbduh und Jamāl ad-Dīn al-→ Afghānī. Auf R. übte auch die von diesen beiden 1884 publizierte Zeitschrift *al-ʿUrwa al-wuthqā* («Das stärkste Band») einen großen Einfluss aus. Als er 1897 nach

Ägypten kam, wurde er innerhalb kurzer Zeit zu Muḥammad ʿAbduhs Vertrauten und Schüler. Bereits ein Jahr später begann er mit der Herausgabe eines eigenen Magazines, das er *al-Manār* («Der Leuchtturm») nannte. Diese Zeitschrift sollte zum maßgeblichen Organ reformist. Gedankengutes in der arab. Welt werden. 1911 rief R. eine eigene Schule ins Leben, doch musste der Unterricht nach Ausbruch des Ersten Weltkrieges eingestellt werden. Von der Jungtürken-Bewegung im Osman. Reich enttäuscht, verfocht er zunehmend panislam. Ideen (→ Panislamismus). Als Vorsitzender einer geheimen Gesellschaft verfügte er über gute Kontakte zu vielen polit. Führern im Nahen Osten. Auch begrüßte er die wahhabit.-saudische Machtübernahme in Arabien und die Vertreibung der Hashimiten aus der Region in den Jahren 1924–1926. Im Gegensatz zu seiner früheren Einschätzung hielt R. nun die → Wahhabiten für die wahren – wenn auch oftmals zu rigoros vorgehenden – Verfechter eines reinen Islams. Ihm schwebte neben der Einheit aller Muslime eine organ. Verbindung von Moderne und muslim. Gesellschaftsentwürfen vor, wobei die Basis der inneren Reform zur Überwindung der, wie er meinte, unerträglichen Stagnation die unbedingte Berufung auf → Koran, → Sunna und den Konsens der muslim. → Gelehrten sein müsse. Der Niedergang der muslim. Welt hänge mit dem Verfall des Gelehrtentums und der Tyrannei der Herrscher zusammen. Insgesamt gesehen sind R. und *al-Manār* wichtige Katalysatoren reformist. Gedankengutes in der islam. Welt gewesen. *Co*

Lit.: Enayat, H.: *Modern Islamic Political Thought*, 1982. – Hourani, A.: *Arabic Thought in the Liberal Age, 1798–1939*, 1970. – Kerr, M. H.: *Islamic Reform. The Political and Legal Theories of Muhammad ʿAbduh and Rashid Rida*, 1966.

Rosenkranz, eine Schnur mit aufgereihten Perlen, an denen sich die Zahl zu sprechender Gebete kontrollieren lässt, vermutlich indischen Ursprungs. Der islam. R. besteht aus 99, seltener 33 oder 1000 Zählperlen. U.a. aus Türkis, Korallen, Bernstein, heute auch Plastik gefertigt, dient er außerhalb der Pflichtgebete (→ Gebet) zum Lobpreis Gottes. Beim Abzählen der Perlen werden je einmal die Formeln «Preis sei Gott!», «Lob sei Gott!», «Gott ist groß!» oder die 99 schönsten Namen Gottes (→ Gottesnamen) rezitiert. In → Dhikr-Übungen der Sufis, als → Amulett, Opfergabe oder zum → Wahrsagen wird der R. aufgrund der ihm innewohnenden Segenskraft gerne gebraucht. Männer tragen ihn häufig als Schmuck. *Bo*

Lit.: Venzlaff, H.: *Der islamische Rosenkranz*, 1985.

Rückert, Friedrich (1788–1866), Dichter, Übersetzer, Professor für Orientalische Sprachen. R. studierte zunächst Jura, (klassische) Philologie und Philosophie. Nach der Begegnung mit dem Wiener Orientalisten Joseph von Hammer (ab 1835 Hammer-Purgstall) im Winter 1818/1819 widmete er sich intensiv den Sprachen des Vorderen Orients und Indiens. 1826 wurde er als Professor für Oriental. Sprachen nach Erlangen, 1841 nach Berlin berufen. R., selbst ein produktiver und seinerzeit viel gelesener deutscher Dichter («Kindertotenlieder», vertont von G. Mahler), schuf ein einzigartiges Corpus poetischer Übertragungen aus vielen orientalischen Sprachen, u. a. aus dem Arabischen (Übers. des → Korans sowie der Makamen des Ḥarīrī), aus indischen Sprachen und dem Persischen (R. übersetzte die Dichter Firdausī, Rūmī, Niẓāmī, Saʿdī, → Ḥāfiẓ und Jāmī; → Persische Literatur). In seinen Übersetzungen und Nachdichtungen gelang es ihm, das Klangbild des Originals mit Metrum und Reimschema zu wahren. *Ha-Hi*

Lit.: Bobzin, H. (Hg.): *Friedrich Rückert an der Universität Erlangen*, 1988. – Bobzin, H. (Hg.): *Der Koran in der Übersetzung von Friedrich Rückert*, 1995. – Fischer, W. (Hg.): *Friedrich Rückert im Spiegel seiner Zeitgenossen und der Nachwelt*, 1988. – Fischer, W. (Hg.): *Dreiundsechzig Ghaselen*, 1988 – Kreutner, Rudolf (Hg.): *Der Weltpoet*, 2016. – Rückert, F.: *Ferdosi's Königsbuch*, 2010 (Nachdr.). – Schimmel, A.: *Friedrich Rückert*, 1987 (aktualisierte Neuausg. 2015).

Rūmī, Jalāl ad-Dīn, geboren um 1207 in der Region Balkh, gestorben um 1273 in Konya. Namensgeber und zentrale Integrationsfigur der Mawlawī- Bruderschaft. R. bekannteste Werke sind das *Mathnavī*, eine aus ca. 25 000 Versen bestehende Sammlung mystischer Erzählungen und der *Diwān-i Shams*, ein aus ca. 35 000 Versen bestehendes Werk mystischer Liebesdichtung, beide in persischer Sprache. Auf R. gehen zudem die sog. Tischgespräche (*Fīhi mā fīh*) zurück, ebenfalls in persischer Sprache, und eine Sammlung von sieben Predigten (*majālis-i sabʿa*) in Arabisch und Persisch. Darüber hinaus sind ca. 150 Briefe überliefert. Wichtigste Quellen über Leben und Wirken sind zwei persischsprachige Hagiographien (*Risāla-i Sipāhsalār* und *Manāqib al-ʿĀrifīn*). Alljährlich findet am Todestag R., dem sog. *shab-i ʿārūsī* am 17.12., im zentralen Ordensheiligtum in Konya eine Gedenkveranstaltung statt, wozu zahlreiche Anhänger aus aller Welt pilgern. Zentrale Themen des Mystikers R. sind die Einsheit → Gottes und das durch Liebe bestimmte Verhältnis zwischen Schöpfer und Geschöpf, die sich in einer reichen Bildersprache und ohne schwerfälligen scholastischen Duktus entfalten. (Teil-)Übersetzungen der Werke R.s, insbesondere des *Diwān-i Shams*, liegen mittlerweile in zahlreichen Sprachen vor. Dies hat maßgeblich zu R. weltweiter Popularität beigetragen; in den USA gilt er seit den späten 1990er Jahren gar als «best-selling poet». Die Verse R. werden hierbei häufig aus einer rein spiritualistischen Perspektive ge- bzw. missdeutet, wodurch er zu einer oft zitierten Figur im sog. interreligiösen Dialog geworden ist, in der seine mystischen Verse häufig als Alternativdeutungen zum politischen Islam angeführt werden. *SK*

Lit.: Lewis, Franklin D.: *Rumi: Past and Present, East and West. The Life, Teaching and Poetry of Jalāl al-Din Rumi*, 2000. – Schimmel, A.: *Rumi: Ich bin Wind und Du bist Feuer. Leben und Werk des großen Mystikers*, 1978.

Rushdie, Salman (geb. 1947 in Bombay), britisch-indischer Schriftsteller, Autor zahlreicher Romane, Kurzgeschichten und Essays, in denen die zentralen Fragen postkolonialer Literatur thematisiert werden (Gedächtnis und Geschichte, Migration/Dislokation, Hybridität von Sprache, Kultur und Identität). Der Durchbruch gelang ihm mit dem Roman *Midnight's Children* (1981), in dem er sich allegorisch mit der Geschichte Indiens um die Zeit der Unabhängigkeit und Teilung des Landes auseinandersetzt. Weltweit bekannt wurde R. durch die Ereignisse um The *Satanic Verses* (1988), einer tragikom. Migrantensaga. Die insbesondere in den Traumsequenzen des Romans angelegte Darstellung der islamischen Offenbarungsgeschichte und des Propheten → Muḥammad waren Anlass für eine → Fatwa (14.2.1989) des iran. Revolutionsführers → Khomeini, in der R. der → Blasphemie und Verunglimpfung des Propheten für schuldig befunden und dazu aufgerufen wurde, ihn und die Verleger des Buches zu töten. Eine gleichzeitig ausgelobte Tötungsprämie wurde mehrfach erhöht. Khomeinis Nachfolger Khamenei bestätigte den Tötungsaufruf. Von mehreren

Attentaten auf Übersetzer und Verleger verlief das auf den japanischen Übersetzer H. Igarashi tödlich (1991). Der Roman wurde in mehreren Ländern mit mehrheitlich islamischer Bevölkerung bzw. einer bedeutenden islamischen Minderheit verboten. Wegen der Gefahr eines Mordanschlags durch muslim. Fanatiker lebte R. lange an geheimen Orten unter strengstem Polizeischutz, blieb aber weiterhin literarisch und publizistisch aktiv. Die Jahre im Untergrund verarbeitete R. in *Joseph Anton* (2012), betitelt nach seinem Decknamen. 2015 sagte Iran seine Teilnahme an der Frankfurter Buchmesse ab, da R. als Eröffnungsredner geladen war. *Ha-Hi*

Lit.: Cohn-Sherbok, D. (Hg.): *The Salman Rushdie Controversy in Inter-Religious Perspective*, 1990. – Cundy, C: *Salman Rushdie*, 1996. – Fletcher, M. D.: *Reading Rushdie. Perspectives on the Fiction of Salman Rushdie*, 1994. – Gurnah, A. (Hg.): *The Cambridge Companion to Salman Rushdie*, 2007. – Morton, S.: *Salman Rushdie. Fictions of Postcolonial Modernity*, 2008.

S

Salafīya. Der arab. Begriff bezeichnet eine u.a. von Muḥammad →ʿAbduh und Rashīd →Riḍā vertretene Richtung des →Reformislams, welche die ersten Muslime (*as-salaf aṣ-ṣāliḥ*, «die frommen Altvorderen») zum Modell für eine neue muslim. Gemeinschaft erklärt. Damit ist nicht gemeint, dass das Leben der islam. Urgemeinschaft wiederhergestellt werden soll, vielmehr sei an den «Geist» dieser Muslime anzuknüpfen, um eine der Gegenwart angemessene Ordnung zu errichten. Die S. wurde zur Inspiration zahlreicher Reformisten und Fundamentalisten in der islam. Welt. *El*

Lit.: Weismann, J.: *Taste of Modernity. Sufism, Salafiyya, and Arabism in Late Ottoman Damascus*, 2001.

Satan (arab. *shaiṭān*). Als Gattungsbegriff bezeichnet S. eine Art von Genius des altarab. Pandämoniums, in der determinierten Form ist S. synonym zu Iblis (arab. Iblīs, vielleicht von griechisch *diabolos*) der Eigenname für den Teufel als Individuum. Ob Satan ein →Engel oder ein Dämon (arab. *jinn*) sei, ist umstritten, für beides lassen sich im Koran Argumente finden. Iblis erscheint dort in zwei Episoden, die Parallelen zu apokryphen christlichen Überlieferungen aufweisen. Nachdem Gott →Adam aus Lehm erschaffen hat, befiehlt er den Engeln, sich vor ihm niederzuwerfen. Alle gehorchen, bis auf Iblis, der als Grund für seine Weigerung anführt, er sei Adam überlegen, da er im Gegensatz zu diesem aus Feuer erschaffen sei (Suren 38:69–77, 15:26–34). Daher gelten Hoffart und Ungehorsam gegen Gott als Iblis' wesentliche Züge; der Ungehorsam wird aber auch durch Iblis' Zugehörigkeit zu den Dämonen erklärt. Andererseits hat die islam. →Mystik diese Weigerung als strikte Befolgung eines anderen Verbotes aufgefasst, nämlich neben Gott andere Wesen zu verehren. Die Bestrafung S. wird bis zum →Jüngsten Gericht aufgeschoben. Bis dahin kann er den Menschen verführen (Suren 38:79–85, 15:36–43, 17:61ff.). Iblis verleitet daraufhin Adam und Eva dazu, gegen Gottes Gebot vom Baum der Unsterblichkeit im Garten Eden zu essen (Suren 2:35–39, 20:116–123). Daher gilt er als der Versucher der Menschen und wird als solcher arab. als *shaiṭān* bezeichnet. Von seinen Anschlägen auf die Menschen wie auch auf die → Propheten (im Fall der → Satan. Verse) sind zahlreiche Legenden überliefert. Er wird oft mit der Triebseele des Menschen (arab. *nafs*) gleichgesetzt. Die symbol. Steinigung S. ist eines der Rituale der → Pilgerfahrt. *Ha*

Lit.: Awn, P. J.: *Satan's Tragedy and Redemption. Iblis in Sufi Psychology*, 1983. – Beck, E.: «Iblis und Mensch, Satan und Adam», *Le Muséon* 89 (1976), 195–244. – Nünlist, T.: *Dämonenglaube im Islam. Eine Untersuchung unter besonderer Berücksichtigung schriftlicher Quellen aus der vormodernen Zeit (600–1500)*, 2015.

Satanische Verse. In der → Koranexegese wird angenommen, dass dem Propheten → Muḥammad nach den Versen 19 und 20 in Sure 53, in denen die drei altarab. Gottheiten al-Lāt, al-ʿUzzā und Manāt erwähnt sind, von → Satan die folgenden zwei Verse eingeflüstert wurden: «Diese sind die erhabenen, deren Fürbitte erhofft wird.» Erhielt der einzige Gott (Allāh) damit andere Götter beigesellt (arab. *shirk*), so stellte eine göttliche Offenbarung diesen Irrtum richtig; durch die Verse 21–27 in Sure 53, in denen die beiden s. V. abrogiert werden. Sie fanden keinen Eingang in den → Koran. Die Episode der s. V. in der Prophetenbiographie, deren Historizität umstritten ist, inspirierte Salman → Rushdies gleichnamigen Roman. *El*

Lit.: Ahmed, S.: *Before Orthodoxy: the Satanic Verses in early Islam*, 2017.

Scharia (arab. *sharīʿa*). Der Begriff wird im heutigen Sprachgebrauch für «islam. → Recht» verwendet, bedeutet im engeren Sinne jedoch die von Gott gesetzte Ordnung im Sinne einer islam. Normativität. Der Ruf nach Einführung der S. ist gegenwärtig in vielen muslim. Staaten zu einem polit. Kampfbegriff geworden. Vordergründiger Ausdruck einer islam. Rechtsordnung ist die Anwendung der koran. → Körperstrafen, was jedoch nur einen kleinen Teil des islam. Rechtssystems umfasst. In mehreren Staaten wird die S. heutzutage in der Verfassung ausdrücklich als Quelle der Rechtsschöpfung anerkannt (etwa in Ägypten, Bahrain, Jemen, Kuwait, Libanon, Sudan, Syrien und in den Vereinigten Arab.

Emiraten). Einen Schritt weiter gehen Saudi-Arabien, Oman, Pakistan und Afghanistan, in denen die S., von Ausnahmen in einzelnen Rechtsbereichen abgesehen, mit der Rechtsordnung gleichgesetzt wird. *Mü*

Scharif (arab. *sharīf*, «edel, erhaben»), wird allgemein für Personen von besonderem Status in der islam. Gesellschaft verwendet, im Besonderen für die Sippe und Nachkommen des Propheten → Muḥammad. Im engeren Sinne bezeichnet man damit nur die Nachkommen → ʿAlī ibn Abī Ṭālibs, namentlich die durch Ḥasan ibn ʿAlī, während die anderen mit «Sayyid» betitelt wurden, das gleichwohl ebenfalls unspezifisch ähnlich wie S. gebraucht wird. Scharifen haben Anspruch auf bestimmte soziale Privilegien; sie sind oft durch einen grünen Turban kenntlich. Über den Anspruch auf den Titel wacht ein Beamter (arab. *naqīb al-ashrāf*). Die Erblichkeit des Titels in der weiblichen Linie ist umstritten, galt aber z. B. bei den Osmanen. *Ha*

Lit.: Van Arendonk, C. (W. A. Graham): Art. «Sharīf», *The Encyclopaedia of Islam, second edition.* – Havemann, A.: Art. «Naḳīb al-Ashrāf», *The Encyclopaedia of Islam, second edition.*

Scheich (arab. *shaikh*, «ehrwürdiger Mann»). Der Begriff wird in verschiedenen Bedeutungen gebraucht, als allgemeine Bezeichnung für einen alten Mann, im engeren Sinne für Führer eines Stammes oder einer sufischen → Bruderschaft. Die Direktoren der Azhar u. a. islam. Universitäten tragen den Titel eines S. *El*

Scheidung. Das islam. → Recht kennt verschiedene Formen der S. Die bekannteste ist die einseitige Verstoßung (arab. *ṭalāq*) der Ehefrau durch den Ehemann. Wird die entsprechende Formel «ich verstoße dich» ein- oder zweimal ausgesprochen, kann die Verstoßung vom Ehemann unter bestimmten Bedingungen zurückgenommen werden, eine dreimalige Wiederholung ist jedoch endgültig und verbietet die unmittelbare Wiederverheiratung des Paares. Um Missbrauch einzudämmen, ist es üblich, dass der Ehemann bei der Eheschließung nur einen Teil des Brautpreises (→ Ehe) auszahlt: Nach der Verstoßung ist unverzüglich der ausstehende Betrag fällig. Das Recht der Verstoßung hat die Ehefrau nicht. Sie kann sich von ihrem Mann in gegenseitigem Einvernehmen trennen (arab.

khul'), wobei beide Ehepartner auf gegenseitige Ansprüche verzichten, speziell die Frau auf den ausstehenden Teil ihres Brautpreises. Darüber hinaus kann die Ehefrau die richterliche Trennung (arab. *tafrīq*) beantragen, wenn der Ehemann seine materiellen Pflichten ihr gegenüber nicht erfüllt oder unfruchtbar ist. Nach der S. unterliegt die Frau einer zumeist dreimonatigen Wartezeit, in der sie nicht heiraten darf, wohl aber von ihrem Mann Unterhalt empfängt. Auch heute noch orientiert sich das Scheidungsrecht in vielen islam. Ländern an diesen Regelungen. Eine Ausnahme hiervon ist Tunesien. *Mü*

Schicksal (arab. *qadar*, türk. *kismet*, «das Zugeteilte») ist dem islam. Verständnis nach nie blindes Fatum, sondern immer das dem Menschen von → Gott zugeteilte Los. Die mit dem Glauben an die Allmacht Gottes einhergehende Überzeugung von der Vorherbestimmtheit allen Geschehens durch den Willen Gottes bot und bietet zwar vielfach Raum für fatalist.-passives Verharren im scheinbar Unabänderlichen, doch ist ein solches Verhalten keinesfalls wesenhaft islam. Schon die → Theologie des 8. und 9. Jh. stellte neben die göttliche Prädestination die Verantwortlichkeit des Menschen für seine Handlungen. Der Theologe al-Ash'arī (gest. 935/36) vereinte beides durch den Gedanken der «Aneignung» (arab. *kasb*): Gott erschafft nicht nur sämtliche Handlungen im Voraus, sondern legt im Menschen auch die Möglichkeit an, denselben zuzustimmen oder sie abzulehnen; so eignet sich der Mensch seine Handlungen selbst an, tut dabei aber niemals etwas, was nicht auch schon gottgewollt wäre. Modernere Theologien wie etwa der → Reformislam eines Muḥammad → 'Abduh halten die Handlungsfreiheit und Verantwortlichkeit des Menschen für selbstverständlich, weil von sich aus evident, und kritisieren ein fatalist. Hinnehmen von Unrecht und Missständen. Indem sich die Erhebungen des «Arab. Frühlings» den ersten Vers eines berühmten Gedichts aus der Feder des tunes. Nationalpoeten Abū al-Qāsim ash-Shābbī (1909–1934) aufs Banner schrieben – «Wenn das Volk eines Tages das Leben einfordert, muss das Schicksal das gewähren» –, wandten sie sich ausdrücklich gegen ein passives Hinnehmen von Unrecht als unabänderliches «S.». *Gu*

Lit.: Schoen, U.: *Determination und Freiheit im arabischen Denken heute*, 1976.

Schiiten (auch Schia, von arab. *shī'at 'Alī*, «die Partei 'Alis»). Die S. stellen heute ca. 15% der Muslime. Die größte schiit. Fraktion ist die Zwölferschia mit Zentren im Süd-Irak, Iran und auf dem Indischen Subkontinent sowie mit bedeutenden Minderheitsgruppen in Afghanistan, Libanon, Zentralasien, der Türkei und den arab. Golfstaaten. Von den in Deutschland lebenden bis zu 4 Mio. Muslimen (2016) sind etwa 7% schiit. Bekenntnisses. Nach dem Tod des Propheten → Muḥammad zerstritten sich die Gläubigen in der Frage seiner Nachfolge als Leiter der Gemeinde. Während die Mehrheit der Muslime, die → Sunniten, die vier sog. «rechtgeleiteten Kalifen» anerkennt, halten die S. einzig den vierten von ihnen, den Vetter und Schwiegersohn des Propheten → 'Alī ibn Abī Ṭālib, für seinen rechtmäßigen Nachfolger. Sie berufen sich dabei auf zwei Aussprüche Muḥammads, die sie in diesem Sinne interpretieren. Grundlegend für die Zwölferschia ist die Imamatslehre, welche eine Kette von zwölf → Imamen annimmt, angefangen mit 'Alī als erstem und seinen Söhnen Ḥasan und → Ḥusain als zweitem und drittem Imam. Das Imamat wird an die direkten männlichen Nachkommen der Prophetenfamilie (Muḥammad, → Fāṭima und 'Alī) weitergegeben, denen – bis auf 'Alī – das Recht auf weltliche Macht vorenthalten worden sei. Die Imame gelten den S. als sündenlos und unfehlbar. Nach schiit. Lehre ist der Zwölfte Imam nicht gestorben, sondern lebt in der Verborgenheit fort und wird eines Tages als Messias, «der Rechtgeleitete» (→ Mahdi), erscheinen, um die Herrschaft der Tyrannen zu beenden und Gerechtigkeit walten zu lassen. Schiit. Auffassung zufolge starben die übrigen elf Imame als → Märtyrer, doch ist es v. a. das Martyrium des dritten Imams Ḥusain, dessen bis in die Gegenwart von S. in Trauerfeiern während des Monats Muḥarram gedacht wird. Im Gegensatz zu den Sunniten glauben die S., dass der → Koran erschaffen sei. Die schiit. Rechtsprechung beruht auf dem Koran, der Überlieferung vom Tun und Lassen des Propheten und der Imame sowie dem Konsens der → Gelehrten und deren eigenständiger Rechtsfindung aufgrund rationaler Erwägungen. Bedingt durch ihre ablehnende Haltung gegenüber den zumeist sunnit. Herrschern entwickelten schiit. Rechtsgelehrte verschiedene Formen des Umgangs mit den Herrschenden. Traditionell waren sie auf polit. Abstinenz bedacht, auch wenn es immer wieder zu polit. Kooperation und zur Übernahme von Ämtern kam. Hierbei war S. in hohen Positionen die Tatsache von Nutzen, dass es ihnen erlaubt, ja sogar geboten war, das eigene Bekenntnis in einer diesem feindlich gesonnenen Umwelt oder zum Schutz der zwölferschiit. Gemeinde zu verbergen (arab., pers. *taqīya*). Polit. Aktivismus, um die weltliche Herrschaft mit der → Scharia in Übereinstimmung zu bringen, der bis zum Sturz einer Regierung führen konnte, zeigte sich im 20. Jh. in der Iran. Revolution. Gegen Ende des 18. Jh. begann sich unter den zwölferschiit. Rechtsgelehrten eine Schule durchzusetzen (arab. *uṣūlīya*), die die Gläubigen in zwei Kategorien einteilte, nämlich die Gelehrten mit der Erlaubnis zu lehren (arab. *mujtahid*) und die theolog. nicht ausgebildete Mehrheit der Gläubigen (arab. *muqallid*). Da die Rechtsgelehrten den zwölften Imam während seiner Verborgenheit verträten, müsse sich jeder Schiit der Lehre eines lebenden Gelehrten anschließen, denn nur diese seien befähigt, den Koran und die anderen Rechtsquellen des Islams zu interpretieren. Durch die Übereinstimmung der Gläubigen wird ein (oder mehrere) oberster Rechtsgelehrter, eine sog. «Instanz der Nachahmung» (arab. *marjaʿ al-taqlīd*), bestimmt. Diese Gelehrten gelten jedoch keinesfalls als unfehlbar, ihre Entscheidungen sind vorläufig und können im Prinzip durch die Rechtsfindung eines anderen *mujtahid* aufgehoben werden. *Pi-Ha*

Lit.: Ende, W.: «Der schiitische Islam», in Ende, W./Steinbach, U. (Hg.): *Der Islam in der Gegenwart*, ^{5}2005, 70–89. – Halm, H.: *Die Schiiten*, 2015. – Amirpur, K.: *Der schiitische Islam*, 2015.

Schleier (arab. *ḥijāb*). Der S. wird traditionell von Frauen und Mädchen nach der Geschlechtsreife außerhalb des Hauses und in Anwesenheit von fremden Männern getragen. Der Koran enthält keine Hinweise auf ein Verschleierungsgebot, doch sollen die Frauen ihre Reize nicht offen zur Schau stellen (Sure 24:31) und sich in ihren Überwurf hüllen (Sure 33:59), damit sie nicht belästigt werden. Die Verschleierung wurde vermutlich seit dem 9. Jh. allgemein üblich und erreichte ihren Höhepunkt im 16. Jh. Diese Entwicklung war mit einem zunehmenden Ausschluss der Frauen aus der Öffentlichkeit verbunden. Der S. als Ausdruck religiöser Überzeugung ist v. a. ein städtisches Kleidungsstück. Drei Haupttypen von S. können unterschieden werden: Gesichtsschleier (gesamtes Gesicht, untere Gesichtshälfte oder Gesichtsmaske), Kopfschleier (Kopftuch) und Körperschleier («Tschador»). Infolge der Veränderung der Kleidungssitten (→ Kleidung) werden seit dem 19. Jh. kontroverse Debatten um den S. geführt. Vertreter des → Reformislams und Frauenrechtlerinnen (→ Feminismus) wenden sich unter Verweis auf das Fehlen entsprechender Vorschriften im Koran gegen die Verschleierung, in der sie ein Symbol der Rückständigkeit und der Unterdrückung der Frau sehen. Die Befürworter des S. verstehen ihn als Ausdruck von Bescheidenheit und Anstand, Schutz der persönlichen Würde sowie als Merkmal kultureller Eigenständigkeit. Zudem kann er auch, jenseits aller Debatten, als modisches Accessoire getragen werden. In Deutschland und Frankreich hat die Frage des Rechts auf Verschleierung von muslim. Schülerinnen und Lehrerinnen in jüngster Zeit zu Auseinandersetzungen geführt. *Sto*

Lit.: El-Guindi, F.: *Veil. Modesty, Privacy and Resistance*, 1999. – Göle, N.: *Republik und Schleier. Die muslimische Frau in der Moderne*, 1995. – Klein-Hesseling, R./Nökel, S./Werner, K.: *Der neue Islam der Frauen. Weibliche Lebenspraxis in der globalisierten Moderne. Fallstudien aus Afrika, Asien und Europa*, 1999. – Knieps, C.: *Geschichte der Verschleierung der Frau im Islam*, 1993. – Cronin, S. (Hrsg.): *Anti-veiling campaigns in the Muslim world. Gender, modernism and the politics of dress*, 2014.

Schöpfung. Der → Koran ruft den → Menschen in zahllosen Versen auf, in der sichtbaren Welt das Wirken eines einzigen Schöpfers zu erkennen (Suren 7:185, 27:59–64, 30:17–30 u. a.), zumal sie ein planvolles Werk Gottes im Dienste des Menschen ist (Suren 16:1–23, 55, → Weltbild). Die Anspielungen im Koran – ein Schöpfungsbericht fehlt – reflektieren die Auseinandersetzung mit der biblischen Schöpfungsgeschichte. Danach hat Gott Himmel und Erde in sechs Tagen geschaffen (Suren 41:9–12, 57:4, 11:7). Die → Theologie unterscheidet zwischen der anfänglichen S. (aus dem Nichts, *ex nihilo*, arab. *ibdāʿ*) und den weiteren Schöpfungsakten (wie des Menschen aus dem Lehm, arab. *khalq*). Ausgehend von der Allmacht Gottes lehrten manche Theologen, dass er die Welt in jedem Moment neu erschaffe. Diese – auch als Occasionalismus bezeichnete – Diskontinuität löst jede Kausalität auf und erklärt somit, dass Gott das Böse erschaffen konnte, ohne selbst böse zu sein (→ Satan). Philosophen und Mystiker entwickelten unterschiedliche Systeme, die die S. als Emanationen aus einem anfänglichen Prinzip erklären. Demzufolge spiegelt alles in der Welt Gott in seiner Weise wider. Die Tatsache der S. begründet, dass die Welt auch ein Ende hat. *Ha*

Lit.: Chittick, W.: *The Self-Disclosure of God. Principles of Ibn al-ʿArabī's Cosmology*, 1998. – Arnaldez, R.: Art. «Khalk», *The Encyclopaedia of Islam, second edition*. – Gardet, L.: Art. «Ibdāʿ», *The Encyclopaedia of Islam, second edition*. – Griffel, F.: *Al-Ghazālī's philosophical theology*, 2009.

Schriftbesitzer (arab. *ahl al-kitāb*, «Leute des Buches»), koran. Bezeichnung für Angehörige des → Judentums und des → Christentums als monotheist. Religionen mit Offenbarungsschriften (→ Thora, Evangelium, → Bibel); später wurden dazu bisweilen auch Zoroastrier (Parsen) und Sabier/Sabäer gezählt. Die Annahme der Gleichursprünglichkeit der Heiligen Schriften schuf den S. – innerhalb der islam. Gemeinwesen meist Minderheiten – eine rechtliche und soziale Sonderstellung: Während gänzlich Ungläubige bzw. die, «die Gott etwas beigesellen» (arab. *mushrikūn*), bekämpft werden sollten (→ Jihad), wurden die S. bei Entrichtung einer bestimmten → Steuer als sog. *dhimmī*s («Schutzbefohlene» der islam. Gemeinschaft) geduldet (→ Toleranz), durften ihre Religion behalten und ausüben sowie Eigentum haben. In den modernen, seit dem 19. Jh. weitgehend säkular organisierten Staaten der islam. Welt spielt der S.-Status meist nur noch dort eine Rolle, wo → Schariarechtliche Bestimmungen nicht von säkularem Recht abgelöst wurden, insbesondere im Personenstandsrecht (→ Ehe). In anderen Bereichen trat an die Stelle der Religionszugehörigkeit die Loyalität gegenüber dem Nationalstaat, aus tolerierten S. wurden gleichberechtigte Staatsbürger. In Staaten mit betont islam. Ausrichtung (Iran, Saudi-Arabien u. a.) sowie in Entwürfen für dezidiert «islam.» Gemeinwesen ist die S.-Idee wieder bzw. noch immer für die jurist. Behandlung von Juden und Christen relevant. *Gu*

Lit.: Ye'or, B.: *The Dhimmi. Jews and Christians under Islam*, 1985.

Schweinefleisch. Muslimen ist es nach islam. → Recht strikt verboten, S. zu verzehren. Dieses Verbot gründet sich auf mehrere Suren des Korans (2:173, 5:3, 16:15). Der unwissentliche Genuss wird seitens Gottes mit Nachsicht behandelt. (→ Speisegesetze) *Mü*

Sexualität gilt in ihrer religiös legitimierten Form innerhalb der → Ehe im islam. Kulturkreis als Recht des Menschen und Geschenk Gottes, dessen Wonnen eine Vorstellung vom Paradies geben. Die umfangreiche klassisch-arab. Erotologie (u.a. Ibn Ḥazm, 994–1063) preist die Jugend und bietet Rezepte gegen das Nachlassen der Manneskraft im Alter. Zeitweilige Enthaltsamkeit wird während des → Fastens, der Menstruation und der → Pilgerfahrt geübt, zölibatärem Leben erteilte der Prophet → Muḥammad aber eine deutliche Absage. Gleichgeschlechtliche S. gilt als Verstoß gegen die göttliche → Schöpfung, die Mann und Frau als sich ergänzendes Paar geschaffen hat. Weibliche S. wird als potentiell zerstörerisch verstanden; damit sie nicht, unbefriedigt und unkontrolliert, die göttlichen Regeln menschlichen Miteinanders verletzt, hat die Ehefrau ihrem Mann gegenüber Anspruch auf sexuelle Befriedigung. Dem erot. fordernden Blick fremder Männer wird durch den → Schleier Einhalt geboten. – Dieser idealtyp. Ordnung stehen vielfältige Realitäten gegenüber. Männliche und weibliche → Homosexualität und → Prostitution finden sich trotz gesellschaftlicher Ächtung auch in islam. geprägten Ländern. Jugendliche haben durch die Trennung der → Geschlechter, soziale Kontrolle und die große Bedeutung der Jungfräulichkeit kaum Gelegenheiten, Erfahrungen mit dem anderen Geschlecht zu sammeln, und sind, wenn sie aus finanziellen Gründen nicht heiraten können, oft zum Zwangszölibat verdammt. Die schiit. Praxis der *mutʿa*, einer zeitlich begrenzten «Genuss»ehe, ist in Iran nach der Revolution wieder populär geworden, wird aber von sunnit. Muslimen meist vehement abgelehnt. *Bo*

Lit.: Bouhdiba, A.: *Sexuality in Islam*, 1985. – Chebel, M.: *Encyclopédie de l'amour en Islam*, 1995. – *Ibn Hazm al-Andalusi: Von der Liebe und den Liebenden*, 1995. – Breuer, R.: *Liebe, Schuld und Scham. Sexualität im Islam*, 2016.

Sharīʿatī, ʿAlī (1933–1977), Autor und Ideologe der islam. Bewegung in Iran. Studium der Religionsgeschichte und Soziologie in Paris (1960–1965). Unter dem Einfluss des militanten alger. Unabhängigkeitskampfes entwickelte S. seine Ideen von einem dynam., polit. und revolutionären Islam, der den Anforderungen der modernen Welt gewachsen ist und insbesondere die Antwort auf die Hegemonie der westlichen Welt über die Länder der Dritten Welt nicht schuldig bleibt. Damit verbunden war seine Kritik an einer in polit. Hinsicht quietist. Interpretation der Religion und am klerikalen Establishment. Er bezog sich in seinen Vorlesungen und Essays v. a. auf die zentralen Figuren des frühen Islams und der → Schiiten (Muḥammad, sein Vetter und Schwiegersohn ʿAlī, sein Enkel Ḥusain, seine Tochter Fāṭima), die er als politische Kämpfer für soziale Gerechtigkeit deutete. Diesen ursprünglichen, kämpferischen Islam bezeichnete er als «alidisch» (nach ʿAlī), während der «safawidische» (nach der iran. Dynastie der Safawiden) Islam für eine versteinerte, institutionalisierte Religion mit hierarchischem Machtgefüge steht. S. gilt, gerade für junge Intellektuelle, neben → Khomeini als einer der wichtigsten Stichwortgeber der Islam. Revolution in Iran (1979). *Ha-Hi*

Lit.: Chatterjee, K.: *ʿAli Shariʾati and the Shaping of Political Islam in Iran*, 2011. – Jahanbakhsh, F.: *Islam, Democracy and Religious Modernism in Iran (1953–2000)*, 2001. –Kaweh, S.: *Ali Schariati interkulturell gelesen*, 2005. – Rahnema, A.: *An Islamic Utopian*, 2000. – Richard, Y.: *Der verborgene Imam. Die Geschichte der Schia in Iran*, 1989.

Soroush, Abdolkarim (eigtl. Hosein F. Dabbagh, geb. 1945), iran. Philosoph. S. studierte 1973–1979 in England Pharmazie und Philosophie. In den ersten Jahren der Islam. Republik Iran unterstützte S. die revolutionäre Staatsideologie und war Mitglied des «Rates der Kulturrevolution» (bis 1984), der für die vorübergehende Schließung und ideologische Neuausrichtung der Universitäten verantwortlich war. Mit seiner Theorie der «Wandelbarkeit der religiösen Erkenntnis» und dem Ruf nach «Entideologisierung» der Religion wurde S. zum Kritiker der staatstragenden klerikalen Doktrin. Seine philosoph. Konzepte, die mit Fragen nach dem Verhältnis von Religion zu Rationalität, Freiheit und Demokratie in den politischen Raum ausgreifen, entwickelte er unter dem Einfluss moderner westlicher Sozialphilosophen. Seine Zeitschrift *Kiyān* wurde 1997 verboten. S. gilt als eine führende Figur der Dissidentenbewegung in Iran und lebt überwiegend im Ausland. *Ha-Hi*

Lit.: Amirpur, K.: *Die Entpolitisierung des Islam. ʿAbdolkarīm Sorūšs Denken und Wirken in der Islamischen Republik Iran*, 2003. – Ghamari-Tabrizi, B.: *Islam and Dissent in Postrevolutionary Iran*, 2008. – Jahanbakhsh, F.: *Islam, Democracy and Religious Modernism in Iran*, 2001. – Sorush, A.: *Reason, Freedom and Democracy in Islam*, hrsg. und übers. von A. u. M. Sadri, 2000. – Sorush, A.: *The Expansion of Prophetic Experience*, 2009.

Sozialismus, islamischer (arab. *al-ishtirākīya al-islāmīya*). Die Idee wurde bereits im 19. Jh. unter muslim. Intellektuellen diskutiert. Jamāl ad-Dīn al-→Afghānī erkannte originär sozialist. Gesellschaftsformen in der vorislam. Beduinengesellschaft, die im ersten islam. Gemeinwesen aufgenommen wurden. In Ägypten wurde der von englischen Formen des Sozialismus begeisterte Salāma Mūsā (1886–1958) zum herausragenden Propagandisten eines säkularen arab. Sozialismus. In den frühen 1920er Jahren entstanden dort erste sozialist. und kommunist. Parteien. Muṣṭafā as-Sibāʿī (1915–1964), der Führer der syrischen Muslimbruderschaft, unternahm einen Versuch der Synthese von Islam und Sozialismus. Mittels des Sozialismus könne die Armut verringert werden, da der Islam Besitz zwar nicht verbiete, wohl aber die Ausbeutung der Menschen durch das Kapital. Sein Prinzip sei «gesellschaftliche Solidarität». In Ägypten versuchte 1962 Jamāl ʿAbd an-Nāṣir (Nasser), in der Nationalcharta Sozialismus, →Nationalismus und Islam zu vereinigen. Auch durch die Baʿth-Ideologie (arab. «Erweckung»; →Panarabismus) wurde diese Verbindung von Islam und Sozialismus vertreten. *Sz*

Lit.: Binder, L.: *Islamic Liberalism*, 1988. – Esposito, J. L.: *Islam and Politics*, 1984.

Speisegesetze, Teilbereich des islam. →Rechts. Im →Koran wird der Genuss von Schweinefleisch, von Blut und daher auch von Fleisch nicht geschächteter Tiere verboten (Suren 2:173, 5:3, 6:145 und 16:115). Das Fleisch ist zum Verzehr erlaubt (arab. *ḥalāl*, türk. *helal*), wenn dem lebenden Tier die Kehle aufgeschnitten wurde, damit es vollständig ausbluten konnte. Bei der rituellen Schlachtung wird das Tier mit dem Kopf nach →Mekka ausgerichtet und der Name Gottes angerufen. Neben dem generellen Schweinefleisch-Verbot existieren eine Reihe anderer Speiseverbote, die sich von →Rechtsschule zu Rechtsschule unterscheiden. Zumeist verboten sind etwa Fuchs, Schlange, Greifvögel und Tiere, die sich von Aas ernähren. Hierbei konkurriert die enge Auslegung des bereits oben erwähnten Verbots in Sure 6:145 mit der Tendenz zur Ausweitung des Verbots aufgrund der Sure 7:157, wonach «die schlechten Dinge» im Sinne von «unrein» verboten sind. Generell gelten in den →schiit. Rechtsschulen mehr Tierarten als unrein als bei den →Sunniten, bei denen wiederum die in der Türkei verbreiteten

Hanafiten mehr unreine Tierarten kennen als die im Maghreb vorherrschenden Malikiten. Der unwissentliche Verstoß gegen die S. wird nach muslim. Lehre von Gott mit Nachsicht behandelt. Die Zubereitung von Speisen durch Nichtmuslime, insbesondere auch durch Christen und Juden, den →Schriftbesitzern, macht diese nicht von vornherein unrein. Daher können praktizierende Muslime etwa von christlichen Gastgebern eingeladen werden und in nichtmuslim. Geschäften einkaufen. *Mü*

Lit.: Cook, M.: «Early Islamic Dietary Law», *Jerusalem Studies in Arabic and Islam* 7 (1986), 218–277. – Rodinson, M.: Art. «Ghidhāʾ», *The Encyclopaedia of Islam, second edition.*

Staat (arab. *daula*, türk. *devlet*). Der heute in vielen islam. Sprachen geläufige Begriff für S., *daula*, bezeichnete ursprünglich den Wechsel der Herrscherdynastie und später →Dynastie an sich. Im 19. Jh. nimmt *daula* allgemein die Bedeutung S. an und bezeichnet eine territorial definierte polit. Organisation, die das Gewaltmonopol innehat. Entgegen den entstehenden muslim. Nationalstaaten versuchen islam. Intellektuelle, die Vorstellung von der →*umma* als Gemeinwesen aller Muslime zu denken. Das Schlagwort «Der Islam ist S. und Religion» (*al-islām dīn wa-dunyā/daula*) propagiert die Fiktion einer Übereinstimmung von Glaubensgemeinschaft und S. in territorialer, rechtlicher und kultureller Hinsicht. Diese These wurde z. B. von ʿAlī ʿAbd ar-Rāziq (1963) in seinem bekannten Werk «Der Islam und die Grundregeln der Herrschaft» widerlegt. Liberale muslim. Denker erklären, dass der S. eine Angelegenheit der Menschen sei, während Islamisten weiterhin die Übereinstimmung von S. und Religion fordern. *Sz*

Lit.: Ayubi, N.: *Political Islam*, 1991. – Piscatori, J. P.: *Islam in a World of Nation States*, 1991. – Münch-Heubner, P.: *Der islamische Staat. Grundzüge einer Staatsidee*, 2012.

Stamm, wichtige soziale Einheit in zahlreichen Gesellschaften des Nahen und Mittleren Ostens. Die Einordnung ethnischer Gruppen in Stammesverbände geht häufig mit nomad. oder teilnomad. Lebensformen einher, dennoch ist →Nomadismus kein notwendiges Merkmal für tribale (stammesgemäße) Organisationsformen, wie Beispiele sesshafter S. aus dem Jemen und Afghanistan zeigen. Zu den Merkmalen eines S. gehören: Berufung auf einen gemeinsamen

Stammvater, eine hierarch. aufsteigende Gliederung in Haushalten, Familien und Clans, Bindung an ein Siedlungsgebiet, gemeinsame kulturelle Traditionen (Brauchtum, Dialekte) sowie polit. Einheit nach außen. Einzelne S. bilden häufig größere Konföderationen, die dann auch sprachliche und kulturelle Unterschiede umfassen können. Der vage Begriff «S.» sollte nicht pauschal auf größere ethnische Gruppen (z.B. Kurden, Turkmenen) angewandt werden, die zwar sprachlich und kulturell, aber in der Regel nicht polit. eine Einheit bilden. Das Verhältnis zwischen Stämmen und zentralem → Staat ist nicht nur in der Vergangenheit, sondern auch in der Gegenwart vieler moderner Staaten des Vorderen Orients von Spannungen und wechselseitiger Durchdringung geprägt. *Wer*

Lit.: Khoury, P./Kostiner, J. (Hg.): *Tribes and State Formation in the Middle East*, 1990. – Franz, K. (Hg.): *The Arab East and the Bedouin component*, 2015.

Steuern. Die Steuererhebungen der Staaten der islam. Welt haben in der Regel keinen religiösen Hintergrund und unterscheiden sich daher nicht von denen in Nationen anderer Kulturkreise. In der islam. Geschichte hat es aber auch religiös legitimierte S. gegeben. Dazu zählt die → Almosen-Abgabe (arab. *zakāt*), die durch die Vorstellungen einer islam. Wirtschaftsordnung eine neue und aktuelle Bedeutung gewonnen hat. Sie wird als wesentliches Instrument zur Beseitigung sozialer Ungerechtigkeiten und damit zur Schaffung einer solidar. Gemeinschaft gesehen, in der die schwachen Mitglieder von den starken unterstützt werden. Nichtmuslim. Angehörige von Schriftreligionen (→ Schriftbesitzer) hatten eine Kopfsteuer (arab. *jizya*) zu zahlen, für manche von ihnen ein Anreiz zur → Konversion zum Islam. Die Konzepte solcher religiös legitimierter Steuern finden sich in den Gesellschaftsvorstellungen radikal-islamistischer Gruppierungen wieder bzw. werden in Gebieten praktiziert, die von solchen Gruppierungen beherrscht werden. *Di*

Stiftung (arab. *waqf*, pl. *auqāf*; im Maghreb *ḥubs*, pl. *aḥbās*). Die islam. frommen S. haben in nahezu jeder vom Islam geprägten Region jahrhundertelang weitgehend unabhängig von staatlicher Einflussnahme wichtige gesellschaftliche, kulturelle und religiöse Aufgaben im Leben der Muslime wahrgenommen. Das Spektrum reicht vom Bau und Unterhalt der → Moscheen, Medresen, Bibliotheken oder anderer öffentlicher Einrichtungen – wie den Unterhalt von Brunnen – über Gehaltszahlungen an → Gelehrte und Kultusangestellte bis zur finanziellen Unterstützung von Studenten. Unter dem Einfluss des → Kolonialismus – teilweise bereits vorher – hat der → Staat einen Teil dieser Funktionen an sich gezogen. Nach Herstellung staatlicher Souveränität haben muslim. Machthaber das islam. Stiftungswesen entweder liquidiert oder unter direkte staatliche Kontrolle gestellt. Den islam. Gelehrten wurde dadurch ihre finanzielle Autonomie entzogen, und sie sind in die Abhängigkeit des Staates geraten. Wichtigste rechtliche Kennzeichen sind die Unveräußerlichkeit und der ewige Charakter des *waqf*. Das islam. Recht unterscheidet zwischen der gemeinnützigen S. (*waqf khairī* bzw. *ʿāmm*), der privaten S. (*waqf ahlī* bzw. *waqf khāṣṣ*, *waqf dhurrī*) sowie einer Mischform (*waqf mushtarak*). Aufgrund seiner Anpassungsfähigkeit an zeitliche und örtliche Umstände gilt das islam. Stiftungswesen als Beispiel für die Flexibilität des islam. → Rechts. Moderne muslim. Intellektuelle erachten die frommen S. als Hinweis auf zivilgesellschaftliche Traditionen im Islam. *Ko*

Lit.: Kogelmann, F.: *Islamische fromme Stiftungen und Staat. Der Wandel in den Beziehungen zwischen einer religiösen Institution und dem marokkanischen Staat seit dem 19. Jahrhundert bis 1937*, 1999. – Knost, S. (Hg): *Die Organisation des religiösen Raums in Aleppo. Die Rolle der islamischen religiösen Stiftungen (waqf, pl. auqāf) in der Gesellschaft einer Provinzhauptstadt des Osmanischen Reiches an der Wende zum 19. Jahrhundert*, 2009.

Strafrecht. Das heutige S. der meisten muslim. Staaten orientiert sich größtenteils an westlichen Vorbildern, obwohl im Zuge der «Wiederbelebung der Scharia» in einzelnen Ländern das islam. S. eingeführt wurde (v. a. in Saudi-Arabien, Libyen, Sudan, Pakistan und Afghanistan). Das klassische islam. S. gliedert sich in mehrere unabhängige Bereiche, die sich zwei verschiedenen Kategorien, den «Rechtsansprüchen Gottes» und den «Rechtsansprüchen der Menschen», zuordnen lassen. Zu den «Rechtsansprüchen Gottes» gehört die Bestrafung derjenigen Delikte, für die im Koran und in der → Sunna ein genaues Strafmaß festgelegt ist, weil sie die von Gott gesetzte Grenze (arab. *ḥadd*) überschreiten. Zu diesen sog. *ḥadd*-Strafen gehört die Steinigung für Unzucht, das Abschneiden der Hand für Diebstahl, die Auspeitschung für das Trinken von Wein und berauschender Getränke sowie die Verleumdung einer Frau wegen Ehebruchs. In manchen → Rechtsschulen zählten zu den *ḥadd*-Straftaten auch der räuber. Überfall und der Abfall vom Islam (→ Apostasie). Diese Tatbestände sind allerdings nach islam. Juristenrecht sehr genau definiert und damit in ihrer Anwendung eingeschränkt. So wurde etwa die Wegnahme einer fremden beweglichen Sache nur dann als «Diebstahl» angesehen und mit dem Abhacken der Hand bestraft, wenn das Diebesgut einen gewissen Mindestwert besaß, nicht frei zugänglich war und die Tat von zwei Zeugen zweifelsfrei bestätigt werden konnte. Die festgesetzte Bestrafung eines *ḥadd*-Delikts durfte nur bei einer zweifelsfreien Rechts- und Beweislage vollstreckt werden. Ansonsten gehörte die Bestrafung nicht zu den «Rechtsansprüchen Gottes», und der Richter war gehalten, eine Ermessensstrafe (arab. *taʿzīr*) in geringerer Höhe zu verhängen. Zu der zweiten Gruppe der «Rechtsansprüche der Menschen» gehört das Blutrecht für Tötungen und Verletzungen (→ Blutrache). Im islam. S. werden Ausgleichszahlungen für den erlittenen Schaden bzw. die Bedingungen für die Vergeltungsstrafe festgelegt. Insgesamt beschränken sich die Straftatbestände des islam. Juristenrechts auf wenige Kernbereiche, so dass diese in Vergangenheit und Gegenwart durch obrigkeitliches Recht ergänzt wurden. Ungeachtet dessen sind die Forderungen nach Einführung der koran. → Körperstrafen als Ausdruck eines islam. S. im muslim. → Fundamentalismus sehr verbreitet. *Mü*

Sultan (arab. *sulṭān*, «Macht», «Machthaber»). Muslim. polit. Theoretiker bestimmten das Amt des S. in Abgrenzung zum → Kalifat nicht als das eines Nachfolgers des Propheten → Muḥammad und damit Führers der muslim. Gemeinschaft in religiöser und polit. Hinsicht, sondern beschränkten es auf die polit. Führung. Zur Legitimation des Sultanats entwickelten Gelehrte den Gedanken der Delegation bestimmter Aufgaben durch einen Kalifen an den S. De facto waren und sind S. meist absolute Herrscher (z. B. in Brunei), die sich auch die Aufsicht über religiöse Angelegenheiten vorbehalten. Der Begriff S. wird auch als Titel für Offiziere und Gouverneure oder als Ehrenname für Mystiker gebraucht. *El*

Sunna («gewohnte Handlung, eingeführter Brauch») bezeichnet im Islam die prophet. Tradition, die in der islam. Glaubens- und Pflichtenlehre die zweite Quelle religiöser Normen nach dem Koran darstellt. Neben überlieferten Worten und Handlungen des Propheten standen dafür in der Frühzeit das Vorbild und die Äußerungen seiner prominenten Gefährten zur Verfügung, die als Vertreter und Garanten seiner Tradition anerkannt waren. Hiermit verbunden blieb die Anerkennung der Rechtmäßigkeit der ersten vier «Rechtgeleiteten Kalifen» gegenüber den Ansprüchen der → Schiiten, die allein → ʿAlī als legitimen Nachfolger des Propheten ansahen. Die S. des Propheten und die Anerkennung der «Rechtgeleiteten Kalifen» wurde zum weithin anerkannten Maßstab für die polit., rechtliche und religiöse Praxis und bereits recht früh zum Gegenstand von Lehre und Bildung. Neben dem → Kalifat als zentraler polit. und religiöser Institution entstanden in verschiedenen regionalen Zentren des islam. Reiches wie → Mekka, → Medina, Damaskus, Basra und Kufa eigene Lehrtraditionen, die sich auf verschiedene Prophetengefährten beriefen und aus denen die späteren → Rechtsschulen hervorgingen. Den Gegnern des Kalifates, insbesondere den Schiiten, die den Nachkommen des Propheten weiterhin die höchste polit. und religiöse Autorität zusprachen, stellten sich die entstehenden sunnit. Rechtsschulen mit dem Anspruch entgegen, die authent. Tradition des Propheten und den Konsens der Gemeinschaft der Muslime zu vertreten. Dieser Anspruch wurde schließlich auch von den ʿabbasid. Kalifen anerkannt. In der Auseinandersetzung mit der Schia und ihrer Kritik an den Prophetengefährten, aber auch im Disput um die Lehrmeinungen der verschiedenen Rechtsschulen, verlagerte sich die inhaltliche Begründung der S. immer mehr auf die Überlieferung vom Propheten selbst. Der prophet. → Hadith, der seit dem ausgehenden 9. Jh. in großen, weithin anerkannten Sammlungen vorlag, wurde innerhalb des islam. Rechts so stark aufgewertet, dass die Begriffe «S.» und Hadith im Verständnis der sunnit. Muslime im Laufe der Zeit weitgehend zur Deckung kamen. – Über lange Zeit hinweg blieben die vier Rechtsschulen der Hanafiten, Malikiten, Shafiʿiten und Hanbaliten die anerkannten Institutionen für die Lehre und Interpretation der prophet. Tradition im sunnit. Islam. Neben den Inhalten des Glaubens und der Definition der religiösen Pflichten gegenüber Gott und den Menschen nimmt diese Tradition in vielen islam. Gesellschaften Stellung zu einer Fülle von Einstellungen und Anschauungen unterschiedlicher Herkunft, die unter Berufung auf die S. teils gestützt, teils als «Neuerungen» (arab. *bidʿa*) kritisiert oder bekämpft werden. Bei der Interaktion von Muslimen unterschiedlicher Herkunft stand daher immer auch die jeweilige Deutung der S. auf dem Prüfstand. Die → Pilgerfahrt und die Heiligen Stätten boten ein institutionelles Forum für die Verhandlung und ggf. Angleichung der verschiedenen Anschauungen. Durch die unterschiedlichen Rechtsschulen war dabei der Rahmen für eine gewisse Vielfalt innerhalb der prophet. Tradition bereits vorgegeben und anerkannt. – Die Anerkennung der vier Rechtsschulen als Garanten der prophet. Tradition ist heutzutage im sunnit. Islam nicht mehr unumstritten. Seit dem 17. Jh. mehrte sich die Kritik der autoritären Bindung an den Lehrkonsens der einzelnen Schulen, die mit der Forderung nach Rückkehr zum authent. Prophetenwort verbunden war. Diese Kritik kam häufig von religiösen → Gelehrten und Lehrern außerhalb der etablierten religiösen Hierarchien im Bildungs- und Rechtswesen. Nicht selten waren diese Gelehrten ländlicher oder provinzieller Herkunft oder kamen aus Randregionen der etablierten islam. Staatenwelt. Kritik an den Rechtsschulen kam aber auch von Herrschern und Bürokraten innerhalb der islam. Staaten selbst, die sich z.B. in Marokko seit dem 18. Jh. um eine verstärkte staatliche Kontrolle der rechtlichen und bildungsmäßigen Institutionen bemühten. Dies richtete sich häufig gegen die städtischen Gelehrten der Rechtsschulen, die mit ihrem Einfluss auf Bildungswesen, Gerichte und religiöse → Stiftungen gegenüber Hof und Herrscher über eine kaum kontrollierbare Quelle religiös-polit. Autorität verfügten. Diese Tendenzen verstärkten sich im 20. Jh. in den älteren wie den neuen Nationalstaaten der islam. Welt, in denen der Staat nicht nur Bildung und Rechtswesen, sondern auch die religiösen Institutionen und die Stiftungen weitgehend unter Kontrolle nahm. Obwohl die Lehrmeinungen der Rechtsschulen vielfach Eingang in die nationale Gesetzgebung gefunden haben, sind sie doch der Autorität der Rechtsschulen selbst weitgehend entzogen. Die Entwicklung des nationalen Rechtssystems ist ebenso wie die Rechtsprechung selbst weitgehend in die Hände akadem. gebildeter Juristen übergegangen. Elite- wie Massenbildung lockern in den zeitgenöss. Staaten der islam. Welt die Bindung an die Autorität der Rechtsschulen, und zwar an ihre etablierten Lehrmeinungen ebenso wie an ihre Methodik der Interpretation. An ihre Stelle tritt mehr und mehr die Autorität staatlicher oder internationaler islam. Gremien und Organisationen sowie die eigene

Meinungsbildung, für die persönliche Beziehung zur prophet. Tradition immer mehr an Bedeutung gewinnt. Die Frage nach Einheit und Vielfalt innerhalb dieser Tradition tritt dabei zurück gegenüber der Spannung zwischen staatlicher und kollektiver Autorität und individueller religiöser Verantwortung. *Reich*

Lit.: Nagel, T.: *Staat und Glaubensgemeinschaft im Islam. Geschichte der politischen Ordnungsvorstellungen der Muslime*, Bd. 1: *Von den Anfängen bis ins 13. Jahrhundert*, 1981. – Watt, M. W./Marmura, M.: *Der Islam*, Bd. 1: *Politische Entwicklungen und theologische Konzepte*, 1985.

Sunniten, im Gegensatz zu den → Schiiten Anhänger der vier islam. Rechtsschulen, die sich seit dem 9. Jahrhundert als Repräsentanten der prophet. → Sunna und der Gemeinschaft der Muslime (arab. *ahl as-sunna wa-l-jamāʿa*) formierten. Zum sunnit. Islam gehören heute über 85 % der Muslime in der Welt. *Reich*

Sure (arab. *sūra*, pl. *suwar*), ein Kapitel des → Korans. Jede der 114 S. kann als in sich abgeschlossen verstanden werden, obwohl ein Thema oft in mehreren S. erscheint. Eine S. ist in Verse (arab. *āyāt*, «Wunderzeichen») unterteilt. Die Länge der einzelnen S. ist unterschiedlich: die längste weist 286 Verse auf, die kürzeste nur drei. Als Surennamen dienen Schlüsselwörter, die dem Text einer S. entnommen sind; zum Teil sind verschiedene Surennamen in Gebrauch. Mit Ausnahme von Sure 9 beginnen die S. mit der → Basmala; manchmal folgen auf die Basmala drei oder mehr arab. Buchstaben (z. B. «ʾ-l-m», *alif lām mīm*), deren Bedeutung ungeklärt ist. Die S. werden, je nach Zeitpunkt ihrer → Offenbarung, in mekkan. und medinens. S. unterschieden; die westliche Orientalistik ordnet die mekkan. S. aufgrund von Stil und Inhalt drei getrennten Perioden zu; eine exakte Chronologie aber ist unmöglich. *Schö*

T

Ṭāhā, Maḥmūd Muḥammad (1909–1985), Mystiker und Reformer, geb. in Omdurman, Sudan. Nach seiner Ausbildung und Tätigkeit als Wasserbauingenieur wandte er sich der Propagierung eines stark mystisch und liberal geprägten Islams zu. Seine Lehren, die er in seinem Hauptwerk *Die zweite Botschaft des Islams* niederlegte, fanden bei vielen Muslimen im Sudan und darüber hinaus großen Anklang. Es bildeten sich Gruppen von Anhängern, die unter dem Namen «Republikan. Brüder» bekannt wurden. Sie verstehen sich nicht als sufische → Bruderschaft, üben aber sufische Praktiken aus. T. kam mehrfach in Konflikt mit dem fundamentalist. orientierten sudanes. Regime unter Numeiri. Er protestierte z.B. gegen die im September 1983 erlassenen Strafgesetze, die nach Auffassung der Regierung der → Scharia entsprachen. Er erklärte, dass in Zeiten von Hunger das Handabschlagen wegen Diebstahls ungerecht sei. Das sudanes. Regime warf ihm → Apostasie vor. Nach langer Haft wurde T. am 18.1.1985 in der sudanes. Hauptstadt Khartoum trotz weltweiter Proteste erhängt. *El*

Lit.: Oevermann, A.: *Die Republikanischen Brüder im Sudan. Eine islamische Reformbewegung im Zwanzigsten Jahrhundert*, 1993.

Ṭahṭāwī, Rifāʿa aṭ- (1801–1873), ägypt. Autor, der zur Symbolfigur der arab. «Erneuerung» (*nahḍa*) im 19. Jh. wurde. Der in Oberägypten geborene T. begab sich 1817 zum Studium an die Universität al-Azhar nach Kairo, wo ihn sein dortiger Lehrer Ḥasan al-ʿAṭṭār (1766–1834) mit der europäischen Kultur bekanntmachte. 1824 erhielt T. in der ägypt. Armee den Posten eines → Imams, und als Muḥammad ʿAlī (reg. 1805–1848) im Jahre 1826 44 Studenten zu Ausbildungszwecken nach Frankreich schickte, begleitete T. als einer von vier → Imamen die Gruppe. In Paris lernte er Französ. und beschäftigte sich ausgiebig mit europäischer Geschichte, Geographie, Philosophie, Literatur und den westlichen Lebensverhältnissen. Nach seiner Rückkehr verfasste T. auf Bitten Muḥammad ʿAlīs, zu dessen Ansprechpartner unter den Gelehrten er geworden war, einen Bericht über seine Mission. Dieses Reisetagebuch fand rasche Verbreitung und blieb bis in die 1850er Jahre hinein das einzige neuere arabischsprachige Werk, das über ein europäisches Land informierte. In der Folgezeit arbeitete T. als Übersetzer an einigen der von Muḥammad ʿAlī ins Leben gerufenen Reformschulen. Ab 1837 versuchte er als Direktor des neugegründeten ägypt. Sprachenzentrums, europäische Unterrichtsmethoden mit traditionellen Formen der Erziehung zu vereinen. Diese Institution wurde jedoch nach dem Tode Muḥammad ʿAlīs geschlossen. T. verbrachte daraufhin die Jahre von 1850 bis 1854 in Khartoum. Erst unter Ismāʿīl (reg. 1863–1879) wurde die Schule wiedereröffnet (1863). Man bestimmte T. zu ihrem Direktor und vertraute ihm darüber hinaus die Herausgabe der offiziellen Zeitung des Erziehungsministeriums an. Beide Funktionen hatte er bis zu seinem Lebensende inne. Rezeptionsgeschichtlich fällt die Fokussierung auf T.s Werk über die ägypt. Studienmission nach Paris auf. Die Bedeutung dieses Buches für die Entstehung des → Modernismus in der islam. Welt ist sicherlich überschätzt worden, zumal T. keinen radikalen Bruch mit den bestehenden Traditionen herbeizuführen gedachte, sondern lediglich eine Antwort auf die Frage finden wollte, wie es möglich sein könnte, an den modernen Errungenschaften des Westens zu partizipieren und gleichzeitig Muslim zu bleiben. *Co*

Lit.: Hourani, A.: *Arabic Thought in the Liberal Age*, 1983. – Delanoue, G.: *Moralistes et politiques musulmans dans l'Égypte du XIXe siècle (1798–1882)*, 2 Bde., 1982. – *Tahtawi: Ein Muslim entdeckt Europa*, übers. von K. Stowasser, 1988.

Tanz. In der islam. Welt existieren sehr unterschiedliche Formen von strukturierten Bewegungsabläufen zu → Musik, welche von den Ausführenden selbst nicht immer als T. bezeichnet werden. Im religiösen Ritus ist T. nur in der → Mystik vertreten, wo er bei einigen → Bruderschaften ein konstituierendes Element des → Dhikr darstellt. Im einfachsten Fall handelt es sich dabei um ein rhythm. Beugen des Oberkörpers. Der sog. «T. der Derwische» im Mawlawīya-Orden besteht aus einem Drehen des Körpers um die eigene Achse, wobei der linke Fuß fest mit dem Boden verbunden bleibt und der rechte Fuß übertritt. Dabei ist die rechte Hand nach oben gerichtet, während die linke zur Erde zeigt, um Empfang bzw. Weitergabe zu symbolisieren; der Kopf ist leicht nach links zur Seite geneigt. Begleitende Instrumente sind Rahmentrommeln oder paarweise Kesseltrommeln und Becken, seltener Flöte oder andere Melodieinstrumente. Heute kann man diese Tänze losgelöst aus ihrem funktionalen Rahmen auch als reine Vorführungen in Konzerthallen oder Restaurants betrachten. Die Erscheinungsformen des T. in der Volksmusik sind sehr heterogen, doch finden sich in fast allen Regionen stilisierte Schwert- oder Stocktänze, welche zumeist von Männern ausgeführt werden. Gruppentänze treten nahezu überall in Form von Kreis- oder Reihentänzen auf, getanzt von Männern wie auch von Frauen und oft durch Singen, Klatschen und Stampfen begleitet. In vielen Regionen vom Balkan bzw. Nordafrika bis nach Pakistan ist die charakterist. Zusammensetzung von Trommel und Oboe bei der Tanzbegleitung zu finden. T. spielt darüber hinaus eine wichtige Rolle bei Besessenheits- und Heilungsritualen. Besonders in Südostasien bildet er ein wichtiges Element im Theater, typisch sind hier Tanzdramen und Maskentänze. T. als künstler. Darbietung in der Unterhaltungskultur betrifft v. a. den Einzeltanz von Frauen. Hier sind zwei große Stilregionen voneinander zu unterscheiden. Tanzvorführungen in Südostasien werden mit stark stilisierten und verhaltenen Bewegungen ausgeführt. Durch eine dichte Symbolik in der Choreographie werden narrative Zusammenhänge tänzer. dargestellt. Charakterist. für den Nahen Osten ist der sog. Bauchtanz, der allerdings diesen Namen nur im Westen trägt und in seinen Herkunftsländern als «oriental. T.» bezeichnet wird. Die heute bekannten Darbietungsformen entwickelten sich aus dem Repertoire der Tänzerinnen des frühen 20. Jh., nicht unbeeinflusst von europäischem und nordamerikan. Geschmack, wo der oriental. T. als Opposition zu bürgerlichen Moralvorstellungen großen Anklang fand und in Opern und Hollywoodfilmen verarbeitet wurde. Beim Tanzen werden fast alle Körperteile bewegt, charakterist. jedoch ist eine unabhängige Bewegung der oberen und unteren Körperhälfte, so dass der Bewegungsschwerpunkt jeweils nur auf einem Teil des Körpers liegt. Das wichtigste Begleitinstrument ist die Trommel. Tänzerinnen beherrschen ein je nach Aufführungsort und -gelegenheit ausgerichtetes vielfältiges Repertoire. In Kairo gibt es inzwischen eine erste Gewerkschaft für professionelle Tänzerinnen. Heute ist oriental. T. als Bestandteil von privaten Feiern, Showeinlage in Restaurants sowie als Bühnen-Performance zu sehen. *Wie*

Lit.: Henni-Chebra, D./Poché, C. (Hg.): *Les danses dans le monde arabe ou l'héritage des almées*, 1996. – Stohrer, U.: *Bar'a. Rituelle Performance, Identität und Kulturpolitik im Jemen*, 2009.

Tataren, vorwiegend muslim. Bevölkerungsgruppen im östlichen Europa, Russland und Zentralasien. «T.» war ursprünglich der Name nomadisierender Stämme in der mongolischen Steppe und ist dort in Inschriften des 8. Jh. erstmals belegt. Zur Zeit der Eroberungszüge Dschingis Khans (gest. 1227) bezeichnete «T.» die verschiedenen Bevölkerungen des Mongolischen Weltreichs. In den islam. Ländern und Europa galten die tatar.-mongol. Eroberer als Strafe Gottes und Vorboten der Apokalypse. Viele mittelalterliche Christen sahen in ihnen Wesen der Unterwelt, des Tartaros aus der griechischen Mythologie, worauf die immer noch anzutreffende Schreibung «Tartaren» zurückgehen dürfte. Mit dem Tod Dschingis Khans zerbrach das Mongolische Weltreich in vier Teilherrschaften. Das westlichste Gebiet unter der Kontrolle der dschingisidischen Khane der «Goldenen Horde» erstreckte sich vom Aralsee bis zum Schwarzen Meer. Es zerfiel im 15. Jh. in die Khanate Sibir, Kasimov, Astrachan, Kasan und Krim. Die ersten vier Khanate an der Wolga und in Westsibirien gerieten im 16. Jh. unter russische Herrschaft. Das Khanat der Krim im nördlichen Schwarzmeerraum avancierte unter osmanischer Oberherrschaft zu einem wichtigen politischen Akteur im östlichen Europa, bis es 1783 von Russland annektiert wurde. – Die heutigen T., die sich selbst erst spät selbst als solche bezeichneten, haben ihre Wurzeln in den heterogenen Bevölkerungen, die im Herrschaftsgebiet der Goldenen Horde und dessen fünf Nachfolgekhanaten lebten. Die größte Gruppe der «Wolga»-T. (ca. 2 Mio.) findet sich in der autonomen Republik Tatarstan der Russischen Föderation mit der Hauptstadt Kasan. Die meisten «Krim»-T. leben in Folge von Migration und Vertreibungen in der Diaspora. Die tatarische Minderheit in Zentralasien geht auf die nahezu vollständige Deportation der Krim-T. durch Stalin 1944 zurück; ein Trauma, das als «Sürgün» eine zentrale Stellung in der krim-tatar. Erinnerungskultur einnimmt. Seit den 1990er Jahren kehrten viele Krim-T. auf die Krim-Halbinsel zurück und bemühten sich, auch mittels Landbesetzung, um die Restitution ihrer Besitzungen und mehr Selbstbestimmung innerhalb der Ukraine. Seit der de facto Annexion der Krim durch Russland im Frühjahr 2014 werden die Rechte der Krim-T. zunehmend eingeschränkt und es kommt zu Diskriminierungen. Das Organ krim-tatar. Selbstverwaltung (*Medschlis*) wurde 2016 verboten und operiert nun im Exil in Kiew. Die «Lipka»-T., deren Vorfahren im 14. Jh. aus den Gebieten der Goldenen Horde nach Polen-Litauen einwanderten, bilden heute die muslim. Minderheiten in Polen, Weißrussland und Litauen. Anders als die anderen tatar. Bevölkerungen, die bis heute unterschiedliche Varianten der tatar. Sprache (→ türkischen Sprachen) sprechen, haben sich die Lipka-T. sprachlich assimiliert. – Die meisten T. sind sunnitische Muslime. Die Islamisierung der Bevölkerungen der Goldenen Horde begann im 13. Jh. und wurde vorwiegend getragen durch Sufi-Scheichs. Mystische → Bruderschaften und die Verehrung von Heiligenschreinen spielen noch immer eine große Rolle in der tatar. Volksfrömmigkeit. Mit der Konversion der Goldenen Horde Khans Özbek (reg. 1312–1341) wurde der mongol.-tatar. Staat formal islam., es kam jedoch nicht zum vollständigen Bruch mit vorislam. Traditionen. In der Rechtsprechung galt neben der → Scharia vielerorts der mongol. Codex. Schamanist. Vorstellungen, ausgehend vom Glauben an die drei Kräfte Himmel, Erde und Mensch (Tengrismus), wurden in die neue Religion integriert oder bestanden parallel dazu weiter. So sind beispielsweise die Verwendung von Totemtieren oder die Verehrung heiliger Berge bis heute lebendig. Unter russischer Herrschaft existierten die meisten islamischen Institutionen fort, einige wenige tatar. Gruppen wurden unter Zwang zum Christentum konvertiert. Im 19. Jh. und frühen 20. Jh. erlebten tatar. Kunst und Literatur eine Blütezeit und es entwickelten sich tat. Nationalbewegungen und Tendenzen des → Reformislam. Die Republik Tatarstan, die auch wegen ihrer Öl- und Erdgasreserven floriert, sowie die Universität Kasan (gegr. 1804), an der etwa Lev Tolstoj und kurzzeitig auch Lenin studierten, nehmen eine Vorreiterrolle in der Ausbildung einer modernen tatar. Identität und Kultur in tatar. Sprache ein. Zudem bemühen sich Künstler, Intellektuelle und Kulturvereine der tatar. Gemeinden in der Türkei und weltweit um die Wiederbelebung ihres zu großen Teilen zerstörten kulturellen Erbes. *Kl*

Lit.: Noack, C.: *Muslimischer Nationalismus im Russischen Reich. Nationsbildung und Nationalbewegung bei Tataren und Baschkiren, 1861–1917*, 2000. – Norris, H. T.: *Islam in the Baltic: Europe's Early Muslim Community*, 2009. –

Williams, B. G.: *The Crimean Tatars: From Soviet Genocide to Putin's Conquest*, 2015.

Tausendundeine Nacht, Titel einer Sammlung verschiedenartiger Erzählungen (Liebes- und Abenteuererzählungen, Zaubermärchen, Fabeln, Anekdoten), eingefasst durch die Rahmengeschichte mit der Erzählerin Sheherezade, die durch das nächtliche Erzählen ihre drohende Hinrichtung durch den Herrscher Shahriyar verhindert. Ein arab. Fragment der ersten Seiten von T. N. datiert aus dem 9. Jh. Der Titel *Hazār Afsāna* (pers., «Tausend Nächte») ist im 10. Jh., der arab. Titel *Alf laila wa-laila* («Tausend und eine Nacht») im 12. Jh. für eine Erzählsammlung belegt, ohne dass ihre genaue Zusammensetzung bekannt wäre. Im Kernbestand der heutigen Sammlung sind Stoffe und Geschichten indo-iranischer, Bagdader und ägyptischer Herkunft aus verschiedenen Epochen auszumachen. Die älteste bekannte Handschrift ist ein arab. Fragment aus Aleppo aus dem 15. Jh. (ed. von M. Mahdi 1984). Diese Handschrift war eine von mehreren Quellen des frz. Diplomaten A. Galland (1646–1715), durch dessen Kompilation und freie Übertragung (12 Bde., 1704–1717) die Sammlung in Europa berühmt wurde. Auf Gallands *Mille et une Nuits* fußen viele Übersetzungen im 18. Jh. (u. a. die erste deutsche Übersetzung, anonym, 1. Bd. 1706, weitere Bde. ab 1710). Das Interesse der Europäer führte dazu, dass im Vorderen Orient verschiedene Textsammlungen mit dem Titel *Alf laila wa-laila* entstanden. Im 19. Jh. vollzog sich der Prozess einer Standardisierung der Sammlung, wozu auch die Druckausgaben aus Bulāq (Ägypten) und Calcutta beitrugen. T. N. beeinflusst bis heute Kunstschaffende aller Sparten, die Motive daraus in ihr Werk aufnehmen. *Ha-Hi*

Lit.: Grotzfeld, H.+S.: *Die Erzählungen aus Tausendundeiner Nacht*, 1984. – Littmann, E. (Übers.): *Die Erzählungen aus den Tausendundein Nächten*, 1981. – Marzolph, U./van Leeuwen, R. (Hg.): *The Arabian Nights Encyclopedia*, 2 Bde, 2004. – Marzolph, U.: *The Arabian Nights Reader*, 2006. – Ott, C. (Übers.): *Tausendundeine Nacht. Nach der ältesten arabischen Handschrift in der Ausgabe von Muhsin Mahdi erstmals ins Deutsche übertragen*, 2011. – Ott, C. (Übers.): *Tausendundeine Nacht. Das glückliche Ende*, 2016. – Walther, W.: *Tausendundeine Nacht. Eine Einführung*, 1987.

Terrorismus. In Abgrenzung zu den Begriffen Krieg, Strafverfolgung und Kriminalität lässt sich T. als Versuch von nichtstaatlichen

Gruppen definieren, polit. Ziele durch Erzeugung von Angst und Schrecken zu erreichen, mittels Gewalt oder auch Androhung von Gewalt. Schwierig ist die Unterscheidung zwischen Terroristen und Widerstandskämpfern. Werfen die Angegriffenen den polit. motivierten Gewalttätern T. im Sinne von illegitimer Gewaltanwendung vor, so sehen sich die Täter selber im Recht, weil sie Selbstverteidigung gegen Unterdrücker und Aggressoren übten. Die beiden Sichtweisen sind z.B. in der Beurteilung der islam. Attentäter des 11.9.2001 in den Vereinigten Staaten zu erkennen. Kritiker der Attentäter, Muslime wie Nichtmuslime, bezeichneten deren Taten als kriminell, unzivilisiert, irrational und auch als unislamisch. Die Attentäter selber und ihre Sympathisanten verstanden ihre Aktionen dagegen als Kampf zur Verteidigung des Islams gegen die USA und deren Verbündete. Die Anwesenheit amerikan. Truppen in Saudi-Arabien und ihre – angebliche – Kontrolle über die heiligen islam. Stätten in →Mekka und →Medina wurden etwa von Usāma b. Lādin als Beleg dafür angeführt, dass die USA sich auf einem Kreuzzug gegen den Islam insgesamt befänden. Angriffe auf die USA müssten deshalb als eine Form von →Jihad und damit nach islam. Recht als legitime Gewaltanwendung gelten. In der Frage, ob es islam. Recht zufolge erlaubt ist, dabei Zivilisten anzugreifen, bringen Muslime auf der Seite der Attentäter oft vor, dass in den USA auch Zivilisten Teile des «Kreuzfahrersystems» und damit legitime Ziele seien. Zur Rechtfertigung sog. «Selbstmordattentäter» in Israel wurde von Seiten mancher muslim. Sprecher erklärt, dass jeder Israeli Teil des «Systems der Unterdrücker» und deshalb als Kombattant zu behandeln sei. Auch begingen die palästinens. Attentäter keinen Selbstmord, sondern führten Jihad. Wenn dieser Jihad mit dem Einsatz traditioneller militär. Mittel nicht erfolgversprechend sei, weil der Gegner zu deutlich überlegen sei, dann müssten Einzelpersonen oder kleine Gruppen in Aktion treten und dabei unter Umständen auch den eigenen Tod in Kauf nehmen. Neben größeren Anschlägen, die von islam. Aktivisten verübt wurden, können auch Angriffe auf Einzelpersonen oder Gewaltandrohung gegen sie wie im Falle von Salman →Rushdie und Nagīb →Maḥfūẓ als T. bezeichnet werden. Von muslim. Seite wird hingegen zuweilen argumentiert, dass diese Personen der →Apostasie oder →Blasphemie schuldig seien und deswegen nach den Normen des islam. Rechts getötet werden müssten. *El*

Lit.: Kepel, G.: *Terror in Frankreich: der neue Dschihad in Europa*, 2016. – Logvinov, M.: *Salafismus, Radikalisierung und terroristische Gewalt: Erklärungsansätze – Befunde – Kritik*, 2017.

Theologie, die wissenschaftlich-systemat. Durchdringung der Lehre von → Gott, d. h. im Islam konkret die umfassende Ausdeutung der Inhalte des → Glaubensbekenntnisses. Histor. trat die islam. T. als Disziplin in Form des *kalām* (arab. «Rede, Logos») auf den Plan, d. h. jener apologet. Dogmatik, die sich seit dem 8. Jh. die antike Kunst des dialekt. Disputs aneignete, um damit bestimmte Glaubens- (und mit diesen verschränkte polit.) Positionen zu untermauern bzw. zu diskreditieren. Dabei ging es v. a. um die «Einsheit» (T. Nagel) Gottes. Dazu gehörte die Frage nach dem Verhältnis von Gottes Wesen zu seinen Attributen sowie nach deren ontolog. Status ebenso wie das Problem der Interpretation von Koranversen, in denen es scheint, als müssten Gott menschliche Züge zugeschrieben werden. Weitere theolog. Probleme waren die Vereinbarkeit von allumfassender göttlicher Vorherbestimmung und menschlicher Handlungsfreiheit (→ Schicksal) sowie die Vereinbarkeit von universaler Güte Gottes (→ Gnade) und seinem Zulassen sündigen Handelns (und dessen Bestrafung am Jüngsten Tag). Gegenüber der zwischen dem 8. und 9. Jh. blühenden T. der Muʿtazila, die die Erkenntnisfähigkeit und Spekulationskraft der menschlichen Ratio betonte, setzte sich in der Folgezeit eine sich wieder stärker an die Offenbarung und den → Hadith haltende Richtung durch (→ Sunna), insbesondere seit al-Ashʿarī (gest. 935/36) diese «Orthodoxie» mit dem Panzer des *kalām* bewehrt hatte. Gelang ihm damit die Verbindung zwischen rationaler Argumentation und Autoritätsgläubigkeit, so glückte ein knappes Jahrhundert später al-Ghazzālī (1058–1111) die Synthese zwischen intuitiver, lebendiger Gotteserfahrung nach Art der → Mystik und orthodoxer, wissenschaftlich-«trockener» Gotteserkenntnis nach Art der Scholastiker in der Ashʿarī-Nachfolge. Im 13. und 14. Jh. fand – nach zuvor erfolgtem Austausch mit der islam. → Philosophie – die von dem Mystiker Ibn al-ʿArabī (1165–1240) ausformulierte theosoph. Lehre von der «Einsheit des Seins» (arab. *waḥdat al-wujūd*) weite Verbreitung; sie versteht Welt und Mensch neuplaton.-monist. als Erscheinungen der Eigenschaften Gottes. Besonders auch wegen der damit einhergehenden Heiligenverehrung wurden diese Ideen heftig kritisiert von Ibn Taimīya (gest. 1328), an dessen «fundamentalist.» Konzept einer Rückkehr zum (idealisierten) Islam der Frühzeit viele neuere T. (zumindest verbal) anknüpfen. – Der deutsche Sprachgebrauch versteht unter T. heute gerne in einem weiteren Sinne auch die Lehre von einer den religiösen Grundsätzen gemäßen Lebensführung und Welteinrichtung und dehnt den Begriff beim Reden über den islam. Raum dabei oft auch auf das islam. → Recht aus: Wer von «islam. Theologen» spricht, meint häufig eigentlich Rechtsgelehrte (→ Gelehrte). Die islam. Terminologie trennt jedoch deutlich zwischen T. und Jurisprudenz; für das Recht spielt die T. allenfalls dort eine Rolle, wo es um dessen philosoph.-ethische Fundierung geht. – Zu modernen T. im weiteren Sinne (d.h. religiös begründeten Entwürfen einer Neuordnung von Politik und Gesellschaft): → ʿAbduh, Muḥammad, → Reformislam, → Schiiten. Zu anderen nichtsunnit. T.: → Ahl-i Ḥaqq, → Aleviten, → Bahāʾī, → Yeziden. – Zeitgenöss. islamist. Ideologien lassen im Allgemeinen eine Auseinandersetzung mit im eigentl. Sinne theolog. Fragestellungen vermissen. *Gu*

Lit.: Nagel, T.: *Geschichte der islam. Theologie. Von Mohammed bis zur Gegenwart*, 1994. – Berger, L.: *Islamische Theologie*, 2010.

Thora (arab. *taurāh*), die im → Koran gebrauchte Bezeichnung für die heilige Schrift des → Judentums, die sich tatsächlich aus drei Teilen zusammensetzt: T., «Propheten» (*Nebiim*) und «Schriften» (*Ketubim*). Neben anderen Teilen der → Bibel nennt der Koran die T. mehrmals (ausführlich in Sure 5:44–46). Der islam. Vorwurf der «Schriftverfälschung» (arab. *taḥrīf*) soll dabei besagen, dass die von den Juden überlieferte T. nicht mehr der ursprünglichen → Offenbarung entspricht, sondern im Lauf der Geschichte verfälscht wurde. Nur wenige muslim. → Gelehrte der Vormoderne kannten den Originaltext der T. Daneben waren es übergetretene Juden, die sie (zum Zweck der Polemik) ins Arabische übertrugen. *Schö*

Todesstrafe ist nach islam. → Strafrecht für einige bereits im Koran erwähnte Delikte vorgesehen: Steinigung für eheliche Unzucht, Hinrichtung für bewaffneten Straßenraub mit Todesfolge und die Kreuzigung beim Abfall vom Islam. Diese speziellen Strafen für den Verstoß gegen die als «Rechte Gottes» geltenden Delikte erfolgten allerdings nur unter sehr strengen Anforderungen an die Beweisführung: Als bewiesen gilt eine Tat nach dieser Rechtsauffassung nur, wenn sie von mindestens zwei (im Falle der ehelichen Unzucht sogar von vier) untadeligen Zeugen bestätigt werden kann. Andernfalls muss sie vom Richter geringfügiger bestraft werden. Die Tötung eines Menschen gehört demnach nicht in jedem Fall zu den von Amts wegen mit der T. zu ahndenden Delikten. (→ Blutrache, → Körperstrafen) *Mü*

Toleranz. Inwieweit Andersdenkende und -gläubige, Menschen anderer Hautfarbe oder mit von der Norm des Urteilenden abweichenden Bräuchen u. a. geduldet werden (formale T.) oder das Differente gar als gleichwertig anerkannt wird (inhaltliche T.), ist stets abhängig von den histor. Rahmenbedingungen, der Liberalität oder Repressivität der jeweiligen Herrscher und der Aufgeschlossenheit der Gesellschaften. So gab es in der Vergangenheit auch in der islam. Welt Zeiten und Orte nicht nur weitestreichender Duldung, sondern sogar befruchtender Akzeptanz und Achtung (etwa der Juden und Christen im muslim. Andalusien des Mittelalters; → Schriftbesitzer), aber auch der Inquisition ähnliche Institutionen (z. B. die Verfolgung der Muʿtazila, Anhänger einer rationalist. Glaubenslehre im Bagdad der ersten Hälfte des 9. Jh.). Militant-islamist. Gruppierungen der Gegenwart erweisen sich als ebenso intolerant wie europäische Neonazis oder Gruppen christlicher Fundamentalisten in den USA, ebenso intolerant zumeist aber auch wie die von ihnen bekämpften, häufig totalitären Regime. Umgekehrt gibt es heute auch in der islam. Welt einen breiten Konsens darüber, dass T. in einer heutigen Gesellschaft unabdingbar ist. – Siehe auch → Apostasie, → Blasphemie, → Freiheit, → Menschenrechte. *Gu*

Lit.: Noth, A.: «Möglichkeiten und Grenzen islamischer Toleranz», *Saeculum* 29 (1978), 190–204. – Schulze, R.: «Toleranzkonzepte in islamischer Tradition», in Wierlacher, A. (Hg.): *Kulturthema Toleranz*, 1996, 495–514. – Wrogemann, H.: *Muslime und Christen in der Zivilgesellschaft*, 2016.

Tourismus. Neben dem T. aus dem westlichen Ausland spielt für viele Staaten der islam. Welt der Binnentourismus und der regionale T. eine große Rolle. Dazu trägt nicht zuletzt ein verändertes und an westlichen Lebensformen orientiertes Freizeitverhalten der oberen und mittleren Schichten bei. Besondere Bedeutung für den Binnen- und den regionalen Tourismus haben Pilgerbewegungen, allen voran die alljährliche → Pilgerfahrt nach → Mekka, die allein mehr als 3 Mio. Menschen anzieht. Heilige Stätten der Schiiten im Irak (Kerbela) und im Iran sowie in Syrien das vom Iran erbaute Grabmal der Sayyida Zainab, Tochter → ʿAlīs, ziehen darüber hinaus schiit. Pilger an. Auch der Medizintourismus spielt eine wachsende Rolle und stärkt den Gesundheitssektor jener Staaten der Region, die über ein gut ausgebildetes Gesundheitssystem auf internationalem Niveau verfügen. Westliche Touristen, die wichtige Devisenbringer in Ländern wie Ägypten oder Tunesien für den Staat sind, reagieren sehr sensibel auf die polit. Situation in der Region und bleiben als Folge von gewalttätigen Auseinandersetzungen phasenweise fern. Der wachsende T. bringt neben den staatlicherseits erwünschten Devisen und den vielfältigen Arbeitsmöglichkeiten für die lokale Bevölkerung oft große Umweltprobleme wie steigenden Wasserverbrauch und Schwierigkeiten bei der Müllentsorgung mit sich. Der Schutz, Erhalt und die Rekonstruktion kulturhistorischer Stätten ist im Kontext regionaler Gewalthandlungen (Syrien, Libyen, Jemen, Irak) und Plünderungen antiker Schätze eine besondere Herausforderung. *Di*

Lit.: Boivin, M./Delage, R.: *Devotional Islam in contemporary South Asia: shrines, journeys and wanderers*, 2016.- Scott, N./Jafari, J.: *Tourism in the Muslim World*, 2010 – Meyer, G.: *Die arabische Welt im Spiegel der Kulturgeographie*, 2004.

Traditionalismus, intellektuelle Richtung in muslim. Ländern, die «das Ergebnis der histor. Entwicklung des islam. Mittelalters so weit wie möglich zu bewahren» sucht und damit «der unreflektierten Islam-Verbundenheit der breiten Volksschichten sehr nahe» steht (F. Steppat). Diese Position wird in erster Linie von den muslim. → Gelehrten vertreten, die – ähnlich den Anhängern des → Reformislams – das von den Modernisten (→ Modernismus) gutgeheißene Konzept der europäischen Aufklärung mit «Säkularismus», «Materialismus» und «Individualismus» assoziieren und als Teil des → Kolonialismus ablehnen. Die Traditionalisten, deren geistiges Zentrum die Azhar in Kairo darstellt, stützen ihre Weltanschauung auf die über Jahrhunderte tradierten Normen und Vorschriften. Sie stehen jeder Veränderung dieses althergebrachten

Seinsverständnisses, sei es durch reformist. oder modernist. Ansätze, ablehnend gegenüber. Der Herausforderung durch Europa kann ihrer Meinung nach nur durch die konsequente Fortführung der alten Ordnung begegnet werden. Die konservativen muslim. Gelehrten halten sich für die einzig berechtigte Instanz, über die durch die neuen Lebensverhältnisse hervorgerufenen Fragen Entscheidungen zu fällen. In der Regelung dieser Fragen wollen sie den traditionellen Überlieferungen das entscheidende Wort zukommen lassen. Nur den Gelehrten stehe die Verwaltung des überlieferten Wissens sowie die Auslegung der normativen Texte Koran und →Hadith zu. Generell fordern die Traditionalisten die Orientierung aller gesellschaftlichen Beziehungen – einschließlich der Herrschaftsausübung – an der →Scharia. In vielen islam. Ländern haben sich die Gelehrten im Laufe der Zeit mit der Staatsmacht arrangiert. Ihr vornehmlicher Wirkungsbereich bleibt oftmals auf das Personenstandsrecht beschränkt, doch spielen sie als Repräsentanten des offiziellen Islams im öffentlichen Bewusstsein eine sehr große Rolle. Gerade die einfachen Gläubigen akzeptieren die Traditionalisten als Wächter der Moral, zumal sich diese in ihren Stellungnahmen auch immer wieder gegen die Anhänger der radikalen, aber auch der moderaten Reformisten wenden. *Co*

Lit.: Ahmad, A.: *Die Auseinandersetzung zwischen al-Azhar und der modernistischen Reformbewegung in Ägypten von Muhammad Abduh bis heute*, 1963. – Eccel, A. C.: *Egypt, Islam, and Social Change. Al-Azhar in Conflict and Accomodation*, 1984. – Steppat, F.: «Die politische Rolle des Islam», in Ders. (Hg.): *Vorträge zum XXI. Deutschen Orientalistentag*, 1983, 22–36.

Türkische Sprachen werden von etwa 130 Mio. Menschen in einem Gebiet gesprochen, das vom Balkan im Westen bis in die chin. Provinz Qinghai (sprich: «tschinghai») im Osten und von Sibirien im Norden bis in die iran. Provinz Fars im Süden reicht. Zu den grundlegenden, wenn auch in der Gegenwart teilweise nicht mehr immer deutlich erkennbaren Gemeinsamkeiten aller t. S. zählen Vokal- und Konsonantenharmonie, Agglutination, strikte Unterscheidung zwischen Nomen und Verb sowie das Fehlen von Präpositionen. Die Gesamtheit der heute gesprochenen t. S. kann auf Grund sprachwissenschaftlicher Kriterien in verschiedene Gruppen unterteilt werden. Eine gängige Einteilung, die sich weitgehend an die geograph. Verbreitung der einzelnen Sprachen anlehnt, konstituiert folgende Gruppen: Südwest- oder oghus. Gruppe (in Klammern jeweils das Verbreitungsgebiet und die Zahl der Sprecher) mit den Hauptsprachen (Türkei-)Türkisch (Türkei, mehr als 50 Mio., Westeuropa, knapp 3 Mio.), Aserbaidschanisch (Aserbaidschan und Nordwestiran, etwa 20 Mio.) und Turkmenisch (Turkmenistan, Nordostiran und Nordwestafghanistan, etwa 4 Mio.); Nordwest- oder kiptschak. Gruppe mit den Hauptsprachen Tatarisch (Tatarstan, Baschkirien oder Baschkortostan und Russland, knapp 4 Mio.), Kasachisch (Kasachstan, Usbekistan, Xinjiang und Mongolei, etwa 10 Mio.) und Kirgisisch (Kirgisistan und Xinjiang, knapp 3 Mio.); Südost- oder uyghur. Gruppe mit den Hauptsprachen Usbekisch (Usbekistan, Nordafghanistan, Tadschikistan, Kasachstan, Kirgisistan und Turkmenistan, mehr als 20 Mio.) und Uyghurisch (Xinjiang und Kasachstan, mehr als 8 Mio.); Nordost- oder sibir. Gruppe mit den Hauptsprachen Yakutisch (Sacha) (Yakutien, etwa 450 000) und Tuvinisch (Tuva, etwa 200 000). Das an der mittleren Wolga gesprochene Tschuwaschisch (etwa 1,3 Mio. Sprecher) bildet eine von den anderen vier Gruppen deutlich verschiedene, eigenständige Gruppe. Abgesehen von den jüd. Karaimen in Litauen, Polen und der Ukraine und den russisch-orthodoxen Gagausen in der Ukraine, in Rumänien und Bulgarien sind alle Sprecher der den ersten drei genannten Gruppen angehörenden t. S. Muslime. Die Aserbaidschaner sind → Schiiten, alle anderen muslim. Sprecher t. S. → Sunniten, die ganz überwiegend der hanafit. → Rechtsschule angehören. Die Sprecher t. S. in Sibirien sind entweder Buddhisten bzw. Lamaisten, Russisch-Orthodoxe oder Schamanisten. Oft finden sich in der von ihnen praktizierten Religion Elemente aller drei Glaubensvorstellungen. Die Tschuwaschen sind russisch-orthodox. Histor. belegte türk. (Schrift-)Sprachen sind Alt- oder Orkhon-Türkisch (etwa ab dem 8. Jh. in Runenschrift in der heutigen Nordmongolei), Alt-Uyghur. (ab Mitte 9. Jh. in uyghur. Schrift, v. a. im östlichen Teil des heutigen Xinjiang), Karachanidisch (erste islam.-türk. Literatursprache, ab dem 11. Jh. ganz überwiegend in arab. Schrift in Ost-Turkestan, dem heutigen Xinjiang), Khorezmisch (13. und 14. Jh. im westlichen Zentralasien), Tschaghatayisch (ab 15. bis Mitte des 19. Jh. in ganz Zentralasien) und Osman. (ab 13. bis Anfang 20. Jh. im Osman. Reich). *Fr*

Lit.: Bainbridge, M.: *The Turkic Peoples of the World*, 1993. – Johanson, L./ Csató, E. A. (Hg.): *The Turkic Languages*, 1998. – Menges, K. H.: *The Turkic Languages and Peoples. An Introduction to Turkic Studies*, 1995.

U

Umm Kulthūm (1904–1975), ägypt. Sängerin. Geboren in einem kleinen Dorf im Nildelta, wo sie bereits in ihrer Kindheit zusammen mit ihrem Vater und Bruder als Sängerin zu Feiern in der näheren Umgebung engagiert wurde, siedelte ihre Familie Anfang der 1920er Jahre nach Kairo über. Dort machte U. K. Karriere, zunächst noch in Männerkleidung auf der Bühne und mit einem in Text und Stil religiös ausgerichteten Repertoire, dann aber setzte sie sich in der damaligen Unterhaltungsbranche durch. Sie nahm Privatstunden in Gesang und klassischer Poesie; ihr Gesangsstil ist von der → Koranrezitation beeinflusst, die Stimmgebung nasal und heiser. Gestützt auf prestigereiche klassische Genres und angesehene Dichter und Musiker, verschloss sie sich nicht modernist. Bewegungen und konnte so neue künstler. und polit. Bewegungen mittragen. Sie nutzte alle zu ihrer Zeit aufkommenden Massenmedien wie Schallplatte, Radio und Film. Sprichwörtlich sind ihre wöchentlichen Konzerte, die im Radio übertragen wurden und in vielen arab. Ländern das öffentliche Leben nahezu lahmlegten. *Wei*

Lit.: Danielson, V.: *The Voice of Egypt. Umm Kulthūm, Arabic Song, and Egyptian Society in the Twentieth Century*, 1997.

Umma (arab. «Gemeinschaft, Volk», pl. *umam*). Als *umma* wird die Gemeinschaft aller Muslime bezeichnet. War sie zur Zeit des Propheten → Muḥammad und der ersten Kalifen noch weitgehend einig sowohl im religiösen als auch polit. Sinne, so hat sie sich später in polit. Hinsicht in verschiedene → Staaten, in religiöser Hinsicht in verschiedene Bekenntnisse (→ Schiiten, → Sunniten) aufgespalten. Die Wiederherstellung der *umma* in ihrer ursprünglichen Form wird gegenwärtig von vielen Muslimen als wichtiges Ziel angesehen. (→ Fundamentalismus, → Mission, → Völkerrecht) *El*

Lit.: Mandaville, P. G.: *Transnational Muslim Politics. Reimaging the Umma*, 2001.

Umwelt. Die Umweltprobleme der Staaten der islam. Welt sind im Wesentlichen von der Wasserknappheit und der großen Trockenheit in den meisten Staaten geprägt sowie von der Bevölkerungszunahme und einer damit einhergehenden Landflucht und Verstädterung. Die ständige Wasserknappheit wird durch die wachsende Bevölkerung weiter verschärft. Ohne angemessene Gesundheitsfürsorge, Ausbildungschancen und Beschäftigungsmöglichkeiten drängen immer mehr Menschen vom Land in die Städte, die diesen Zustrom nur schwer verkraften können. Die explodierenden Großstädte produzieren in den Randbezirken Slum-ähnliche Quartiere. Der stetig wachsende Autoverkehr und unzureichend ausgestattete Industriebetriebe tragen zur Luftverschmutzung bei. Aus dem islamischen Recht und mit damit verwobenen lokalen Gewohnheiten lassen sich vielfältige Regelungen für ein ressourcenschonendes und umweltbewusstes Handeln ableiten. Ein Beispiel dafür sind Regelungen zur Wassernutzung. *Di*

Lit.: Foltz, R.: *Islam and ecology. A bestowed trust*, 2003.

Unreinheit muss vor der Verrichtung des → Gebets u. a. religiöser Handlungen beseitigt werden, damit diese gültig sind. Unrein wird man durch die Berührung von unreinen Dingen, etwa verbotenen Speisen (→ Speisegesetze), Wein (→ Alkohol), tierischen und menschlichen Exkrementen, aber auch Schweinen und in einigen → Rechtsschulen von Hunden. Nach einer Verunreinigung müssen Körper und Kleidung gründlich gereinigt werden. Daneben gibt es zwei Arten der rituellen U. des Menschen. Die kleine U. (arab. *ḥadath*) wird hervorgerufen durch Schlaf, Bewusstlosigkeit, die Ausscheidung verschiedener Körperstoffe, aber beim Mann auch durch die Berührung der Haut einer mit ihm nicht nahe verwandten Frau. Diese U. wird durch die kleine Waschung (arab. *wuḍūʾ*) von Gesicht, Händen und Unterarmen sowie das feuchte Abstreifen von Haaren und Füßen beseitigt. Die große U. (arab. *janāba*) tritt ein beim Samenerguss des Mannes und der Menstruation der Frau sowie innerhalb von vierzig Tagen nach der Niederkunft. Sie wird durch Waschung des ganzen Körpers (arab. *ghusl*) beseitigt. Neben diesen erforderlichen Waschungen sind eine Reihe von rituellen Waschungen frommer Brauch, etwa die Ganzkörperwaschung vor dem Freitagsgebet (→ Bad). Diese werden jedoch in weitaus geringerem Maße praktiziert. Abgesehen von kasuist. Spitzfindigkeiten herrscht in Fragen der rituellen Waschungen Einigkeit unter den verschiedenen Rechtsschulen. Praktizierende Muslime kennen die jeweiligen Bestimmungen zumeist sehr genau. *Mü*

V

Verfassung (arab. *dustūr*). Als islam. Vorbild für moderne V. wird von Muslimen oft der «Vertrag von → Medina» betrachtet, in dem die Grundlagen der Koexistenz zwischen den ersten Muslimen sowie den → Schriftbesitzern geregelt wurden. Eine Art konstitutioneller Theorie des → Kalifats hat später der Gelehrte al-Mawardī (974–1058) in seinem Werk *al-Aḥkām as-sulṭānīya* («Die Regeln der Herrschaft») entwickelt. Darin wird die Souveränität auf der Basis von → Koran und → Sunna Gott zugewiesen, der Kalif durch Investitur (arab. *bai'a*) bestätigt. Seine Herrschaft wird mit dem Aphorismus «Das Gute zu gebieten und das Schlechte zu verbieten» zusammengefasst. Die Aufgabe des Herrschers ist es, ein Leben zu garantieren, das eine Erlösung möglich macht. Soziale Verfassungsbewegungen in der muslim. Welt sind eine moderne Erscheinung. Bürgerliche Eliten und Landbesitzer im Osman. Reich versprachen sich durch die verfassungsmäßige Garantie von Rechten eine Einschränkung herrscherlicher Willkür. Der *Sened-i ittifak* («Charta über die Allianz») von 1808 wird die Bedeutung einer Magna Charta zugesprochen. Hier wurden erste Rechte des Einzelnen gegenüber dem Sultan kodifiziert. 1876 trat unter Abdülhamid II. (reg. 1876–1909) die erste, jedoch bald ausgesetzte V. im Osman. Reich in Kraft. 1882 erging die erste V. in Ägypten, 1906 in Persien (Iran). Die hier meist von einer kleinen Elite beanspruchten Rechte wurden jedoch von Herrschern, religiösen Würdenträgern und Gelehrten kritisiert und eingeschränkt. Die türk. republikan. V. von 1924 sprach als erste der Nation die Souveränität zu. Muslim. Intellektuelle, angefangen mit Jamāl ad-Dīn al-→ Afghānī (1839–1897) und Muḥammad → 'Abduh (1849–1905), suchten unter Rückgriff auf vermeintlich autochthone islam. Begrifflichkeiten wie → Kalifat und *shūrā* (arab. «Ratsversammlung») «islam.» Staatsformen und V. zu entwickeln. Im Zuge der Entkolonialisierung gaben sich die neu entstehenden Staaten republikan. V. meist nationalist. oder sozialist. Prägung. Demokrat. Beteiligung der Bevölkerung ist jedoch in den meisten präsidialen oder monarch. Systemen stark begrenzt oder ausgeschlossen. *Sz*

Lit.: Piscatori, J. P.: *Islam in a World of Nation States*, 1985. – Feyer, S.: *Islamismus und Konstitutionalismus: der Islam in den osmanisch-türkischen Verfassungen von 1876 und 1924*, 2013. – Kleidosty, J.: *The concert of civilizations: the common roots of Western and Islamic constitutionalism*, 2015.

Völkerrecht. Vorläufer von völkerrechtlichen Regelungen wurden unter dem Begriff *siyar* (arab. «Kriegszeiten») erstmals in einem Zaid ibn ʿAlī (gest. 738) zugeschriebenen Werk, dem *Kitāb al-majmūʿ*, zusammengefasst. Dabei werden Formen der Kriegsführung wie auch des Friedens mit Nichtmuslimen geregelt. Man ging von einer dichotom. Aufteilung der Welt in → *dār al-islām* (arab. «Bereich des Islams»), d.h. die → *umma*, und *dār al-ḥarb* (arab. «Bereich des Krieges») aus. Letzterer war noch durch → Jihad zu eroberndes Gebiet unter nichtmuslim. Herrschaft. Gegen Ende der Ausbreitungsphase zerbrach diese Zweiteilung. Mit Herrschern von Gebieten, die Muslime nicht erobern konnten oder wollten, wurden zunehmend Friedensverträge geschlossen. Diese Länder wurden als *dār al-ʿahd* oder *dār as-ṣulḥ* (arab. «Bereich des Vertrages oder des Friedens») bezeichnet. Bereits im 14. Jh. kam es zu Abkommen mit den italien. Stadtstaaten. Theoret. erkannten diese Verträge den Vertragspartner nicht als gleichberechtigt an, in der Praxis kann man durchaus von Friedensverträgen und einem beginnenden Völkergewohnheitsrecht sprechen. Durch die zunehmenden Kontakte und die Eingliederung v. a. des Osman. Reiches in das Beziehungsnetz der europäischen Staaten in der Neuzeit mussten auch die normativen Vorschriften aus den *siyar* revidiert werden; die kolonialist. Expansion führte zu einer Definition von Territorium und Grenzen. Im Zeitalter der Nationalstaaten sind territorial definierte souveräne muslim. Staaten Akteure und als Rechtssubjekte anerkannt. Hier erweist sich, dass islam. Rechtstraditionen in vielen Fällen mit dem auf Gewohnheit basierenden V. in Einklang gebracht werden können. *Sz*

Lit.: Dietrich, R./Pohl, R.: *Islam und Friedensvölkerrechtsordnung*, 1988. – Piscatori, J.: *Islam in a World of Nation States*, 1991. – Salem, I. K.: *Islam und Völkerrecht. Das Völkerrecht der islamischen Weltanschauung*, 1984. – Lohlker, R.: *Islamisches Völkerrecht. Studien am Beispiel Granada*, 2006.

W

Wahhabiten, Anhänger einer im 18. Jh. entstandenen islam. Bewegung auf der Arab. Halbinsel, die eine Reinigung der ihrer Ansicht nach verderbten muslim. Praktiken und Glaubensinhalte anstrebten und sich bei ihrem Ansinnen auf die Schriften Muḥammad ibn ʿAbd al-Wahhābs (1703–1791) stützten. Ein Dorn im Auge war den W. v. a. der weitverbreitete Brauch, bei verstorbenen Heiligen um Fürsprache nachzusuchen. Aus diesem Grunde wandten sie sich vehement gegen den Besuch von Mausoleen und Andachtsstätten und forderten die Einebnung aller muslim. Grabanlagen. Darüber hinaus sollte jeder, der das islam. → Glaubensbekenntnis abgelegt hatte, aber Unglauben – im Sinne der W. – praktizierte, getötet werden. Generell müsse jede Lehrmeinung und jede Handlungsnorm direkt aus dem → Koran und den prophet. Überlieferungen (→ Sunna) entnommen werden (→ *ijtihād*) und nicht aus den Auslegungen der vier → Rechtsschulen. Praktiken, die aus seiner Sicht nicht auf diese Weise begründet werden konnten – etwa das Feiern des Geburtstages → Muḥammads (arab. *maulid*) –, lehnte Ibn ʿAbd al-Wahhāb als ungerechtfertigte Neuerung (arab. *bidʿa*) ab. Um 1746 wurde die Lehre der W. zur vorherrschenden religiösen Richtung auf der Arab. Halbinsel. Der wichtigste Grund für ihre rasche Ausbreitung war ihre Übernahme durch den in al-Dirʿīya ansässigen mächtigen Stamm der Banū Saʿūd. Muḥammad ibn Saʿūd begann den Heiligen Krieg (→ Jihad) gegen die anderen Stämme Arabiens, die er nach wahhabit. Maßstab zu Ungläubigen erklärte. Bis 1773 gelang es ihm und seinen Gefolgsleuten, alle umliegenden Fürstentümer zu erobern und eine neue – nunmehr wahhabit. – Ordnung auf der Halbinsel zu etablieren. 1805 und 1806 fielen auch → Mekka und → Medina in die Hände der Saʿūdīs. Ein herber Rückschlag für die Anhänger der neuen Macht war die Einnahme al-Dirʿīyas durch ägypt. Truppen im Jahre 1818. Den Grundstein für den endgültigen Siegeszug der W. wie auch der Saʿūdīs auf der Arab. Halbinsel legte letzten Endes ʿAbd al-ʿAzīz ibn Saʿūd mit seiner Eroberung Riyads im Jahre 1902. *Co*

Lit.: Winder, B.: *Saudi Arabia in the Nineteenth Century*, 1965. – Peskes, E.: *Muhammad b. ʿAbdalwahhab (1703–1792) im Widerstreit. Untersuchungen zur Rekonstruktion der Frühgeschichte der Wahhabiya*, 1993. – Preuschaft, M.: *Religion, Nation und Identität. Eine Untersuchung des zeitgenössischen saudischen Diskurses zum Umgang mit religiöser Pluralität*, 2014.

Wahrsagen (arab. *faʾl*). Häufig praktiziert werden heute das Lesen des Kaffeesatzes und der Handlinien. Ritualisierte Befragung des → Rosenkranzes oder des Korans, Deutung von Träumen und Vorzeichen werden zur Zukunftsschau herangezogen. Die Astrologie hat wie in Europa ihre Blütezeit ausgefeilter Berechnungen und Deutungen hinter sich, ist aber als Tageshoroskop in Zeitschriften weiterhin populär. *Bo*

Lit.: Fahd, T.: *La divination arabe*, 1966. – Langner, B.: *Untersuchungen zur historischen Volkskunde Ägyptens nach mamlukischen Quellen*, 1983.

Waschung (arab. *wuḍūʾ*). Bei der rituellen W. als Vorbereitung auf das obligat. → Gebet reicht oft eine Reinigung mit Wasser hinter den Ohren sowie eine Reinigung der Hände, Füße und Haare. Bei größerer → Unreinheit (z. B. durch Geschlechtsverkehr) ist eine Ganzkörperwaschung erforderlich (→ Bad). In → Moscheen sind eigens Brunnen oder Waschräume installiert. Auf Reisen kann die W. auch durch eine Reinigung mit Sand ersetzt werden. *El*

Weltbild. Der Kosmos wird im Islam regelmäßig als von Gott sinnvoll und einsehbar geordnet gedacht. Daher tritt neben den geschriebenen → Koran der «kosmische Koran», d. h. die natürliche Ordnung. Das W. des Korans lässt aber keine eindeutige Kosmologie erkennen. Es ist von sieben Himmeln (Sure 2:29 u. a.) und einmal von sieben Erden (Sure 65:12) die Rede, an anderer Stelle davon, dass der Himmel die Erde überwölbt (Sure 20:53 u. a.). Die Erde ist (wie ein Teppich) ausgebreitet (Sure 13:3) und mit Bergen besetzt (Sure 15:19). Die Erde wird von Sonne und Mond erhellt (Sure 25:61), während die Sterne dem Menschen nachts als Wegweiser dienen. Himmel und Erde werden von Gottes Thron überspannt (Sure 2:255), der von → Engeln gehalten wird (Sure 69:17) oder auf dem Wasser ruht (Sure 11:7). Die Kosmologie ist im Islam von mehreren Ansätzen her entwickelt worden, die in der Literatur trotz ihrer Widersprüche oft nebeneinander zu finden sind.

Die sog. islam. Kosmologie hat naturkundliche und astronom. Elemente in Koran und → Hadith gesammelt. Ziel ist dabei nicht die Erkenntnis der Welt, sondern die Erfahrung der Allmacht Gottes durch die Anschauung seiner → Schöpfung. Hier dominiert das Bild von hierarch. angeordneten sieben Himmeln über sieben (kugelförmigen) Erden. Darüber oder darunter befindet sich der kosmische Ozean, über allem Gottes Thron, als Stütze der verschiedenen Elemente erscheinen Engel, ein Stier, ein Fisch, eine Antilope oder anderes. Andererseits hat die bald aufgenommene griechische Philosophie und Naturwissenschaft eine große Menge geograph. und astronom. Werke nach sich gezogen. Stark neuplaton. geprägte gnostische Spekulation hat sich in vielfältigen Formen bemüht, Beziehungen zwischen den Himmelskörpern, Elementen, den drei Naturreichen (unbelebter Materie, Pflanzen, Tieren), den Kategorien der aristotel. Philosophie, Zahlen, Buchstaben u.a. herzustellen. Die beschreibende Geographie in der Nachfolge des Ptolemäus kennt eine kugelförmige Erde in der Mitte des Universums, von kugelförmigen Sphären in unterschiedlich schneller Umdrehung als Trägern der Himmelskörper konzentr. umgeben. Drei Viertel der Erde bedeckte der Ozean, nur eine Hälfte der Nordhalbkugel sollte festes Land sein. Innerhalb dieses konzeptuellen Rahmens kam die islam. Geographie, Kartographie und Astronomie zu wichtigen Erkenntnissen. 1513 erscheint auf einer türkischen Karte erstmals die Neue Welt, um 1580 entsteht das erste Buch darüber. 1661 wurde das heliozentr. W. des Kopernikus erstmals rezipiert. Es setzte sich jedoch erst im Laufe des 18. Jh. langsam durch. Das wesentlich auf Tradition und Spekulation beruhende islam. W. ist in der Moderne durch die aus Europa übernommene empir. Naturwissenschaft weitgehend verdrängt worden. *Ha*

Lit.: Harley, J. B./Woodward, D. (Hg.): *The History of Cartography*. Bd. 2,1: *Cartography in the Traditional Islamic and South Asian Societies*, 1992. – Berlekamp, Persis: *Wonder, Image, and Cosmos in Medieval Islam*, 2011.

Wirtschaft. Seit Mitte des 20. Jh. haben sich als Alternative sowohl zum westlich-kapitalist. Wirtschaftsmodell als auch zum Sozialismus Ideen von einer «islam. Wirtschaftsordnung» herausgebildet, die sich auf die Grundlagen der → Scharia stützen. Ziel ist die Errichtung einer «gerechten Ordnung», in der das Wohl des Einzelnen in Übereinstimmung mit dem Wohl der islam. Gemeinschaft im Vordergrund steht und extreme soziale Ungleichheiten abgeschafft sein sollen. Wesentliche Voraussetzung einer solchen islam. Wirtschaftsordnung ist der Verzicht auf → Zinsen und die Schaffung eigener Finanzinstitutionen, in erster Linie Banken. Privateigentum, auch an Produktionsmitteln, und wirtschaftlicher Wettbewerb sind aber wie im kapitalist. Wirtschaftssystem Bestandteil einer solchen Wirtschaftsordnung. In der Praxis sind solche islam. Wirtschaftsmodelle nicht zuletzt aufgrund der immer weiterreichenden internationalen ökonom. Verflechtungen kaum umsetzbar. Die Staaten der islam. Welt weisen höchst unterschiedliche Wirtschaftsstrukturen auf. Wirtschaftsstarken Staaten wie Malaysia und den ölreichen Ländern am Golf stehen solche mit extremer Armut wie Afghanistan, Bangladesh oder der Jemen gegenüber. Ihre Ökonomien kranken in der Regel an einer schwach entwickelten Industrialisierung, leiden unter extrem unausgewogenen Handelsbilanzen, einem unzureichenden und nicht auf die Bedürfnisse des Arbeitsmarktes zugeschnittenen Ausbildungssystem bei gleichzeitiger Abwanderung qualifizierter Fachkräfte («brain-drain»). Die ölreichen Staaten der Arabischen Halbinsel haben in den letzten Jahren intensive Bemühungen unternommen, um ihre wirtschaftliche Abhängigkeit vom Rohstoff Öl zu reduzieren. Dennoch wirkt sich der Verfall des Ölpreises auf dem Weltmarkt negativ auf die staatliche Leistungsfähigkeit und insbesondere Wohlfahrtsleistungen aus und sind infolgedessen chronisch abhängig von westlichem know-how. Die tiefgreifenden Veränderungen, die der europäische → Kolonialismus für die nationalen Ökonomien gebracht hat, gehören mit zu den Ursachen dieser Misere. Die reichen Ölstaaten der Arab. Halbinsel verfügen zwar über einen auf dem Weltmarkt höchst begehrten Rohstoff, waren aber bislang nicht in der Lage, nationale Ökonomien aufzubauen, die sich nicht in erster Linie auf diese Ressource stützen. Der Iran als weiterer ölreicher Staat verfügt zwar über einen stärker entwickelten Industriesektor als die arabischen Staaten am Golf, leidet aber stark unter den 2006 gegen ihn verhängten internationalen Sanktionen, die nun seit Anfang 2016 sukzessive aufgehoben werden, sowie unter einer korruptionsgeschüttelten Wirtschaftsstruktur. Im Gegenteil sind hier Rentierökonomien entstanden, die auf das Engste an die Entwicklung des Ölpreises gebunden sind. Auch Länder, die zwar nicht über Erdöl verfügen, aber Fachkräfte als Gastarbeiter in die Ölstaaten schicken, haben (im Gegensatz zu Produktionsstaaten) Rentierökonomien hervorgebracht. *Di*

Lit.: El Ashker, A./Wilson, R.: *Islamic economics. A short history*, 2006. – Schuss, H.: «Wirtschaft und Islam», in Brunner, R.: *Islam. Einheit und Vielfalt einer Weltreligion*, 2016, 452–462.

Wunder. Man unterscheidet die Zeichenwunder (arab. *āya*) Gottes, die Machtwunder (arab. *muʿjiza*) der → Propheten und die Huldwunder (arab. *karāma*) der Heiligen (Gottesfreunde) und hervorragender Muslime; die beiden letzteren sind Manifestation eines besonderen Charismas. Theologisch gesehen durchbrechen von Menschen gewirkte W. die «gewohnte Ordnung» der Dinge, was den Geschöpfen selbst nicht möglich ist, sondern nur mit Gottes Willen geschehen kann. Machtwunder dienen der Beglaubigung der prophet. Sendung, während Huldwunder ohne den Anspruch auf Prophetentum geschehen. Zahlreiche Machtwunder der biblischen Propheten finden sich auch in der islamischen Tradition. Das einzige Machtwunder → Muḥammads hingegen, das der Koran gelten lässt, ist der Korantext selbst, der als unnachahmlich gilt. Im Widerspruch dazu schreibt die spätere Tradition Muḥammad zahlreiche weitere W. zu: So wird etwa die im Koran (54: 1–2) als Zeichen der Endzeit erwähnte Spaltung des Mondes in ein W. umgedeutet (siehe auch → Himmelsreise). In der reichen hagiograph. Literatur finden sich viele Motive aus anderen Religionen. Viele Sufis haben dagegen die Legitimität des Wunderwirkens bezweifelt und W. als Blendwerk bezeichnet (→ Mystik). Viele Modernisten lehnen Heiligenwunder ebenso wie Prophetenwunder als volkstümlichen Irrtum ab. (→ Heiliges) *Ha*

Lit.: Gramlich, R.: *Die Wunder der Freunde Gottes*, 1987. – Schimmel, A.: *Die mystischen Dimensionen des Islams*, 1995. – Gril, D.: Art. «Miracles», *Encyclopaedia of the Qurʾān*.

Y

Yeziden (nach dem Umayyadenkalifen Yazīd b. Mu'āwiya, oder nach Ized, «Engelswesen, Gott»), Anhänger einer aus einer muslim. mystischen → Bruderschaft, die mit dem umayyadischen Kalifen Yazīd b. Mu'āwiya sympathisierte, entstandenen synkretist. Religion mit starken lokalen Einflüssen in kurdischen Siedlungsgebieten im Nordirak, Syrien und dem Südosten d. Türkei, Kaukasus mit Elementen alter kurdischer bzw. indo-iran. Religionen. Wegen der Verehrung der Y. für den Pfauenengel, Oberhaupt von sieben heiligen Wesen, denen Gott die Leitung der Welt übertragen habe, werden sie von Christen und Muslimen oft fälschlich als «Teufelsanbeter» bezeichnet. Die Y. selbst betrachten sich als auserwähltes Volk und verneinen die Existenz eines Teufels. Y. glauben an einen Gott, der die Schöpfung der Welt an sieben Erzengel übertragen habe, einer davon der Pfauenengel. Sie glauben an die Seelenwanderung, wobei gute Seelen in menschliche, schlechte in tierische Körper eingehen. Ihr wichtigster Wallfahrtsort ist das Grabmal von Scheich ʿAdī (gest. 1160) im Nord-Irak. Scheich ʿAdī war selbst ein Muslim, der einen mystischen Orden im Kurdengebiet namens ʿAdawiyya begründete. Erst unter Scheich Ḥasan (gest. 1254), einem seiner Nachfolger, entfernte sich der Glaube der Y. erheblich vom «offiziellen» Islam. Die religiösen Lehren werden mündlich in Form von Hymnen und Gedichten von geistlichen Sängern weitergegeben. Y. bilden eine exklusive Gemeinschaft mit strenger Geheimhaltung nach außen und einem Kastenwesen im Innern. Es gibt keine gemeinsamen Gebete. Zu den feststehenden Festen gehören das Neujahrsfest im Frühling und das Vierzigtagefasten im Sommer und im Winter. Als wichtigstes Fest wird die siebentägige Versammlung im Herbst angesehen. Alle Y. sind Kurden, die nur untereinander heiraten. Ihre Zahl wird auf weltweit 200000–300000 geschätzt, die meisten von ihnen leben im Nordirak, weitere ca. 5000 unter der kurdischen Minderheit in Syrien. Aufgrund von staatlich durchgeführten Zwangsumsiedlungen mussten die irak. Y. ihre früheren Siedlungsgebiete in großer Zahl verlassen. Aus dem Südosten der

Türkei, wo es früher große yezid. Gemeinden gab, sind die meisten Y. zwangsweise oder freiwillig emigriert. Während der zweiten Hälfte d. 20. Jh. wanderten viele Y., darunter auch ein großer Teil der Intelligenzija, nach Deutschland aus. Seit 2014 werden die Y. im Nordirak und in Syrien vom sog. Islamischen Staat bedroht: Sie werden ermordet und versklavt. In Deutschland leben 20 000 bis 60 000 Y. v. a. in Nordrhein-Westfalen und Niedersachsen. In Oldenburg haben sie ein Zentrum etabliert, um sich besser organisieren und ihren Glauben intensiver erforschen zu können. Heutige Yeziden verneinen jegliche Verbindung ihres Glaubens mit dem Islam. *Pi-Ha*

Lit.: Kleinert, C.: «Eine Minderheit in der Türkei. Die Yezidi», *Zeitschrift für Türkeistudien* 2 (1993), 223–234. – Schmucker, W.: «Sekten und Sondergruppen», in Ende, W./Steinbach, U.: *Der Islam in der Gegenwart*, [5]2005, 725–727. – Tagay, S./S. Ortac: *Die Eziden und das Ezidentum – Geschichte und Gegenwart einer vom Untergang bedrohten Religion*, 2016. – Kreyenbroek, P. G.: Art. «Yazīdī», *Encyclopaedia of Islam, THREE*. – Allison, Ch.: Art. «Yazidis i. General», *Encyclopaedia of Islam, THREE*.

Z

Zaiditen (arab. *zaidīya*), Zweig der → Schiiten. Die Zaiditen führen sich zurück auf den Sohn des vierten schiit. → Imams, Zaid ibn ʿAlī. Während sich Imamatslehre und Recht wesentlich von denen der Zwölferschia und den Ismaʿiliten unterscheiden, stehen die Z. den → Sunniten relativ nahe. Im Gegensatz zu den beiden erwähnten schiit. Linien gehören die zeitweilige Verborgenheit und zu erwartende Rückkehr eines Imams als Erlöser und Endzeitherrscher (→ Mahdi) nicht zur Glaubenslehre der Z. Voraussetzungen für das Imamat sind die Zugehörigkeit zur Prophetenfamilie, wobei die Nachfahren Ḥasans, des zweiten, und seines Bruders → Ḥusain, des dritten Imams, gleichberechtigt sind. Abgesehen von den erforderlichen geistigen Fähigkeiten, seiner literar. Bildung und seinen theolog. Kenntnissen muss der Imam bereit und in der Lage sein, für seine Herrschaft und für den Erhalt seines Amtes zu kämpfen. Wenn auch weder ununterbrochen noch lückenlos, hat sich die Reihe der zaidit. Imame doch bis in unsere Tage fortgesetzt. Im Norden des Jemen, wo Ende des 9. Jh. das erste zaidit. Imamat etabliert wurde, lebt die überwiegende Mehrheit der Z. Bis 1962 existierte dort ein Religionsstaat, geführt von zaidit. Imamen. In der Arab. Republik Jemen, einem Zusammenschluss (1990) der früheren Staaten Nordjemen und Demokratische Volksrepublik Jemen, stellen die Z. ca. 50% der Bevölkerung. *Pi-Ha*

Lit.: Ende, W.: «Der schiitische Islam», in Ende, W./Steinbach, U. (Hg.): *Der Islam in der Gegenwart*, [5]2005, 70–89. – Thiele, J.: *Theologie in der jemenitischen Zaydiyya. Die naturphilosophischen Überlegungen des al-Ḥasan ar-Raṣṣāṣ*, 2013.

Zinsen. Zu den am meisten diskutierten Fragen islam. Gelehrter in Bezug auf eine der → Scharia gemäße Wirtschaftsordnung zählt das Problem der Erhebung von Z. Dabei geht es um den koran. erwähnten Begriff *ribā* (arab. «Z.» oder «Wucher»). Im → Koran taucht der Terminus *ribā* mehrfach auf (Suren 2:275–280, 3:130, 4:161). Hintergrund des Verbots waren vermutlich die im vorislam.

→ Mekka üblichen horrenden Zinspraktiken. Aufgrund des Zinsverbots wurden Geldgeschäfte in der islam. Geschichte häufig von nicht-muslim. Minderheiten, also Juden oder Christen, abgewickelt. Bereits im islam. Mittelalter hatte man allerdings Rechtskniffe ersonnen, um das Zinsverbot zu umgehen. Die Diskussion modernist. islam. Gelehrter geht davon aus, dass das *ribā*-Verbot sich ausdrücklich auf unrechtmäßige und überhöhte Z. bezieht, bei anderen Transaktionen also eine finanzielle Kompensation gestattet sein kann. Die Mehrheitsmeinung lehnt jedoch Z. jeglicher Art strikt ab. Die islam. → Banken der Gegenwart, die sich ausdrücklich auf islam. Grundregeln beziehen, arbeiten offiziell ohne Z. Stattdessen werden den Kunden Gewinn- und Verlustbeteiligungen angeboten. *Di*

Lit.: Hassan, K./Lewis, M.: *Handbook of Islamic Banking*, 2007. – Saeed, A.: *Islamic Banking and Interest: A Study of Prohibition of Riba and its Contemporary Interpretation*, 1996.

Zuckerfest (türk. *şeker bayramı*), in der Türkei volkstümlicher Name für das Fest des Fastenbrechens (türk. *ramazan bayramı*), das am ersten Tag des auf den Fastenmonat → Ramadan folgenden Monats beginnt. Man nutzt die drei → Festtage gerne zu Besuchen in der engen und erweiterten Familie. Der Name stammt von den dabei traditionell an die Kinder verschenkten Süßigkeiten. *Ju*

Hinweise zu Transkription und Aussprache

Das Lexikon gibt zahlreiche Begriffe und Namen aus der arabischen Schrift in Transkription wieder. Es orientiert sich dabei weitgehend an der im Hocharabischen üblichen Aussprache. Zu bedenken ist aber, dass die Worte in anderen Sprachen wie dem Persischen und auch in den verschiedenen arabischen Dialekten unterschiedlich ausgesprochen werden. Allgemein bekannte Namen und Begriffe werden in der im Deutschen üblichen Form wiedergegeben.

Die arabischen Buchstaben in Transkription und ihre hocharabische Aussprache:

a	kurzes «a»
ā	langes «a»
ḍ	dumpfes «d»
dh	wie das englische «th» in «this»
gh	nicht gerolltes Gaumen-«r» wie das französische «merci»
ḥ	gehauchtes «h»
i	kurzes «i»
ī	langes «i»
j	dsch
kh	im Rachen gerolltes «h», wie in «Bach», nie wie in «ich»
q	am Zäpfchen gesprochenes «k»
r	gerolltes Zungen-«r»
ṣ	dumpfes «s»
sh	sch
ṭ	dumpfes «t»
th	wie das englische «th» z. B. in «thought»
u	kurzes «u»
ū	langes «u»
z	stimmhaftes «s»
ẓ	dumpfes stimmhaftes «s»
ʿ	explosiver Kehllaut
ʾ	Stimmritzenverschluss wie in «beehren»

Türkische Buchstaben und ihre Aussprache:

c	dsch
ç	tsch
ğ	kaum hörbarer, am Wortende stummer Reibelaut
ı	dumpfes «i»
İ	großes «i»
ş	sch

Die Autorinnen und Autoren

Dr. Moien Abu-Saif, Universität Halle (Saale), Orientalistik *(AS)*
Dr. Patrick Bartsch, Bamberg, Turkologie *(Ba)*
Dr. Björn Bentlage, Universität Halle (Saale), Islamwissenschaft (*BB*)
Katharina Boehm, M. A., Bamberg, Arabistik *(Bo)*
Prof. Dr. Stephan Conermann, Universität Bonn, Orientalistik *(Co)*
Dr. Renate Dieterich, DAAD Bonn, Orientalistik *(Di)*
Dr. Kathrin Eith, Universität Halle (Saale), Orientalistik (*KE*)
Prof. Dr. Ralf Elger, Universität Halle, Orientalistik *(El)*
Prof. Dr. Tim Epkenhans, Universität Freiburg, Iranistik *(Ep)*
Prof. Dr. Barbara Finster, Universität Bamberg, Islamische Kunst und Archäologie *(Fi)*
Dr. Michael Friederich, Berlin, Turkologie *(Fr)*
Prof. Dr. Stephan Guth, Universität Oslo, Islamwissenschaft, Orientalische Philologie, Begriffsgeschichte *(Gu)*
PD Dr. Roxane Haag-Higuchi, Universität Bamberg, Iranistik *(Ha-Hi)*
Prof. Dr. Gottfried Hagen, University of Michigan, Turkish Studies *(Ha)*
Dr. Christine Jung, Berlin *(Ju)*
Dr. des. Denise Klein, Leibniz-Institut für Europäische Geschichte, Mainz *(Kl)*
Dr. Franz Kogelmann, Universität Bayreuth, Islamwissenschaft *(Ko)*
Dr. Şevket Küçükhüseyin, Universität Bamberg, Iranistik (*SK*)
PD Dr. Christian Müller, Centre National des Recherches Scientifiques, Paris, Arabistik *(Mü)*
Prof. Dr. Anja Pistor-Hatam, Universität Kiel, Islamwissenschaft *(Pi-Ha)*
Dr. Stephan Popp, Österreichische Akademie der Wissenschaften, Iranistik, Wien *(Po)*
Dr. Abd al-Halim Ragab, Universität Bamberg, Arabistik und Islamkunde *(Ra)*

Prof. Dr. Stefan Reichmuth, Universität Bochum, Islamwissenschaft *(Reich)*
Prof. Dr. Marco Schöller, Universität Münster, Orientalistik *(Schö)*
Dr. Friederike Stolleis, Berlin *(Sto)*
Prof. Dr. Martin Strohmeier, University of Cyprus, Turkologie *(Str)*
Christian Szyska, M. A., Bonn, Orientalistik *(Sz)*
Dr. Ines Weinrich, Universität Bochum, Arabistik und Islamkunde *(Wei)*
Prof. Dr. Christoph Werner, Universität Marburg, Iranistik *(Wer)*
Stefan Winkler, M. A., Goethe-Institut, Pakistan *(Wi)*

Aus dem Verlagsprogramm